时代·财经
TIMES FINANCE

只 为 您 提 供 最 有 价 值 的 阅 读

改革：中国关键十年

实现中国梦的机遇和挑战

亚布力中国企业家论坛 编著

APTIME 时代出版传媒股份有限公司
时代出版 北京时代华文书局

图书在版编目（CIP）数据

改革：中国关键十年 / 亚布力中国企业家论坛编著． -- 北京：北京时代华文书局有限公司，2013.7

ISBN 978-7-80769-032-0

Ⅰ．①改⋯ Ⅱ．①亚⋯ Ⅲ．①中国经济－经济体制改革－研究 Ⅳ．①F121

中国版本图书馆 CIP 数据核字（2013）第 179154 号

- -

书　　名：改革：中国关键十年
作　　者：亚布力中国企业家论坛

- -

出 版 人：田海明　周殿富
选题策划：俞根勇
责任编辑：余　玲　刘显芳
责任校对：刘显芳
装帧设计：汝俊杰

- -

出版发行：时代出版传媒股份有限公司　　http://www.press-mart.com
　　　　　北京时代华文书局有限公司　　http://www.bjsdsj.com.cn
　　　　　北京市东城区安定门外大街 136 号皇城国际大厦 A 座 8 楼
　　　　　邮编：100011
　　　　　营销部电话：（010）64267120，64267397
印　　制：北京画中画印刷有限公司　　　（010）89591957
（如发现印装质量问题，影响阅读，请与印刷厂商联系调换）

- -

开　　本：710×1000　　1/16
印　　张：19.5
字　　数：260 千字
版　　次：2013 年 9 月第 1 版　　2013 年 9 月第 1 次印刷

- -

ISBN　978-7-80769-032-0
定　　价：36.80 元

序

截至2013年，中国企业家论坛的亚布力年会已经举办了13届。在这十几年来，我们总能发现在年初亚布力所探讨的话题，接下来一年中总能得到一些社会的响应。我想这也是亚布力年会的宗旨之一，当我们把全中国最有思想的企业家们都聚集到一起，在两三天的时间里各抒己见，互相碰撞，其形成的磁场，总是能对商业界产生一些影响。而我们也希望这能成为中国企业家向社会建言献策、发出声音的平台。

今年亚布力年会的主题定为"改革开新局"，因为我们高兴地看到，新一届领导集体　上任就提出了以市场为导向、"把权力关进笼子里"的深化改革目标。这对每一位支持市场的企业家而言都是个好消息。

围绕改革这一议题，企业家们和学者们从各自的领域出发，都发表了很多见解。其中让我印象最深刻的，是张维迎教授对既得利益者与改革的论述。

张维迎教授的演讲里多次提到了英国、美国和法国的历史，论述了既得利益者回应甚至引领社会变革的原因和结果。在这个话题上，我们中国人也有切身的喜悦和悲哀：一百多年前，由既得利益阶层主导的清末洋务运动、维新运动和立宪运动，是以失败告终，国家走向冲突和战乱。35年前，由邓小平主导的以界定产权和市场竞争为核心的经济改革，让中国首次真正融入世界，成为现代化国家。

我们人类社会的近代历史，或许能够为威尔逊的蚂蚁社会的"运气"提供一点解释：自上而下的、全社会各阶层共同参与的变革，运气就好些；自下而上的、过程中要掀桌子的变革，运气就差些——在这里，我不愿意将这种进程简单描述为"革命"或"改良"，因为这种二元话语体系其实规制并束缚了我们对社会进程的想象。我们需要有更包容、更含蓄、更容易说服其他人的话语方式来讨论"社会转型"问题。

张维迎教授说"理念是社会变革的重要力量"，我很赞同。参与到他人中间也好，引领他人到我们这边也好，并不重要。重要的是认清我们所肩负的使命，并且正视他、理解他、响应他，改善作为社会细胞的我们自己，以及我们身处的单元、组织和社区。从最基本的公共生活开始，建设开放自觉、训练有素的公民社会。邻里、社区、企业，乃至亚布力论坛，都是基本公共生活平台的一种。

论坛中，冯仑一如既往的风格受到大家喜爱，他提出企业家对改革的态度应该是：守妇道，有期待。但他也强调，守妇道的前提是要能给妇人以期待。我们将此次论坛定义为"改革开新局"的讨论，就说明企业家们还是有期待的。那么怎么才是守妇道呢？

守妇道，仅仅是一种略带自嘲的自我安慰。企业家们当然应该更谨言慎行，作为市场力量的代言人，我们必须为市场的健康发展负责。但企业家们还是应该有所行动。如果我们希望未来的改革走向市场化，我们是不是应该想想，企业家自己能为一个健康有序的市场做些什么？

企业家们对改革的期盼和设想，论坛上讲了很多，在这本文集中也多有体现。但市场的力量不能总是等政策、要条件。我很高兴地看到，就在这次年会上，诸多企业家和公益组织联合起来，发起了"亚布力环保联合承诺行动"，迈开了企业组织自律、自治的第一步。

这就是我对企业家们的一点期待，让我们从自己做起，从自律做起，努力营造更好的市场环境，为中国的现代化、市场化做出更多的努力，这才是面向未来的企业家精神。

王石

2013.6.15

目 录 ▮

第八章　回顾与展望 >>>

改革正与危机赛跑 问路市场化改革

国企的未来教育的市场化改革

教育改革再进行 势在必行的经济转型

企业家信仰与使命

一场革命、一个危机、一种行动

亚布力我来了几次，每次来都特别高兴。之前轮值主席在门口跟我说，"等会儿是你演讲"，我真不知道今天要讲什么，我要讲的只是我简单的感受。我觉得亚布力不比达沃斯差，亚布力有亚布力的味道，达沃斯讲的太远、太大，几乎跟你没挨上什么边儿，而亚布力的所有问题都跟我们有密切关系。企业家讲企业家的，经济学家讲经济学家的，各唱各道，我一贯认为经济学家的大部分东西是不靠谱儿

图1-1 马 云

的，但来这里的经济学家都是很靠谱儿的。

我想讲三件事儿：第一，一场革命；第二，一个危机；第三，一种行动。

第一，一场革命。很多人喜欢我们，因为淘宝给他们带来了生活快乐；也有很多人恨我们，因为说是我们把他们的生意砸了，其实今天中国永远不成功的人总是怪别人，说是别人让自己砸了饭碗。今天电子商务不是一个技术，不是一个商业模式，它是一场革命，它是一个生活方式的变革，它只是刚刚开始，我相信在座的绝大部分的人都没有意识到这场革命给我们带来了什么。前段时间我有幸去了中南海，我跟总理讲，很多人恨我，因为我们摧毁了很多昨天很成功的企业，一些既得利益者对我很生气，但我绝对不会因为你生气就不做我认为对的事情，因为我们没有把互联网当作一个生意，我们把互联网当作一场革命，它可以改变很多东西。假设我们仅仅把互联网当作纯粹赚钱工具的话，我们跟20世纪很多公司一样，仅是一个公司，今天我们认为它是一个商业生态，它是一个商业组织，它对社会的完善必须起到一定的作用。

所以我们肯定会伤害现在的既得利益者，因为我们希望培养未来真正开放、透明、分享责任的那些既得利益者。在这儿我呼吁，我不是来忽悠，我呼吁大家认真思考，高度重视这次革命，参与到互联网这个大潮之中。其实呼吁大家没有太大的意义，因为我不缺你们这点生意。

第二，一个危机。这次北京雾霾，我特别高兴，我从来没有那么高兴过，因为以往我们呼吁饮用水安全，呼吁空气安全，呼吁食品安全，没有人动真格，因为特权阶级饮用特权的水，这次没有特级的空气了，他们回到家同样会面临老婆、孩子的指责，是时候考虑行动了。我相信10年后三大癌症将会困扰中国的每一个家庭，肝癌、肺癌、胃癌。肝癌，可能是因为水；肺癌，是因为空气；胃癌，是因为食物。30年前，癌症是个稀有名词，今天，癌症变成了常态。很多人问我，"什么东西让你睡不着觉"，阿里巴巴、淘宝从来没有让我睡不着觉，让我睡不着觉的是我们的水不能喝了，我们的食品不能吃了，我们的孩子不能喝牛奶了，这时候我真的睡不着觉了。当年我很圆润，10年创业把我变成了这个样子，但是这个样子并不让我担心，我担心的是我们这么辛苦，最后所有挣的钱都是医药费，我希望中国人真正健康一点。

"汶川地震" 8.4万人死掉，引起世界的震动，但每天癌症死亡的人数是多少，我们没有人想过这个问题。有人问，"我的理想是什么"，我希望20年以后天是蓝的，水是清的，我们的空气是可以呼吸的。最近大家问，"你的幸福感是什么，你幸福吗？"什么是最基本的幸福感？就是沐浴阳光，沐浴的"沐"是三点水的沐，就是要有水，要有食品、要有阳光，不管你挣多少钱，你享受不到阳光，其实是很大的悲哀。我在"微博"上经常看见潘石屹、任志强说，"哎呀，今天北京的好天气多么难得"，好像发了年终奖似的，这本来是我们的基本权利，今天却变成了一种惊喜，这是让我们最担心的，这也是我们未来最大的希望，希望能够改变一些。

这个问题不仅是因为发展快速造成的，不仅是因为政府的失职造成的，是因为我们社会缺乏一种抗体，缺乏一种信仰。何为信仰？信就是感恩，仰就是敬畏，缺乏信仰影响了我们的心态，心态变了以后，我们的形态也变了，形态变了，生态自然会变。所以我觉得这是一个危机，这是一个全人类的危机，也是中国的巨大危机。以前我们为世界工厂而骄傲，今天我相信大家意识到世界工厂带来的灾难也是非常之大的。

第三，需要一种行动。这个世界其实不缺投诉者，不缺抱怨者，也不缺批判者，这世界好人一定比坏人多，这世界善良的人、善良的行为一定比丑恶的人、丑恶的行为多，这个世界上人人都在说缺乏信任，我们不相信政府，政府不信任我们；我们不信任媒体，媒体不相信我们，人与人之间不存在信任。但是我发现我所从事的行业中，信任无处不在，想过没有20年前、10年以前你会在网上，钱没有收到，就把东西交给一个完全不认识的快递人员手上，他千辛万苦送到一个不认识的人手上，每天这样的信任发生2400多万笔。信任一定存在，只是需要我们去发现而已。我相信我们并不需要等待政府，其实等待政府很累，一方面中国很矛盾，希望市场经济，一方面又希望政府赶紧出一些什么政策，其实我相信这些问题都可以被解决。今天的雾霾，当年的欧洲有过，当年的美国有过，当年的日本有过，但是他们完成了。我相信我们也可以做到，而且我们必须做到，如果我们做不到，那么30年以后，这儿没有亚布力会谈，我们可能会在另外一个世界相会，这不是一个恐吓，我相信这个灾难会轮到我们每一个人身上。

所以我不希望政府采取什么政策，因为政府也很为难，政府的政策往往也会出错。记得我小时候政府把污染企业搬出杭州城，我们欢心喜悦，最后那个炼油厂去了哪儿？去了杭州的上风口，去了杭州的水源头，今天我们工业西迁的时候，跑到了黄河长江的上游，我们祖祖辈辈将会因此受到伤害，这真是一场危机！

我们今天不仅要唤醒每个人点滴的意识，30年前我在杭州看见可以在西湖里洗菜、可以在西湖里洗衣服，没有人觉得有什么。今天你去试试看，今天你在西湖里面扔一个菜皮，大家都会告诉你不能这么干，这是一种意识。我们要保护好每一条原生的江河湖泊，因为有河流，才会有我们的城市，但是今天为了城市我们埋掉了大量原生态的河。所以真正改变的是一种意识，真正改变的是每一个人的行动，而不是等待某一个组织的行动。

所以我想呼吁大家的是，请高度重视这场真正的危机，而行动一定是每个人，而不是期待别人。

马云　阿里巴巴（中国）网络技术有限公司董事长兼CEO

中国企业家生存环境堪忧

《中国企业家生存环境指数》从2011年开始发布，今年已经是第三次。本研究是亚布力（中国）企业家论坛发展研究基金会委托零点研究咨询集团所做的专项调查。项目连续三年得到了泰康人寿保险股份有限公司的独家支持，在此表示感谢。

下面我给大家简单介绍一下《中国企业家生存环境指数2012》的核心发现：

第一，中国民营企业经过近二十年迅速发展，目前进入平缓期。

1992年之前，民营企业的发展整体处于自发状况，市场空白多，企业忙于攻城略地，但企业管理并不成熟，而且地位不明朗。这一时期大致可以称为"民起"时期。1992年以后，民营企业有了正式的"名分"，民营企业对于国民经济的价值被更多地认识，并且身份地位越来越高，也获得了"名分"所带来的政策支持，开始进入建立现代企业制度时期。但根据民营企业的生存状况，还可以将这一时期大致分为两个阶段：民进（1992年～2001年）、民退（2002年～2012年）。2002年国企深化改革"抓大放小"三年规划告一段落，国有经济收缩到垄断行业和更具优势的竞争领域，民营经济生存空间变小，是我们划分这两个阶段的重要节点。2008年欧美

图1-2　鲁桧洁

信贷危机发生，国家提出"四万亿投资"和"十大产业振兴规划"，将这一趋势进一步深化。整个这一时期，在经济危机给民营经济带来经营压力的同时，更多的压力是国家对于国有企业的资源和政策扶持。

2011年，我们基于专家德尔菲法，将中国民营企业家的生存环境以指数的形式进行标准化及量化。我们的数据证实了中国民营经济的生存现状。研究显示，2011年和2012年，中国企业家生存环境指数得分分别为61.3分和62.1分，仅处于及格线水平。这主要表现在哪几个方面呢？

第一，成本高。与成本困境有关的因素至少有两项：人工成本（57%）和原材料成本（27.7%）。在后期的深访中发现，目前的人工成本居高不下。在300家受访企业中，过去一年有超过九成的企业给基层员工涨过工资，平均增幅为14.4%。此外，有77%的企业在未来一年计划为员工涨薪，平均涨幅为11.6%。成本升高直接影响到企业的利润情况。与2011年相比，表示企业利润增加的比例降低了7.5个百分点，而且利润增加的幅度也降低了。

第二，税负重。在本次调查的300家民营企业中，平均纳税总额占企业收入的比例已经达到了15.9%，其中税负比例在30%以上的企业占到一成。尽管与前几年前相比，企业的税负比例在下降，但目前的占比仍高出了企业的承受范围。因此，近一成（9.8%）的民营企业家认为目前的企业税负"非常重"，63.6%认为"比较重"。

第三，融资难。2012年中国民营企业家对融资环境的评价得分仅为50.2分，在17项细分指标中排名倒数第三，而且还比2011年下降了2.7分。本次针对300家民营企业的调查显示，32.3%的企业存在着资金紧张的问题。当然，资金紧张并不全然由于融资难所致，还可能是资金回转等问题。但企业家普遍表示，融资问题是影响最大的部分。而且，有47.2%的企业表示融资需求未得到满足。数据还显示，2012年企业融资的主要渠道仍然是"自筹资金"，比例高达69%。

这三个困境表现背后有着两个深层的原因：第一，市场竞争中民营企业受到不公平的待遇。在此次调查中，300位民营企业家对不平等待遇问题表达了不满。融资政策、税收政策、补贴政策、限价政策和市场准入制度是民营企业家提到最多的不公平现象，其中有高达85.1%的企业家觉得融资政策不公平；第二，政府与民企的关系并未完全理顺。民营企业认为政府扮演的角色大部分处于领导的角色，地方政府的服务水平依然较低。最关键的问题是，针对民企的审批环节比较多，周期比较长。

但是一个比较乐观的现象是，在调查过程中，有91%的民营企业家对我们国家的发展和对企业的发展充满信心。第一，认为国际、国内经济环境会趋好；第二，高度认可自己的创业行为，也相信自己的管理能力。在接受调查的企业中，有87.3%的企业从未后悔过自己当初对创业的选择。

鲁桧洁　中国企业家论坛副秘书长

第二章

势在必行的经济转型

改革正与危机赛跑 问路市场化改革

国企的未来教育的市场化改革

教育改革再进行 势在必行的经济转型

企业家信仰与使命

城镇化是黄金机遇，但谨防好事办歪

　　我最近两次参加政府工作报告讨论，会议上有七成的人都在讨论城镇化，为什么大家如此关心城镇化？有两个原因：第一是兴奋，因为城镇化背后有重大的潜在内需；第二是担忧，上面种的是"龙种"，但弄不好下面收获的是"跳蚤"。

　　我讲的第一个观点是，新型的城镇化是最大的潜在内需和持久的增长动力。

　　第一，新型城镇化是稳增长的最大引擎。人口对经济增长有两重性，有人做过测算，一方面，中国的人口老龄化会削弱经济增长2～3个百分点；另一方面，人口的城镇化会拉动增长3～6个百分点，至少是3个百分点，如果做得好可以是6个百分点。现在美国经济能增长1%或2%就不错了，因为美国的农民太少了，还不足1%。金融危机期间有华人写过一本书，说谁来拯救美国，他的答案是9亿中国农

图2-1　辜胜阻

民，因为9亿中国农民有巨大的潜在内需，9亿中国农民从农村走向城市的过程会创造巨大的内需。

第二，要特别强调的是，人口的数量红利后将是城镇化发展的新红利。人口红利分为三种，一是量大、价廉的人口数量红利，二是素质红利或人才红利，三是人口的城镇化红利。人口从农村走向城市过程中的人口城镇化红利，这是最大的红利。克鲁格曼2009年考察中国时指出，中国仍是相对贫穷的国家，中国工人平均工资是美国工人平均工资的4%。

第三，新型城镇化是解决"半城镇化"的需要，是实现平等的新理念。城镇化有三维转换，一维是从农村到城镇的地域转移，一维是从农业到非农产业的就业转换，现在2.8亿农民工实现了两维转换，但是没有实现从农民到居民的市民化转换，特别提出转移人口的市民化，就是要把两维转换变成三维转换。所以我们现在的城镇化是半城镇化，2.8亿流动人口就业在城市，户籍在农村，劳力在城市，家庭在农村，收入在城市，根基在农村，这是钟摆式和候鸟式的城镇化。

有人专门研究过户口本，户口本上有67项城乡居民不同的待遇，最大的问题是教育。北京100个考生中就有一个人可以考上清华和北大，山东4000个考生才有一个机会，所以有人挤破头想要北京户口。30年前邓小平教育改革使少量的农村青年通过高考跳农门，今天通过户籍改革可以使大量的农民工市民化；30年前邓小平改革从农村生产责任制开始，从农民开始，今天从城镇化开始，从农民工开始；20年前邓小平南行引发体制内精英下海创业潮，今天主要领导人的南行要激发新一轮的创业潮，带动农民工创业就业，使草根经济大发展；20年前邓小平南行催生一个新企业家阶层崛起，今天主要领导人南行会通过推进城镇化使中等收入阶层壮大。

下面我讲进一步深化城镇化配套改革的10条建议。

李克强总理最近有两句著名的话，一是城镇化是内需最大的潜力，二是改革是最大的红利，最大的潜力要转化为现实的动力，必须通过改革。

城镇化的改革涉及10项，首先是公共服务体制改革。有人说就是户籍制度改革，我不同意，有了户籍没有公共服务，还不是市民。深化公共服务体制改革，推进进城农民工和市民在劳动报酬、劳动保护、子女教育、医疗服务和社会保障等基本公共服务方面的均等化，使基本公共服务由户籍人口向常住人口全覆盖。

第二，住房及保障房制度改革。深化住房及保障房制度改革，以解决城镇中低收入群体和农民工保障性住房为重点，大力发展公共租赁住房和廉租房，建立覆盖不同收入群体的城镇住房多元化供给体系，使进城转移人口实现定居梦想。

第三，推进户籍制度改革。采取"分类指导，因城而异，因群而异"的原则，分步重点推进解决举家迁徙及新生代农民工落户问题，实施全国统一的居住证制度，实现城镇基本公共服务依据居住证全覆盖。户籍制度像一堵无形的墙，在人口流动的时代，它阻碍人们迁徙的步履；在追求平等的时代，它将人贴上身份的标签分为三六九等；在崇尚公平的时代，它按照户籍身份分配着公共资源。

第四，土地制度改革，没有它城镇化很难推进。切实保护好农民土地财产权，完善农民工承包地和宅基地的流转或退出机制，提高土地流转的市场化配置程度，加强城镇化过程中土地资源集约利用，改变土地城镇化大快于人口城镇化局面。

第五，构建新生代农民工的职业培训体系，促进农民工职业培训平台建设，重视农民工职业引导，增强农民工的职业技能、职业素养和敬业精神，提高新生代农民工更好融入城市的能力。

第六，构建进城人口的创业扶持体系，营造鼓励创业的环境，做好外出打工的农民工的回归创业工作，让更多通过回归创业的人实现创业梦，把城镇化建立在坚实的产业基础上。

第七，深化财税体制改革，努力使城市财力与事权相匹配，改变地方政府对土地财政的过度依赖，合理确定土地出让收入在不同主体间的分配比例，建立农民工市民化专项转移支付。

第八，深化投融资体制改革，实现城镇化建设投资主体的多元化，扩大民间资本对城镇化建设的参与程度，多渠道筹集城镇化建设所需资金，切实解决城镇化"钱从哪儿来"的问题。

第九，深化县市管理体制改革，扩权强县，调整设市标准，增加新的城市，在"做多"城市群的同时，依托现有人口集聚区发展一批布局合理、功能完善、有吸引力的中小城市，使城市总数由现在的600多座到2020年达到1000多座。

第十，完善区域经济发展协调机制，推动城市群建设，发挥中心城市的规模效应和辐射作用，推进产业向中西部转移，鼓励跨省流动的农民工回归创业、就业，让更多的人就地城镇化，减少城镇化过程中的"候鸟型"和"钟摆式"人口流动带来的巨大社会代价。

同时，城镇化要避免"上面种的是龙种、下面收的是跳蚤"的结果，就要防范五大误区：一要防有城无市的过度城镇化，城镇化缺乏产业支撑，避免使新市民变游民、新城变空城的"拉美化陷阱"；二要防有速度无质量的城镇化，避免地方一哄而起搞"大跃进"，一味追求城镇化的高速度和规模扩张，陷入速度至上陷阱；三要防城镇化的"房地产化"，过度依赖土地财政，避免过高地价推高房价，陷入卖地财政陷阱；四要防地方政府以地生财，消灭村庄，大量农民"被上楼"，陷入掠夺式发展陷阱；五要防特大都市"大城市病"，避免重物的城镇化而轻人的城镇化，陷入高楼林立而居民幸福感下降，特大城市人口膨胀、环境恶化、资源粗放开发陷阱。

辜胜阻　著名经济学家

培育和壮大中产阶级

企业家在经济发展中的历史性作用，是不言而喻的。但是今晚我想讨论的不是企业家，而是中国正在形成中的未来应当、也必然是中国经济和社会的中坚群体——中产阶级。

历史上，企业家与中产阶级的发展相辅相成，息息相关，一荣俱荣，一损俱损。洛克菲勒成功的奥秘就是让每一个人都用得起燃油灯，福特就是要让普通家庭能开得起汽车。在我们国家，有关收益分配和实现内需的拉动成长中有一些

图2-2　胡祖六

讨论，人们往往把企业家和中产阶级对立起来，产生一种令人不安甚至感到悲观的情绪。一提到收益分配、基尼系数，结论就是要杀富济贫，社会的仇富心理更加激化，富人包括成功的企业家们，可能会感到高处不胜寒；一提到内需，就讲到广大的低收入民众缺少基本社会保障，对于未来信心不足，因此，如果私人消费永远上不去，中国靠内需的战略一定不可能成功。

毫无疑问，收入分配的格局与最终的目标不应当是杀富济贫，也不是单纯为了追求降低所谓基尼系数，而是只有一个正当目标：培育壮大中产阶级。有了健康的、强大的中产阶级，收入差距的变化其实无关紧要，社会仍然可以趋于稳定，消费拉动的增长模式也可以成功。所以中国经济是否持续成长，中国是否能够平稳进步，消费拉动的增长模式是否可以成功，中国能否转型为一个民主、法制、幸福的国家，都取决于一个关键问题，那就是中国在未来20年能否培育和壮大中产阶级。经济学家通常按收入水平来辨别划分中产阶级，而社会学家更喜欢用教育文化水平或者职业来确定中产阶级，因为收入是一个不断变化的量。

除了收入水平这个可观测的尺度以外，中产阶级的演变也受生活水平、生活习惯、文化价值观的影响，一般来说，中产阶级具有如下几个特性：

第一，有自身感到比较满意的工作，较高稳定的收入流，其中至少1/3收入可以自由支配，包括按个人兴趣爱好，旅游、体育、娱乐、文化等方面的消费和支出。

第二，拥有一定的财产，包括物质与金融的资产。很多关于中产阶级的文献都要拥有住房，比如说在北京和上海，你想成为中产阶级就一定要能买得起房，各个国家消费习惯有差别，德国毫无疑问是一个有广大中产阶级的国家，但是住房的私有率并不是太高，只要能够租得起房，不要超过当前收入现金流的三分之一，也是中产阶级。

第三，大学以上教育水平，并具有专业技能。

我觉得还有一个特征，就是有较强的公民意识和责任感，遵循法律与公共秩序，并尊重个人的权利与自由。

中产阶级的构成与来源其实非常广泛，广大的中小私人企业的业主，绝大多数领薪酬或者自我雇佣的专业人员，比如说工程师、律师、警察、会计师、教师、新闻记者和中层公务员等，但是我们还是要将经济收入水平作为一个客观的、可观测的量化指标，收入最多只能维持温饱，或者不能够维持温饱，那肯定是贫困阶层，或者是下层阶级，而收入水平可以保证在小康生活水平以上，在5%人口之下的人群可以定义为中产阶级。2012年中国人均DGP刚好是6000美元，我把年收入超过人均GDP两倍的收入水平定义为中产阶级，也就是说1.2万美元，中国约有25000万中产阶级，占城镇人口约38%，就是1/3，占总人口18.5%，还不到1/5，这个阶层的家庭基本上拥有住房，基本上每户都有汽车，绝大多数受过大学教育。一个较为理想的社会结构，是菱形结构，中间大，两头小，这是今天几乎所有发达国家经济体的共同特征，但是目前中国还是金字塔形的社会，金字塔形是几乎所有发展中国家的典型结构，在南拉美、南亚、中东，大部分国家都是这种结构，而美国、日本、欧洲的中产阶级都是占80%以上的，中国香港、新加坡占70%以上，韩国、中国台湾占60%以上，因此，中国尽管经过30年的高速发展，我们中产阶级的比重依然很低，还很薄弱。

培育壮大中产阶级非常重要，非常紧迫。奥巴马连任总统之后的第一次国情咨询就以振兴巩固美国中产阶级作为他演讲国策的主题。无独有偶，在十八大结束的常委记者见面会上，习近平总书记这样说过："我们的人民热爱生活，期盼有更好的教育、更稳定的工作、更满意的收入、更可靠的社会保障、更高水平的医疗卫生服务、更舒适的居住条件、更优美的环境，期盼着孩子们能成长得更好、工作得更好、生活得更好，人民对美好生活的向往就是我们的奋斗目标。"习近平总书记所描绘的未来的美好的蓝图，就是一幅兴旺发达的中产阶级的蓝图。中产阶级很重要，因为他们是私人消费的引擎，具有较高的收入和消费水平以及消费增长的潜力，是内需的重要来源与保障。未来住房、汽车、滥用消费品、教育、金融、医疗、文化和体育服务消费的增长点，主要来自于中产阶级的成长壮大。

出身于中产阶级家庭的人，几乎都受过比较好的教育，有安全感，因此，其中往往涌现愿意创业和冒风险的人，比尔·盖茨就是典型的美国中产阶级家庭出身，他的父亲是一个律师，住在西雅图一个非常好的郊外，所以他从小就能够去玩电脑，做软件。巴菲特也是来自典型中产阶级家庭，他的父亲是一个股票销售员，曾经当过一届国会议员，但主要是一个股票销售员。马克·扎克伯格的父亲是一个医生，母亲是心理学家，也是典型的美国中产阶级。中产阶级是社会稳定的基石，拥有一定的财产和一定的社会地位，因此追求公共和社会秩序的稳定，并不喜欢社会动荡，不愿意从事暴力行为与激进的政策革命，但倾向支持有利于经济、社会发展与政治民主建设的改革。中产阶级还是环境生态的保护者，由于收入、教育水平较高，重视生活的品质和健康，因此对于日益恶化的环境质量、日益恶化的空气和水的污染，缺少容忍度，非常的敏感，他们会积极参与环境保护的行动，并对政府和商业的环境影响进行认真监督。

最重要的一点，中产阶级是法制与自由的追求者和捍卫者。中产阶级拥有财产，重视法制，对保证财产权利有较强烈的诉求，有独立思考能力，具有公民意识，对于个人的权利与责任有较好的认知，注意维护个人的自由与尊严。他们还有社会正义感，关注、同情穷人的境况，勇于负担旨在保证穷人最基本生活安全的转移支付，他们自然关注政府的透明性，关注政府提供公共服务的数量和质量，不能容忍浪费、腐败和以权谋私，希望有一个廉洁、高效率的政府。

因此，中产阶级是中国成为法治和民主社会的必要基础。中国的经济前景取决于真正的市场经济制度下具有活力的私人企业自由竞争、创业和创新，而企业家和中产阶级是自由市场经济的主力军，因此，我们必须培育壮大企业家，培育壮大中产阶级。

胡祖六　著名经济学家与金融专家

围炉漫谈A：运营"中国式体育"

如何利用体育进行企业营销？运营中国式体育的核心是什么？重视等于发展？

以中国足球为例，俱乐部请的外援越来越大牌，单场赢球奖金越来越高，年投入额越来越大，原因不外乎三个，一是看好中国足球市场的潜力，二是看好足球营销，三是领导重视。许家印进来了，朱骏来了，万达退出又进来了，您如何看待这些剧情？运营"中国式体育"的独特性是什么？

2013亚布力年会上，由北大纵横管理咨询集团创始人王璞主持，邀请北京唐人马球马术俱乐部创始人刘诗来，信中利资本集团创始人、董事长兼总裁汪潮涌一起，探讨了如何运营中国式体育。

王璞：运营中国式体育，给人无限的遐想。什么是中国式体育，什么是世界式体育，是国有运营还是私有运营，运营的目的是让老百姓全民身体倍儿棒，全民有快乐感、幸福感，还是说运营的目的是拿几个名次给国家争光。这一系列问题给我的感觉是很纠结、很沉重，但是我一看到两位嘉宾，我倒是轻松了很多。现在就把话筒交给你们两位，请你们两位先讲自己熟悉的体育产品，给我们普及普及，讲讲帆船，讲讲马术，讲讲你们眼里其他的体育产品，比如说足球。

汪潮涌：和主持人及嘉宾都是非常好的朋友，我和王总经常出现在一些产业和经济论坛上，我和刘总经常出席在一些体育和时尚的论坛上。今天我们三个人坐在一起，也是很有意思的，标志着中国现在越来越多的眼光投向体育，把体育作为一种产业、一种时尚、一种生活方式，以及一种品牌营销的时刻。体育产业，我觉得要从几个层面来剖析它：

第一，体育作为赛事本身的价值、它的社会价值和它的投资价值。

第二，作为企业的营销平台。因为每一个赛事背后，都有一批大企业作为赞助商。为什么这些企业要赞助不同的赛事？它跟这些企业自身的品牌内涵、定位是密切相关的。比如说赞助马球的，赞助帆船赛的，还有赞助足球的，赞助滑雪的，都是不同的品牌，不是一拨人，品牌背后彰显的文化内涵和品牌个性是完全不一样的。比如说美洲杯帆船赛，还有马球世界杯，吸引了很多高端奢侈品，这些品牌为什么不赞助奥林匹克？那些太大众化了，和品牌张扬的个性、文化的传承是不相关

图2-3 王璞

图2-4 汪潮涌

的。所以他们要讲究个性化的赞助，这是作为品牌的推广。

第三，与企业家的生活方式、生活品质，以及全民健身、整个民族的健康素质的提升相关。

说到体育产业的规模，我想给大家一个数字。美国的体育产业占GDP的12%，中国的体育产业占GDP的0.7%，大家可以看到这之间的差距，未来的发展空间是多么大。在中国一讲到体育产业，就是奥运、全运会、足球、CBA等。在美国，四大球的价值，super ball门票收益是2.7亿，它一秒的广告可以卖到十几万美元；上一届南非足球，85亿美元的收入；上一届北京奥运会，收入突破了30亿美元。体育作为一个产业来讲，规模是巨大的。每年表演性、竞技性体育产业的收入超过4400亿美元。在中国，我们看这个产业链，它有体育服装、体育器材、体育场地、赛事、体育媒体，尤其是转播的价值是非常大的，中央电视台体育频道每年在转播方面都带来了巨大的收入。在全球转播的收入，每年增长速度都超过20%。在中国，超过30%。作为体育产业来讲，既然产业链这么长，在每一个链条的环节里面，都拥有投资的机会。我们过去最早是站在投资的角度看中国的体育产业，就像2004年在亚布力开会，我碰到王中军，后来我们回去以后就谈成了投资，就成为了华谊兄弟的投资人，我是中国影视产业第一批投资人，最早的。体育产业也是最早的第一批投资人。早期，我作为全球最大的投资公司瑞士银发亚洲的董事参加了他们的董事会，看到了在欧洲、在美国他们的产业资本是如何和体育产业对接的，比如说瑞士银发，它代理了FIFA世界杯足球全球的推广权，光是一届的转播权就可以卖出几十亿美元。瑞士银发在中国和国家体委篮协成立了篮协银发，CBA这几年学习美国的NBA，成长很快，在中国目前来讲是最健康的。

说到足球这块，刚才主持人王总也讲到了，一个足球赛事，牵扯俱乐部的管理者、球员、官员、裁判，这些事情在全国几乎是绝无仅有的。比如说早期万达，后来的徐明，他们其实最早想把足球俱乐部当作一个生意来做，俱乐部参与赛事、培养运动员、转会费、赞助商、广告收入、场地建设带来的一些房地产性的投资机会，也是把它当作一个产业来做，但是出现了各种各样的问题。在中国我们既把体育当做一种机遇，但是也要把其当成一种商业模式。我们不要完全靠纳税人的钱，完全以奥运金牌为目标，也不要以足球这种——里面有黑幕，赌球、腐败、贿赂这种高风险的行业来做。

一分为二，无论是美国、前苏联，还是中国，我们都把金牌的数量作为国家影响力的一个标志，我感觉这块还是要重视，但是模式上可以改变。比如说现在参加奥运很多的项目，像跳水、游泳、网球，背后有很多中国企业在赞助。而且，中国的奥运，每年从企业界得到的赞助，已经是国家财政投入的一半。比如说整个中国的体育服装、器材行业产业，一年的产值是2200亿人民币，其中就有将近20%的收入是在做品牌，像安踏、锐步、特步、361、匹克，这些公司有能力赞助。中国奥组委就从安踏拿到6亿人民币的赞助。奥运，中国队金牌，现在开始已经不仅成为一个国家的影响力和荣誉的代表，也成了这些中国企业和赞助企业品牌的推广平台。

王璞： 换句话说，你的态度还是要争取一些奥运金牌，因为它是国家影响力甚至是企业影响力的标志。但是方式方法上要进行调整，比如说多用企业的力量，少用国家拨款的方法。下面，请刘总说说你这个行业的情况，这个行业多大？在中国大不大？在全世界多大？

刘诗来： 全世界只有两三万人打马球，所以说国家体育总局中国体育主任找我，说中国马球公开赛做得这么好，咱们全民发展这个事儿吧。一个马球场大概是3个足球场那么大。现在中国有多少足球场，没有多少，所以怎么可能把马球马术发展起来呢。但是马球跟中国的渊源很深，马球有两种说法，一种说法是起源于公园前5世纪的波斯，就是现在的伊朗，通过西藏传到了中国，包括印度；还有一种说法是马球起源于中国，唐朝的时候，22位皇帝，应该有18位皇帝打马球，很不幸，当时因为医疗条件不够好，有一位皇帝因为打马球死了，还有一位皇帝打马球的时候受了重伤。我们在壁画和史书的记载当中也能看到，有很多唐人打马球。

现代马球是在印度，马球当时是他们骑兵的一个训练科目，当时印度是英国的殖民地，英国的军官看到印度的士兵在打马球，感觉这个事儿挺好玩的，就参与到这项运动当中去，把运动带回了英国。因为到殖民地做总督和军官的都是贵族，把马球带到英国之后，他们在英国建立了第一部当代马球规则，然后把马球在英国开展起来了。马球全世界一共四大赛事，第一个是阿根廷马球公开赛，最高级别是10级，最低是负2级，属于初学者。从负2级到0级期间是不能参加大比赛的。马球级别是40级的比赛，全世界10级的球员有6个，马球比赛的40级就是个人40级加在一起，就是赛事的级别，4个队，需要16个球员；场上比赛的球员是4个对4个，球场是3个足球场那么大。一场比赛，4个球队就是16个球员，意味着40级的比赛，38级以上按照顶级的比赛，只有在阿根廷，因为其他国家没有10级、9级的球员。这

图2-5 刘诗来

个比赛一会儿我会说，没有高端品牌的赞助商。汪潮涌说美洲杯方程赛和马球还有方程式，被大家说成是世界顶级的三大运动，最大的原因就是我们的赞助商都是顶级的奢侈品。比如说卡地亚，去年的卡地亚杯，很多好哥们儿都去了。它要求我们整个合作的第三方，卡地亚、唐人马球，三方只能邀请100个嘉宾。这个比赛的背后，工作人员大概是1700人，就为了这100个嘉宾，结果引来了所有高端的品牌，顶级的奢侈品品牌，他们都削尖脑袋要进来，因为这都是他们要请的客户。

阿根廷稍微差一些，因为它在20世纪被美元用货币战争打趴下了，所以那块儿是中端的赞助商，比赛在那并不是为了金钱而战，一个职业球员，球王的收入在1000万美元左右，世界马球的球王，他们在阿根廷马球公开赛当中基本是一分钱拿不到的，他们就是为了荣誉而战，就看到底在马球的行业里谁最厉害。

其他是美国马球公开赛，还有印度马球公开赛，美国马球公开赛是一批新贵在迈阿密，这帮世界级的富豪和大佬在威林顿建立了一个新的小镇，这个小镇是整个美洲最大的马球马术的集散地。这个地方的运营模式就是，每个人到那儿去，买一大块儿地，自己建一片球场，再建二三十个马房，雇十几个、二十几个阿根廷的马工，在周末和假期的时候，陪着太太和孩子们打球，请朋友到他们家度假。

美国马球公开赛和英国马球公开赛都是世界顶级品牌的赞助对象。他们的级别是一样的，都是22级到24级的比赛。22级到24级意味着什么呢？意味着场上的4

个队员，有1个人是赞助商。美洲杯方程赛船上有18人，因为我自己喜欢帆船，我每年也去，大概有10天左右跑帆船。汪潮涌说那上面有18个人，首先要起到组织这个船的作用，比如说资金、人力的投入，包括如果船在比赛过程中，发生了突发事件，除了有经验的船长之外，这18人一定要起到决定的作用，起到很大的帮助作用。但是马球赛不一样，马球赛球队的队员在场上真正干的运动员的事情，那么也就意味着22级到24级的运动员，有1个运动员大概是0级到2级，剩下3个人是20级左右，最少是10级、8级、7级这种人，就是世界前15名的球员。也就是说，它是一个相对来说低级别的职业球员和顶级3个球员的配对赛。赞助人在全世界的大概就有二三十个，他们都是顶级的富豪，年龄最大的67岁。没有年龄规定，因为一个赛季的薪水，是150万美元，不包括吃、住、行。职业球员打不起这个。必须得有一个赞助人，就好像美洲杯方程赛，它最有经验的船长打不起这个比赛。

王璞：不是赞助商爱好者，那你玩儿不起来。

刘诗来：理论上是。它就是这么一个游戏规则，就是这样的。

王璞：有一种文化。

刘诗来：是一种文化。阿根廷的比赛全部是职业的。现在全世界赞助马球最大的一个人，是阿里；第二个是一个华侨，是泰国免税店、全球第三大免税店的老板，同时也是英国的主席，他们自己都疯了一样的打马球，但是他们打不进职业了，因为他们岁数大了。他们的儿子都是最厉害的马球手。你说那他们是赞助人还是爱好者？但是我们管出钱的人叫赞助人，并不是因为他的马球级别。

王璞：这个运营模式，是不是不盈利，就是一种乐趣？因为要赞助很多钱，可能是推广商业的价值，无论是观众票，还是赞助商的支持资金，可能最后都打不平之前的投入，因为是一种爱好，一种乐趣，投入太高昂了。

刘诗来：全世界玩马术、玩马球的人，基本上全都是往里扔钱，没有人的钱能拿得回来的。唐人马球俱乐部和中国马球的公开赛，大概每年是几千万的投入，能拿回来赞助的费用大概是1000万。你每年要往里投入一笔钱，这个就是你对运动的热情，有很多运动基本都是这样。中国体育未来的发展，应该怎么做？如果说把中国体育所有的队伍都扔到社会上，会把中国体育的水平一下降下来，那中国在全世界的影响力就下来了。所以说，国家要长期继续扶持体育，但是我们也应该引导更多的企业拿出钱支持。

王璞：现在你这块儿，是国家投得多，还是企业投放的广告赞助多？

刘诗来：国家一分钱不给，在这个前提下，还得给国家交钱，你想办中国马球公开赛，你得跟体育总局申请。

王璞：你没有达到五五开，国家支持50%。

刘诗来：1933年马球离开奥运赛场了，因为全球的经济衰退，马球太贵了，打不起。比如说伦敦奥运会去了，首先我们自己4个球员，6个比赛，一个人需要大概20匹马左右，80匹马要运到英国去。运到英国去的运费、商业保险等大概是1.5万英镑一匹马，你到之后，在中国的隔离期是35天，因为全世界把中国定为马的重灾区，这就是奥运比赛的时候，主场地选在香港，而不是北京，大家认为香港是国际化的城市，检疫没有问题。在这个过程当中，假设说可以运过去，这边45天隔离期，那边是三十多天，再需要3到6个月的时间适应当地的气候，把体能训练上来，这是多长时间呢？已经一年了。打这么一个比赛，没有几千万英镑，几亿人民币，打不了。

我建了唐人马球俱乐部，花了很多钱，建了马球场，第一批投资人，投入的资金一定是拿不回来的，全世界都一样。但是国外的模式不一样，比如说在英国、在阿根廷。

我跟潮涌不一样，我是兴趣投资，起码我有收获。比如说我的目标，我希望能够赢得美国马球公开赛最高级别赛事的冠军，我希望能够全身顶着中国的品牌走出去，中国的品牌，我希望是顶级的、世界级的。

王璞：在你身上放满品牌，还要考虑他们的级别、成本的预算。比如说华为顶级品牌？

刘诗来：对，他得支持。

王璞：所以意识很重要。

刘诗来：现在其实很多企业家已经有这个意识了，我看了资料，马球和马术是两件事。泰康的陈总已经赞助北京马球杯循环赛的一个比赛了，爱国者的冯总也开始赞助马术，这是一个非常好的开始。

王璞：你说说你帆船的事，头一轮发言没有说帆船的事。

汪潮涌：刘诗来讲得特别精彩，因为他本身既是马球的投资者、推动者、倡导者，又是一个顶级的球员，这一点让我自叹不如，因为我对帆船更大是一种精神上的投入，当然在国际上，西方的媒体把我喻为中国大帆船的"教父"、"推手"，有很多的说法，但是我不是一个好的帆船运动员，我仅是一个帆船运动爱好者，因为作为一个好的帆船运动员，尤其像我这样，要带着中国队参加美洲杯比赛，前提你起码是奥林匹克的金牌、银牌，或者是其他一些区域性的帆船赛事的前三名。没有这个基础，根本没有资格上美洲杯的赛场。

我讲美洲杯帆船赛的来历。帆船运动，历史非常悠久，从航海界的历史上来看，中国人在秦始皇的时候，就开始派人出海，东渡寻找不老药，后来唐朝、汉朝、宋朝，尤其到明朝的时候，中国航海进入顶峰时期。明朝1405年到1427年，郑和带着中国的船队七下西洋。比西班牙、葡萄牙、荷兰都要早。哥伦布驾驶圣母玛丽亚号发现新大陆的时候要比郑和晚60年，而且他用的船——圣母玛丽亚号是郑和官船1/3的规模，郑和下西洋的时候，官船61米，出海的时候是220艘船，2.4万名水手和后勤人员，那是浩浩荡荡的。世界上最大的赛事也没有这么大的一个规模。

说到美洲杯的历史，与马球的历史很像，和英国关系非常紧密。大家知道，英国打败西班牙舰队以后，迅速在海上崛起，甚至成为所谓的大不列颠日不落帝国。1851年，英女王在英国办了一个擂台，让全世界的船队到英国去挑战，取的名字是"几内亚女王杯"，当时美国的一批企业家组建了一个团队，跨过大西洋，去挑战英国。美洲杯帆船赛在1851年，美国是工业技术最强盛的，航海技术、造船技术、企业家精神也是最强盛的，所以把这个奖杯夺回了美国，英国太自信了。女王定的规矩，谁拿到奖杯，以后就在这个国家举办。结果美国人拿到冠军以后，每4年一届，连续赢了132年。所以说英国人从此与美洲杯无缘，名字也由女王杯改成了美洲杯。直到1986年，由澳大利亚赢了一届，美国举国懊丧，后来美国的传媒大王不服气，又组织了一批新的企业家赞助和训练船队，把奖杯又夺回来了。好莱坞为此拍了一部电影叫《海上豪情》。后来，美国又输给了新西兰，新西兰夺走了以后，瑞士的首富巴特利，把当时医药公司卖掉以后有120亿的现金，他拿一笔钱把新西兰队收购，变成了瑞士队。美洲杯的规定很有意思，船主必须是所在国，比如说船主是中国人，队员可以用外援，百分之百的外援，船可以在中国设计。瑞士就引进了当时世界上最棒的新西兰队。新西兰队为瑞士队夺得了奖杯，整个欧洲为之沸腾，因为等了150年欧洲才重新拿到美洲杯的主办权，欧洲杯60个港口城市申办，就像奥林匹克的主办地一样竞争很激烈。西班牙的国王是一个帆船迷，西班牙政府出了2.2亿的报名费，把赛事的主办权拿到西班牙瓦伦西亚，花了19亿元修了一个港口，那个港口可以同时容纳100万人观赛，所以第三大城市利用美洲杯的赛事，把这个城市变成了一个南欧的旅游重镇，最后靠房地产和旅游产业，把投资回收了。我是2004年被美洲杯组委会邀请去马赛看比赛的。结果到马赛的时候，我感觉非常震撼。

美洲杯的门槛很高，首先，参赛最重要的一条是你有没有合格的队员、合格的设计师、合格的造船厂、合格的管理人员，这些硬性的条件。我后来找国家体委，体委说："我们很想参加，但是我们没有合格的队员，没有合格的教练，没有合格的设计师，没有合格的造船厂，船都造不出来怎么参加，经费也没有。"因为国家体委水上中心当时的经费主要是搞奥运，如果是民间参与的话，我说我们愿意支持，当时就给我一个15年的授权，让我可以用中国队来参加美洲杯，其他的事我们自己去做，运动员的选拔和训练可以支持一把，别的一分钱不会投入的。但是拿到他们的授权，我就已经很高兴了。

王璞： 开始说到经营了，给你国家队授权，没有给你钱，怎么经营？

汪潮涌： 百度和搜狐是我投的。我就找他们了，一分钱没有找到。报名费都是我们自己掏的，后来就找赞助商，因为我们是美洲杯历史上，150年来第一支中国队，一下吸引了欧美媒体的眼球，《纽约时报》有一篇文章，就叫《明知不可为而为之，这是中国精神》，结果有几个欧洲的奢侈品牌赞助了。

王璞： 总之是国外企业凑了5000万？

汪潮涌： 国外赞助了一半，剩下一半是我自己掏的。

刘诗来： 我老开玩笑，我说潮涌比我伟大，他更多是对于这事的一份热情。我是球员，我做中国马球公开赛的时候，首先我自己享受这场比赛。第二件事，因为我本身在亚洲是相对有名的好球员，我已经是做七八年了，我做第一届中国马球公开赛就有赞助商，但是那个根本覆盖不了所有的赛事，差远了。所有赞助商的费用，我印象里连我们的10%的费用都覆盖不了，但是起码我们有品牌在里面，而且都是世界一流的品牌。

汪潮涌： 过去，人们说航海界没有中国人，中国在海上没有影响力，我感觉这8年最大的回报就是，国际航海界通过体育赛事"大帆船美洲杯"为中国填补了一个空白，这是最大的一个精神收获和精神回报。对于财务回报，我感觉美洲杯帆船赛一辈子都不可能挣钱，因为我们都还有其他的投资，我们用其他投资的收益来补这个项目。但是在中国，有没有好的商业模式？有，这里面要分成两类：一类是国家控制的，像篮球、乒乓球、足球；还有一类，相对来讲比较独立的商业化运作的赛事，国家没有太大的精力去管，比如帆船、高尔夫、李娜其实是独立出来了，她也算是商业运作，自己找赞助商，自己找经理人。所以说这个模式还是可行的，随着中国由中国制造到中国创造，产业升级和转型，以后用于体育赛事赞助的民间资金和企业界的资金会越来越多，这样商业化的赛事，会在中国有更大的前景。

王璞：您一直坐在这个位置上，也是主讲嘉宾席了。您企业见得多，企业的经营和体育的结合方便，比如说利用体育做一个媒介，或者是做一个通道，推广企业的品牌，提升企业的形象，体现企业的责任等等，这个是不是您脑海中反应的？

嘉宾：现在赞助的更多的可能是大众化的体育项目。随着中国经济的发展，中国大企业的崛起，还是应该在商业模式上做一点探索，不一定完全照搬国外的模式，因为现在的民营企业、国企赞助的可能性比较小，F1是最先进来的，中国石化赞助的，所以说F1进入中国，一下就普及了，找到这样的赞助商可能不太容易，但是随着一些顶尖的项目，慢慢培养贵族精神这块儿，还是可以在商业模式上做一些创新的。

我赞助帆船是一个很失败的投资，虽然赛事很高端，但是对我们来说是很失败的投资，因为这不完全是针对我们产品的人群，完全不在我们的层级上。打高尔夫的人群，家里肯定是放的索尼电视，连三星都没有。所以对一个品牌来说，它一定要在它的位置上，随着它渐进的阶段，不断地去寻找突破口，比如说这几年，我们赞助CBA，还是有收获的。因为CBA随着电视的转播，负面比较少，还有越来越多的球星，虽然是NBA的过气球星，但在中国有巨大的球迷的凝聚力，随着它的上升，我们品牌的提成肯定是越来越多的。

汪潮涌：冰雪运动是世界上很大的一个产业，田源博士当年就有一个有说服力的数字，在中国这几年的冰雪运动，尤其是滑雪和雪板的人群发展得很快。

王璞：时间有限，今天就不得不结束这样的对话。从我今天学习的心得来看，做一个简单的总结。就像我过去做管理咨询，我连产品都没有，你们有船、有马，我连船和马都没有。我今天学习的分享是，体育领域也分三百六十行，每一行有每一行的门道，它们比较相似，但是也大有不同。每个行当里头，不深入进去，不潜心琢磨、研究和探求，笼统的一句话，笼统的一个概括建议，都无效。这里面暗含着的门道太多了，就像三百六十行一样。

思想互动空间D："金融新政"的回眸和展望

资本市场上的"金融新政"是一年多以来中国金融体制内最重要的变革之一。这些新政包括：完善创业板退市制度、强制上市公司分红、发展公司债、强力打击内幕交易和证券期货犯罪，为市场引入资金活水，倡议"养老金和住房公积金入市"，规范借壳上市，提升IPO审核公开性等。如何评价这一变革？这一变革还有什么续曲？这一变化给未来10年资本市场、金融改革的启示是什么？金融改革需要顶层设计，但如何同时尊重草根自下而上的探索？

在2013年亚布力中国企业家论坛上，瑞士信贷集团大中华区首席执行官张利平、著名经济学家陈志武、华泰保险集团股份有限公司董事长兼CEO王梓木、黑石集团大中华区主席梁锦松、一创摩根副董事长贝多广、中融国际董事长王定林、贵州省人民政府副秘书长周道许、英仕曼集团中国区主席李亦非、北京国际信托有限公司副总裁吴庆斌就这些问题参与了《思想互动空间D：'金融新政'回眸与展望》的讨论。亚商集团董事长陈琦伟主持了该场论坛。

陈琦伟：金融的目的是什么？是为老板、政府的目标服务，还是为中国经济的良性发展提供服务？这是我们需要思考的问题。中国金融市场一个比较突出的现象是，银行体制严重落后于服务整个经济发展的需要，特别是对创新活动的支持不足，这是深受国内外诟病的一个问题。第二个问题是长期的急功近利使得中国资本市场客观上逐渐丧失了融资功能，这就使得金融市场必须进行一次重大的改革，而从去年以来，金融市场也确实出现了一系列新政措施。大家如何看待这些新政？金融体制改革最亟须进行的又是哪些？

部门之间的协调非常重要

陈志武：金融新政之中，我一直不赞成强制上市公司分红。实际上，从金融市场本身的角度来讲，资本市场越不发达的地方强制分红的倾向性就越强。针对这一新政，我提出的问题是，融资进来的一元钱与分红出去的一元钱有什么差别吗？我为什么会提出这个问题呢？因为我也是一些公司的独立董事，看到了一些奇怪的现象，那就是定向增发时的折扣，为什么要股东做出这样的牺牲？在我们搞金融的人看来，一元钱就是一元钱，没有任何差别。近几年，中国的金融发展基本上是生产金融、投资金融的发展，这实际上也是为何中国经济过度依赖投资的原因。可纵观美国经济的发展，从18世纪中期开始，美国就已经把工业革命的重点从生产转移到与消费品有关的领域，金融在其中发挥了很大的作用。所以，我经常提到，围绕个人和家庭的金融创新和发展是目前中国金融重中之重的一个问题。

图2-6　陈琦伟

陈琦伟：刚才陈教授提到了强制分红的问题，这背后的原因有很多，一是整个资本市场的发展畸形，资本市场沦为圈钱的场所。二是国企的问题等。对此，梁锦松主席怎么看？

梁锦松：以前我也在一家大银行做过独立董事，也经常谈到陈教授提到的这个问题。最终，我们的答案是，这从某个角度来讲是股民的要求，最重要的是大股东的要求。因为如果不分红，现金收入等方面都比较难入账。当然，如果从企业增长的资本金需求，从小股东

图2-7　陈志武

的角度来讲，将红利留在企业里对企业的未来发展可能会更有利。就像陈志武说的，分红之后，企业发展的资本金如果不够，还要到公开市场募集，一来一回之间，投资银行从中赚了不少，最重要的是在税收方面，因为分红的时候小股东还要交分红税。从这个角度来讲，分红的效率不高，但这是不同政府部门的要求，说白了就是财政和监管部门的部门主义，或者是不协调。

那么部门之间的不协调，包括金融领域的不协调怎么办？现在，中国和其他的很多国家和地区一样，都是分业经营。可是，对同一个问题，不同的地区有不同的反应。对此，有的国家将它们合起来，如英国的统一监管，但我们在单一的部门进行监管都已经很困难，更不用提对市场进行统一管理了。同时，从人的角度来讲，分业经营可能会比较好一点，但是怎么来协调呢？在香港，财政司每三个月开一次会，就是所谓的金融监管者议会，参会的有金管局、证监会、保监会、强积金（和国内的社保基金差不多）。会议的目的是明确政策是否有矛盾，有没有协调，有没有新的危机需要我们去处理，这就很好地将部门之间的矛盾避免和协调了。所以，香港的金融市场虽然也是分业经营，但是在政策和市场操作层面避免了风险，更好地进行了协调。

陈琦伟： 那您如何看国内的金融管制思路？与香港的差距是否很大？

梁锦松： 国内的事我不敢妄下评论，因为我还是生活在香港。我做财政司是14年前的事了，我自己的体会是每天都要应对危机，无论怎么防备还是会有危机出现。另外就是要宏观、长远地看问题。财政司要求所有金融部门、监管部门每三个月开一次会，就是用一个比较长远、宏观的眼光来协调各个部门出现的矛盾，从而使各个部门可以更好地寻找、抓住机遇。

陈琦伟： 对于梁主席所说的，我个人比较怀疑，因为部门分割比较厉害。

吴庆斌： 刚才大家探讨的是大部监管、混业监管还是分业监管的问题。现在，社会上出现了一个非常重要的新局面，就是大资产管理时代。银行的理

图2-8 梁锦松

财资产有8万亿，信托成为第二大金融产业，有7.5万亿。同时，券商的资产管理计划也被放开，保险公司的资产管理功能也开始发挥。如此一来，所有人都在做资产管理。这种情况下，分业监管肯定已经不行，那么央行可能大概定义一个盘子，也就是社会总规模，而在这个新政下，中国财富时代到来时的直接财务需求和管理需求会逼着银行进行改革，走利率市场化之路。

图2-9　吴庆斌

金融改革的基本方向是市场化

陈琦伟：吴总的发言提出了一个很好的话题，由实际政策引导以及市场推动而形成了大资产管理趋势，但我们的金融体制所能提供的服务严重不足。媒体经常报道的富豪移民、组团出国购物，其背后的原因也在于此。这是中国经济发展的一种结果。可面对这种结果，我们是否已经做好改革的准备？无论是政府层面，还是社会层面。

王梓木：过去，金融的本质功能是什么？对出钱人来说是理财，对用钱人来说是融资。但理财的方式多种多样，有银行、信托、证券、保险等等，其中保险又不太一样，它主要是提供风险保，用风险保障来满足用户的需要。但遗憾的是，现实中的保险业，特别是寿险业80%卖的是理财，而不是风险保障，卖保险的能力非常强，但管理能力非常弱。因此，保险行业在讨论如何进一步回归风险保，保监会也出台了一项关于保险的投资新政，用我们的话理解就是一个放开、一个开放。所谓放开，就是保险业的资产不仅由保险公司来管理，也可以由保险公司以外的机构来管理。过去，这只能由9家保险资产管理公司来管理，这些资产管理公司的固定收益类产品做得还可以，权益类产品则不如证券、信托。同时也出现了另一个开放，就是保险公司的资产不一定委托自己的资产管理公司，还可以委托外面的公司，同时你的资产管理公司也可以管理其他资产。

陈琦伟：保险业的资产管理公司是独资，还是可以其他人入股？

王梓木：现在都是保险公司自己的股权，还没有放开。

图2-10　王梓木

陈琦伟：互相参股也不可以？

王梓木：原则上不可以。

陈琦伟：我知道原来是百分之百独资，如果这一块放开了，我想整个团队会不一样，机制也就不一样了。

王梓木：这个还没有探讨。说一句实在话，保险公司的资金管理、运用功能并不健全，但是现在的情况总的来说，印证了一个观点，那就是金融改革的一个基本方向是市场化。市场化不仅要求我们建立市场，彻底打开行业壁垒，真正让金融资产走上市场，实行谁有能力谁来管，谁有本事谁来做，还要求我们的资产管理公司必须有一套办法，不能像过去那样局限在自己的领域里。这是好事，但是下一步我们的压力也很大，所有的变化对我们的管理能力，特别是专业化水准、差异化竞争能力提出了很高的要求，尤其是金融资产的使用效率应该得到提升。这样一来，监管确实是一个问题。

陈琦伟：金融市场改革的市场化方向非常明确，从这个意义上理解，金融市场的改革一定会在相当程度上走在国有企业改革的前面。这个方向是积极的。

王梓木：有了这些变化之后，老百姓理财的收益也会有效提高。但是这些钱现在往哪儿流，管理上存在很大的问题。其实，对保险资金来说，其本质特征首先是安全性，其次是流动性，最后才是受益性。所以，政策放开以后，在人们敢把钱拿出来的情况下，对其风险系数的判断和把握也应该有所变化。

梁锦松：肯定会变化，因为是客户主导，由客户去选择所谓的保险产品。对于政府批的保险企业，保底肯定没有问题，其中主要的一点是我们对它的预期，再就是公司的管理能力，所以这是监管、预期以及企业管理能力提高的一个互动。中国过去若干年的经验是，一放就乱，一乱就收。这不能说市场不好，但是适当的放开后保证市场的有序是一门艺术。而宏观上，由谁来管理，这不仅是一个企业的问题，也是一个政府的问题。

陈志武：证监会、银监会、保监会都放开，这非常好。因为垄断会导致更多的低效。但除了监管以及股东要求比以前更高之外，对资本以及运用资本的人是否应该有一定的约束或纪律，否则很容易乱套。

李亦非：中国已经从财富积累的时段进入到了财富管理的时段，在这个阶段，财富管理更多的是规避风险，金融新政的所有产品也都是朝着这个方向发展。

图2-11　李亦非

地方经济发展迅速，但金融服务跟不上

贝多广：中国的金融市场改革在朝市场化的方向推进，而现在推行的市场化就是要走国际化道路，真正按国际惯例、国际标准来推进我们的市场化建设。那么，我们金融究竟能为下一步经济增长、经济发展发挥什么作用？简单一点说，就是为实体经济提供服务，详细一点可以从三个方面入手：第一，发展消费金融。如果消费金融能够发展起来，中国的消费量还可以有一个高比例的增长，而且这在国际上有很多成熟的经验可供借鉴，不需要自己摸索前行。第二，为中小企业提供融资服务。中小企业的融资需求不是依靠成熟市场来满足，像美国，它们更多地依靠天使基金、PE等民间资本来完成。而我们现在推行的中小企业发债，本身的做法就不是市场化的，我们应该学习国际上的经验，但这需要根据中国的特色来做。这还值得探讨，不是在

图2-12　贝多广

资本市场范围内，而是在整个金融结构中进行讨论，比如小额信贷。实际上，中国的小额信贷还没有小到抵达基层的程度，更多的是由工、农、中、建推出的小额贷款，额度在千万以上，但真正的小额贷款能做几十万、几万，这对中国普罗大众的经济基础才有大的提高作用。第三，地方政府融资。在城镇化建设当中，虽然也鼓励民间投资，但从国际经验来看，这些都是各地政府、各级政府应该做的事情。除此之外，许多非营利、公益类事情也需要地方政府去做，而由于中国制度的问题，市权、财权脱离很大，预算法又规定它不能融资和借债，这是一个很大的问题。在美国，国债之外就是市政债，是一个很大、很成熟的市场，流动性非常广，它与过去几年我们统一银行信贷支持地方政府的做法很大的不同就是期限拉长，第二个问题是可交易，因为没有这些，未来可持续性将是个大问题。

吴庆斌：银行是计划经济，每年的贷款额有限制，所以这两三年基本上不会做消费金融。

陈琦伟：城镇化融资有一个明朗的前景，还是模模糊糊?

周道许：我觉得贵州是金融新政的受益者，最直接的受益有两个：一是证监会对西部公司上市IPO实行绿色通道，二是为解决小、微企业融资难的问题，证监会推出了融资债券，我们也被列为四个融资债省份之一。现在，地方政府对城镇化都在想办法，而且都在研究落实措施，其中融资受到了高度重视，地方金融办迅速崛起。我觉得这有它的必然性：其一，地方的经济能力在崛起，所以需要有地方金融管理机构来管理地方事务；其二，地方金融是一个专业性很强的领域，需要熟悉环境、了解情况的地方机构来管理。现在，从全国来看，地方金融办大致分为三类：一是强制性的，管人、管权、管钱；二是比较弱势的，为中央、地方政府金融服务，无财权、人权和监管权；三是处于强制性和弱势之间的，有一部分事权和人权，但是行政审批

图2-13　周道许

权比较少。总体来说，地方金融办在逐步发展壮大，但其发展职能和定位方向需要进一步清晰和明确。另外，中央政府也缺乏一个综合性的金融服务机构来为各地方金融办提供指导和服务。

陈志武：这些年金融办在各个省市都建立了起来，如周秘书长所说，金融办确实有很多种不同的类型，有的金融办发挥了非常好的作用，比如上海金融办，在很多金融创新方面做出了努力。对此，我的理解是，只要各个省金融办之间互相竞争，这就会给证监会、银监会带来很多压力，迫使它们往好的方向发展，这是一个很好的现象。但是也有很多金融办起到了坏的作用，比如过去金融办对上市公司所做的上市辅导就是做假，很多地方金融办参与了造假，欺诈中国老百姓、股民，对中国社会来说，不需要更多的这种威胁。

陈琦伟：周秘书长提出了一个非常有意思的话题，那就是地方政府金融扩张的冲动非常强烈。他也提出了面临的问题，地方经济发展迅速，但金融服务跟不上，而这也需要我们的地方政府做出努力。

改革应该往前走

张利平：自加入WTO以后，中国已经成为国际社会的一个非常重要的成员，中国的金融市场也逐步融入全球金融市场。但是因为中国人民币没有开放，中国的金融市场仍然是一个内地化的市场，这是现实。可我想，人民币一定会在今后10年、20年开放，那时候我们能不能和世界的商业进行竞争，国内的证券公司是否可以和海外的证券公司进行竞争？这是我们需要思考的问题。

陈琦伟：这种关于未来的观念需要多大程度纳入金融新政、金融改革？未来的竞争不是遥远的未来，而是眼前的未来。

张利平：中国迟早会进入国际金融市场，而且这10年就会发生，所以我们应该从这个角度来探讨一些战略性的问题。其实我们国家的金融市场发展得非常快，而且非常成功，比如中国几大商业银行的股份化，使他们有足够的资本金抵抗金融危机。今后也可能有另一场金融危机，那么我们是不是可以继续避免风险？这里主要有两点：一是监管，二是人才。这两点都应该一步到位，就是要以最高标准来要求我们的金融机构，包括保险、信托、商业银行、投资银行、证券公司。目前我们很多领域都放开了，这是一个非常好的现象，但是放开以后会乱，这就对监管提出了要求：一是要监管好，二是要加强放开力度，实现有效竞争。吴敬琏教授谈到，

"没有市场的竞争不是有效的市场经济"，金融市场也是这样。

王定林： 我讲三个问题：一是银行，二是政府，三是资本市场。就银行而言，我觉得银行不能挑客户，只要企业风险可控，只要ERP可行，就可以贷款。而对政府而言，只要银行具备了条件，就应该尽快发放银行牌照。可现实是政府的权力太多，金融平台、城投公司都是政府的，政府为什么要冲到第一线呢？我们有很多民营企业可以承担起这项工作。我觉得，政府应该放手，只管好教育、医疗、养老等问题就可以了，其余的事情完全可以交给企业去处理。再说资本市场，这些年来，股市一直在下跌，为什么会下跌？那是因为没有很好地去维护，特别是上市公司，它把钱拿走以后，根本没有很好地去维护自己的市值和股价。上市公司的市值管理一定要请专业团队来进行，但现在很少有这么做的公司。比如，现在股市低迷，政府就应该停掉做空，并且站出来增持股票，提供基金。这么好的市场被搞得一塌糊涂，几年下来没有挣到钱就证明政策有问题。80%以上的人都赚不到钱，这种情况下为什么政府不去思考这些问题？所以说应该去改正它。

梁锦松： 根据大家的发言，我清晰地感觉到一点，那就是大家都觉得政府应该管少一点，市场是最好的。当然，市场肯定比较有效，但是我们也要注意到，市场有时候会出现失衡，或者失效，特别是金融市场，它的流动性太大，所带来的风险可能会让整个体系倒塌。在市场化方向上，我们可以参考国际上的经验，但是也不能完全迷信，要避免学习国外不好的经验，更要配合中国国情，毕竟中国有很多

图2-14　张利平

图2-15　王定林

地方跟国外不一样。就我个人来说，在一些国家，产业政策不好会影响一个产业的发展，但是金融政策不好，则可能影响整个经济和国家安全。

陈琦伟：在座的有重量级的嘉宾——刘明康主席，我们请他说两句。

刘明康：实施金融新政的时候，我基本上已经离开了工作岗位。总体来讲，我完全同意大家的意见。这些金融新政整体都是好的，如果能更早一些提出来可能更好，因为会推动市场往市场化方向多走一步，使金融机构有更多的开阔平台。总体上，这些金融新政体现了改革开放和为人民的方向，但是这里面也有一些缺陷。在大家所说的管理、人才之外，我再加一个，改革。为什么新政里还有一两条不是很好，或者不太符合市场的机理？其实就是改革不充分的问题，所以改革应该往前走。另外，中国的法律要改革，由于法律没有改，所以出现了VC满地爬、PE满天飞的现象，其实中国最需要的是降低产能和节能减排，是要把它灭掉，或兼并收购。改革也存在着多家管理与监管，这没什么大问题，只是成本高一点。但有一点，金融监管必须强调四个字：协调、共享。如果做到这几点，我相信中国的金融大有希望。

思想互动空间A：什么决定2020经济总量翻一番？

通常的说法是，尽管2012年的中国经济很"紧张"，但真正的严冬却是在2013年，而且这个严冬可能会很冷，因为短、中、长三个周期的谷底在这一年前后发生了叠加。这一宏观经济分论坛将讨论2013年最悲观的情形：什么决定2020经济倍增？

亚布力中国企业家论坛理事、北京首都创业集团有限公司董事长刘晓光先生主持了"思想互动空间A：什么决定2020经济总量翻一番"为题的论坛，国务院发展研究中心企业研究所副所长张文魁先生、中诚信集团创始人董事长、中国人民大学经济研究所所长毛振华先生、著名经济学家与金融专家胡祖六先生、瑞士信贷集

图2-16

团大中华区首席执行官张利平先生、北京大学光华管理学院研究员陈浩武先生、上海交通大学上海高级金融学院副院长朱宁先生共同进行了讨论。

中国经济的增长动力

刘晓光：我们这场叫作"什么决定2020年经济总量翻一番？"从现在到2020年还有8年时间，按照题目来理解，又能理解为中国的经济增长动力是什么？这个题目是一个眼前比较大的题目，也是一个比较好的题目。第一轮请每个人用二三分钟的发言来回答，什么决定2020年经济总量翻一番，或者说中国的经济增长动力是什么？

毛振华：我抛砖引玉。我觉得2020经济总量翻一番这个命题没有太大问题，尽管中国经济处于一个转折点，遇到很多困难，但从长期增长来看，还是有一些新的因素，尽管过去传统意义上的出口、劳动力红利，包括过去传统第一轮的改革的消失，发生了衰退，甚至是逆转，但是中国经济还有一些新的机遇，一是在中国还是存在着巨大的国内市场潜在需求，我是从总需求和总供给的这条线索对过去的增长做了一个分析，邓小平年代、1980年代、1990年代是国际填平，利用的国际优势，西方走过的超前消费个人信贷这样一个需求，这都起了很大的作用。

从供给来看，特别是我们赶上了这一次新的技术革命，就是通讯电子方面的改革，使我们的经济有了很快的增长，伴随着2008年的经济危机就结束了。我在中国人民大学经济研究所做了一个分析，2008年是中国经济增长的一个顶点，一般规律来讲，2008年以后就该往下走，后来由于金融危机，政府加大了力量打基础。

刘晓光：咱们的4万亿也管用。

毛振华：其实后来说不是4万亿，有40万亿，尽管2008年以来很多大的经济政策都值得商榷，但是中国经济还是客观存在一些有利的因素，第一是国内消费的潜在需求，因为中国的消费水平、消费率不高，提高消费率、消费水平是有客观基础的。把这个潜在需求激发出来是有条件的，但是有这个需求，老百姓消费能力是一个机会，尽管是一个缺点，但是一个机会。

第二是有一个城镇化现在看来是一个巨大的空缺，这是一个很大的潜在需求，也是供给方面的一个优势。

第三，除了这两个因素我们有一些产业发展是不充分的，就是服务业的发展，我讲的还不是新兴产业，而是传统的服务产业，一个传统的中等收入过程，或者是初步发达国家拥有服务业的发展水平还不够，因此还有很大的机会。

这些因素加起来，中国是一个潜在的因素，除非我们走了太臭的

图2-17　刘晓光

图2-19　毛振华

棋、布了太臭的局，我们的目标是2020年之前就能够成为第一大供给，当然也考虑到人民币和美元的关系。

刘晓光： 下面请国务院发展研究中心企业研究所张文魁所长。欢迎！

张文魁： 重振全要素生产率。

老实说，二三分钟讲不完，如果让我讲一句结论，就是要重振全要素生产率才可能实现一个比较高的增长。所以我需要一点时间来解释一下，过去从增长核算角度来说，我们过去的增长在很大程度上是来源于要素投入和资本积累，经济增长是从增长核算来说，分两部分：一部分是来自要素投入，另外一部分是生产要素的提高。过去30年大部分是来自于要素投入，在90年代全要素生产率对生产的贡献率曾经达到5个百分点以上，但是现在已经下降到每年二点几个百分点，我们越来越依靠要素投入，但实际上我们要素投入的空间已经越来越小，所以为了实现比较高的一个增长率，按可比价格计算，如果2020年比2010年，GDP翻一番，必须要开辟、重振全要素生产率才可以达到每年百分之七点几的一个增长速度。这是我非常简单的一个陈述。

图2-19　张文魁

刘晓光： 您认为主要在生产效率上我们有问题？

张文魁： 对，我们如果不能重振全要素生产率，我们要想实现百分之七点几的增长率就很难，由于人口红利的消失，储蓄率就会下降，我们那么严重地依赖投资，但是我们的储蓄率不足以支持投资，所以如果一直这样下去，最后肯定是高通胀。

关于经济学对经济增长的预测，很多图表和模型并不靠谱，因为有很多不确定因素，经济结构很难按照预定的轨道来调整。这种情况下进行模型测算，很多就需依靠供给端和需求端来预测。从人均收入来看，中国离前沿距离还非常远，只相当于美国的20%。从这个角度上来看，我们还有很大的增长空间，但是我想跟大家强调的是，前沿距离和增长速度之间的关系即将接近敏感点。国务院发展研究中心的测算结果是，人均收入达到1.1万国际元将是一个临界点。很多人说，我们离经济前沿距离非常远，即使按照8%的速度增长，也还需要20年。但按照国际的实证研究来看，尽管我们离经济前沿距离还非常远，但是我刚才说的由几个敏感点而带来的高增长也会结束。

刘晓光：实际上就是一个外延和一个内涵。

张文魁：我们快接近于外延追赶技术的前沿点了，这才能够使我们有可能每年实现7%以上的增长。

刘晓光：您的结论如果是仅靠外延到了极限，现在需要转变经济增长方式。

张文魁：很多追赶型的国家研究发现储蓄率会下降，下降就不能支持很高的投资率，我们是占49分点，如果非要这样，那只能是通货膨胀。

刘晓光：您研究过没有这个问题，关于体制的因素影响我们效率的相对数？

张文魁：经济学的研究过去几年是对资源错配的研究，为什么有的国家增长快，有的增长慢？还有为什么在有些国家有些行业增长快，有些增长慢？资源错配会拉低实际增长率，我们国家的这种体制会产生非常严重的资源错配，所以资源错配也会导致配置效率的降低，会导致全要素生产率的降低，要重振全要素生产率，包括改变中国的体制来扭转资源错配，使全要素生产率得到全面的提高。

刘晓光：有人说，如果消除我们体制上的弊端，改革可能会提高50%的效率，或者是3倍的效率？

张文魁：根据我们的研究，可能是夸大了改革的作用，国外的一名教授做了非常好的研究，他大概有一个测算，如果是进行模拟，国有部门的资源导致资源错配能纠正，大概会提高1～2个百分点的增长率，不足以说50%，或者是3倍，3倍是多少，这是不可能的，只有1～2个百分点的增长率是有可能提高的。

张利平：2013全球经济焦点将回归正轨

我首先并非冒犯地说，对于"2012年的经济很紧张，今年是真正的严冬"的说法，我持不同看法。

刘晓光：为什么？

张利平：大家都知道前五年，2008年美国金融危机导致了全球经济混乱和经济衰退，这五年已经过去了，前五年当中所有投资者和公司、政府都是忙于和注重中央银行如何注资，货币如何干涉，体制的风险，比如大家也担心欧元的崩溃，整个欧洲经济的倒闭，政府的主权债还不出来，但是今年这些东西已经全部过去了，今年全球的经济焦点会回到正常轨道上来，会注重公司盈利、公司的投资，会注重基本的经济活动的要素，这是我的观点。

刘晓光：您认为坏的周期过去了？

张利平：已经平稳了，但是也不是说没有风险，比如从欧美角度来说，美国经济相对已经看到复苏的迹象，但是风险还在执行层面，比如说国会和政府之间的协调，财政部和中央银行之间的协调，如果协调不好会使美国的经济走回去，欧洲经济的复苏，在今后一二年、二三年的复苏在于德国新的政府，当然会重选总理，女总理默克尔会比较弱势一点，但是德国的力量和欧洲央行中间协调，如果协调好，欧洲的经济会走出去的。

图2-20 张利平

关于中国的宏观经济，今年仍然会有比较高速的增长，因为中国经济如果非常快速地下来，不仅是对全球的经济拖后腿，中国经济积极下降是面对经济和社会动荡的问题。

刘晓光：凭什么高增长和继续增长？

张利平：这就讲到正题"2020年经济总量翻一番"，刚才毛总讲的我是赞同的，总量翻一番是没有问题的，我很简单地回答什么来决定翻一番，四个字——"市场经济"，昨天吴敬琏教授的发言引用了外国经济学家的一句话，"没有竞争的市场经济就不是市场经济"，我非常赞同这句话，我为什么强调中国经济2020年经济总量翻一番？在前五年中国政府的干预很多，中国经济在前两年还是靠中国政府的力量，加大投资，政府的投资非常大，但是今年一季度中国私营经济的投资还是不敢动，如果一个国家完全靠国有经济、政府支撑的话，这是没有办法翻番的，而且是不能长期持有的。

刘晓光：您的意思是靠政府维持的状况下达不到翻一番，只有走市场经济之路才能够翻一番？

张利平：对，中国已经进入市场经济，我们必须真正走市场经济之路，实行有竞争性的市场经济的模式。我下面谈到中国目前是缺乏的，比如说国家银行的垄断，国企的垄断，资源、资金的垄断，因为国企垄断把资金垄断了，银行把资本资金也垄断了，第一是必须打破国有银行、国企垄断，这是在翻一番方面要做的。第二是利率必须要开放，第三是对私营企业要开放服务业，而且要减税，企业税要大量削减，政府有太多的税收收入，加大以后非常容易主导经济，所以又回到计划经济，市场经济的力量是一只无形之手，中国经济要翻一番仍然要靠四个字——"市场经济"。

刘晓光：胡祖六是一位著名的经济学家和金融专家，请他来谈谈。

胡祖六：春天不远

这场专题的命题就包含一个短期和2020年未来8年的长远判断，短期的观点我完全同意利平的，长期的观点我同意文魁的，我就不明白为什么说2013年依然是更加严冬。过去的一年2012年我们侥幸过关，其实2012年是充满着风险，充满着挑战的，可以说内外交困，四面楚歌，内外交困就是美国经济复苏不明确，所以中国的内需出口非常不好，内需也不够好，2009年我们过度的刺激留下很大的后遗症，晓光也有很多担心，结果导致猛刹车，房地产可能是真正的严冬，如果房地产有严冬是2012年，现在是早春二月，已经转暖了。

刘晓光：房地产我叫冬天里有春天。

胡祖六：冬天来了，春天会远吗？钢铁行业、制造业，整个金融业也有很大的风险，包括地方融资平台，所以房地产投资、基础设施投资、消费、出口全部都不景气。

刘晓光：您认为2012年是最危险的。

图2-21　胡祖六

胡祖六：对，而且还要加上一个政治不明朗，比如说十八大之前每一个星期都有一个新的版本，让市场、投资者都在猜测之中。所以幸好现在很大的风险、不确定性慢慢地化解、消除了，现在经济的很多信息指标都处于稳定回暖的迹象，当然不是说2013年就坦途荡荡，非常顺利，但是对每一个行业、每一个企业家，对政府宏观经济决策部门来说，与2012年相比是天壤之别。比如说股市，对中国老百姓的信心非常有反应，尽管不是国民经济最好的晴雨表，但是反应投资者的信心是非常好的，这也说明中国很多的普通老百姓、投资者对经济的前景非常担忧。所以在去年短期我同意利平的观点。

2020年经济总量翻一番肯定会达到，但是靠什么？靠全要素生产率。2012年劳工的投入对GDP的贡献率是半个百分点到一个百分点，资本投入的贡献是7个百分点，过去30年，我们经过好几次经济拉动的成长，只要资本的投入对GDP的贡献率超过5%，即使我们能够做到储蓄率不下降，我们通过供给还能够维持高投资率，一定会造成很多风险，宏观经济不稳定，所以是低于5%。比较审慎地加起来，平均按价格是3%的贡献率，这是比较有确定性的。加起来我们才3.5个百分点的经济增长，我们要翻一番国民收入和经济总量收入至少是7%，那还有3%在哪里？这个就靠生产率。

当然，回顾历史我们也很乐观，比如说1992年邓小平南行以后，新改革和国企改革，我们的TFP全要素生产率年增长3.9%，那是没问题的，最高达到5%以上，但关键是要维持8年很不容易，东亚历史上，比如日本从1960年国民收入倍增以后，最后平均生产率也就二点多一点，香港地区、台湾地区也就是二点几，韩国是低于二点几，新加坡还要低，尽管要复制东亚的模式，还是有风险和不确定性的。靠生产率，怎么提高生产率？这就跟刚才问利平的问题有关系，经济学有三大因素：第一是人力资本，第二是技术进步，第三是制度因素。人力资本主要是靠人的因素，现在计划生育率下降了，每个人的生产率更高。技术进步要靠研发、创新。制度包括法制、公平竞争、税收制度，个人所得税、企业所得税、增值税的透明和腐败，要减少腐败。如果中国要大力投资人力资本，要鼓励创新，使制度更加便于公平竞争，就需要改革。

毛振华：把钱给穷人消费

因为全要素生产率的分析方法是几十年前的分析方法，我的分析也做过，就是从总供给方面来进行分析，那个方法太老套了，只要学经济学大家都懂，核心的问题是全要素生产率分析方法里面关于改革、创新、人力资本，在未来的群势里面并不构成一个真正主流，真正的主流怎么来启动中国的国内消费需求，国内消费需求的启动在经济学上的意义就是指消费者有支付能力的需求，不是他的愿望，也不是他的欲望，就涉及他有钱。

现在的问题是，中国有钱人不在国内消费，而是在国外消费，他们有很多顾虑，中国最简单的现实就是把钱给穷人消费，就是要提高劳动者的基本薪酬，中国另外一方面也提出来，人均收入翻番的一个指标，这个指标比那个要快得多，根本要超过增长速度，以前是大大落后于GDP增长速度，现在是超过的，这是带有补课性质的，但也没有办法，因为提高工资就意味着提高成本，进一步削弱中国企业在全球的竞争能力，提高工资也可能会制约一部分的创业需求，因为门槛高、代价高，现在我们要认真研究的问题是如何提高国内消费需求的一个潜在需求能力，而不是说那个东西是没有解的，科技创新投入多少钱没法算，因为我们的研究所专门有一些人做这些东西，我们经常发生冲突，他们都算的很高，我的看法，核心问题就是要解决国内消费需求启动过程中我们应该带来的挑战，因为你提高了劳动者的工资，一定会带来通货膨胀，为什么会带来通货膨胀？服务业价格的提升也是必需的。

胡祖六：我们说提高全要素生产率，是因为过去几年明明都是低生产，想要工资提高，就可能丧失劳动力。

毛振华：我不觉得中国经济这几年比1980年代差，那时候劳动者的贡献是要大一点。但我们也要看到企业的真实现状，都并不比那时情况差。我们说4万亿的投资制造了一些新的垄断和新的倒退，还包括通货膨胀等问题，其实这些都是必然的，我们要把通胀也作为一个必然的过程。经济总量翻一番要靠通货膨胀，因GDP的增长率本身就含有通货膨胀的因素。

刘晓光：假如我们的GDP是翻一番的，有几种情况，居民收入和国民收入的比例增长是一致的，这是一种情况：低于整个经济总量的发展也是一种情况。假如居民收入与国民收入比例是打平的，但因为国民经济总量的基数很大，它增长10%和居民收入增长10%是不可比的。我们今天没有讨论居民收入和国民经济总量增长的关系等问题，将来这些可能需要进行更深入的讨论。

下面有请上海交通大学高级金融学院副院长朱宁。

朱宁：稳定要靠可持续性。

翻一番这个问题不仅是中国当成大事来提，美国也当成大事来提，美国的GDP总量从1990年到90年代末几乎也翻一番，这就回到刚才胡祖六和张利平翻番的问题，因为在美国7%的增长中3%几乎是通货膨胀，4%是真实的增长，具体是什么样的口径，因为我对政策了解不是很透，没有一个很明确的目标。

尽管剔除通货膨胀的因素，我们讲收入翻番，或者是经济总量翻番，仍然以

图2-22　朱宁

货币来计价？是以人民币计价，还是以欧元、美元来计价？从国际投资者角度来讲是用美元来计价，人民币每年升值3%是没有问题的，不确定的地方在哪儿呢？每年7.2%就够了，金融上有一个七二法则，你拿72除这个年数，有这么多年就可以翻番了，72/10就是7.2%，用这个年数是假设每年你的增长率是7.2%，所以从这个角度讲，原来咱们提政府的说法是稳定压倒一切，从金融的角度稳定很重要，稳定怎么实现呢？就是它的可持续性。

刘晓光：金融稳定决定了经济。

朱宁：怎么能实现稳定？我个人的感觉可能是公平和效率的再平衡，过去30年发展经济是"发展是硬道理"，不管是黑猫还是白猫，抓着耗子就是好猫，如果要达到速度就是采取不是那么民主，或者是不那么公平的方式，这是追求速度最好的方式。我们的经济发展到达一个阶段，我们必须要更多的考虑公平，为什么要考虑公平，其实很简单，刚才几位都讲到我们的消费很重要，怎么提升消费，为什么考虑公平呢？我们的经济上去就可以的，很大程度上因为任何事情，经济学的最基础的边际成本是递减的，边际消费倾向问题，不仅是帮助老百姓的公平，而是帮助整个经济发展的公平。

这里举两个例子：一个是全国出现了超级中学，能够给北大、清华输送50%的学生，是教育资源的不公平。美国有一个相反的例子，在加州大学任教的萨默尔斯就因为这个问题导致哈佛大学的校长工作都丢掉了。如果是女性学生，而且身带残疾，可以去任何一个学校，包括哈佛和斯坦福，因为政策就保护缺乏能力和条件的人，有资源才会回到昨天晚上胡博士讲的，中国出现自己的巴菲特等。刚才你问咱们实现翻番？

刘晓光：你刚才讲的是关于公平和效率之间的平衡，会影响我们下一步经济总量的翻番问题，关于这个问题有没有一种比较深入的、量化的解释？

朱宁：我觉得城镇化已经回到资源是怎么来分配，我们有很大的核心性的城市，资源很大程度上还是由政府的规划、新区的建设规划出来的。但是在这个过程中，我们怎么能够让城镇化里面的这个镇有很大的影响，巴菲特住的地方用中国人的理解就是一个镇，而不是所有的人都集中在北京、上海、广州、深圳。

刘晓光：就是城镇化中发展什么的问题。

朱宁：对，资源由社会来调配，同时对缺乏关注、缺乏保护的人给予一些资源，我想这可能对今后10年有很大的影响。

刘晓光：资源分配的问题对于整个经济发展的速度和结构确实是有很大的影响。下面我们请陈浩武来说，北京大学光华管理学院的研究员。

陈浩武：现有经济模式能否走下去

我可能会有一些不同的观点，我们讨论这个题目有点像党开十八大代表团的问题，这不应该是亚布力的问题，实际上我同意毛振华的观点，翻番根本不成一个问题，其实我们现在应该更关心现在这种经济增长模式还能不能走下去，这才是亚布力应该关心的问题。

刘晓光：走不下去就没有翻番的问题了，就翻不了。

陈浩武：所以我不同意张利平说的观点，翻番要靠市场经济，我说恰恰相反，如果真按照市场经济规律来做还真翻不了番。如果真正按昨天像吴敬琏老师讲的、张维迎教授讲的，真止用市场经济的模式去做的话，这个方法真的很难，为什么呢？我们的资源、环境，好比说水、空气、食品，根本很难支持我们的经济再像过去30年那样的模式走下去，实际上，我们已经走向一条死路。现在我们讨论的翻两番问题是党中央关心的问题，而不是亚布力企业家关心的问题。我再强调一遍，我更强调翻番以后的成果是否公平，我们能不能消耗资源、损耗环境的优势去翻番，这条路是否能走得通。最近黄奇帆讲了一句话，中共有三重保险，第一重我们有3万亿的外汇储备，第二重我们有3万亿的税收潜力，第三重我们国有资产可以变卖的有3万亿，中共三重保险可以保证我们长命百岁，永垂不朽。我们现在应该回到让经济健康成长这种模式下去考虑成长，环境的问题应该放在第一位，如果我们再来毁坏环境，比如说煤，按照现在的经济总量发展下去要把地下的煤掏空才能支持，水已经没有干净的水，连饮用水都很紧张，空气更不用说了，这次雾霾已经漫延130万平方公里了。

刘晓光：陈光标不是准备卖空气吗？

陈浩武：伊春的空气好像是可以卖，真的很好。

刚才毛振华讲到拉动国内需求，其实这个问题也要分析一下，好比说大家都买汽车行吗？北京有500万辆汽车，二环、三环、四环都是停车场，买房的办法也不行，实际上我觉得有哪些事情可以做呢？我就在关注一个现象，好比说中国的出口产品在外国那么便宜，现在都知道到国外去买东西，香港、美国的东西都是中国制造，但是在那个地方买皮鞋、衣服等都很便宜。

刘晓光：我昨天跟伊春人聊天，现在不敢打中国制造。

陈浩武：这根本是我们国家的金融制度有问题，它并不支持我们现在的产品回到国内来进行销售，因为现在互相拖欠货款，巨高的物流成本阻止我们大量的产品向国内销售，刘主席前几次都讲我们的金融怎么好，但是我们的金融有巨大的问题，我们的金融制度并没有支持能够使物流畅通的结算体系，我们没有完成，在这方面我们大有工作可以做。其实我们在拉动消费的问题上可以开动一些新的方向，比如说金融体制改革、金融深化，类似资本市场。资本市场的发展应该建立一个健康的企业治理机构，我们现在的董事会不像董事会，股东大会不像股东大会，中国治理结构是变形的。中国现在做投资银行的，跟企业绑在一起

图2-23 陈浩武

同流合污去损害投资者。

刘晓光：高盛也是一样。

陈浩武：其实都是一样，我们现在有很多类似金融深化的问题，它可以推动我们经济增长、健康成长。

刘晓光：其实刚才大家讲得很好，一是探讨翻番的路径，二是对体制的问题做了一个比较深入的讨论。

在讨论之前，我跟罗兰贝格亚洲区常博逸先生聊了一下，我说这个题目你们怎么看，他说了几个问题，如果从他的角度来看，决定中国到2020年未来8年的经

济翻番要注意几个问题：

第一，要给所有人以希望，不要有恐惧感。

第二，要界定一个清晰的中国梦。

第三，城镇化要讨论清楚，需要什么样的城镇化。

第四，开放以后的公平市场，提高公共服务水平的问题。

第五，要引导好消费。

第六，文化精神消费的提升和文明水平的提升。

第七，人口老龄化以后对翻番有重要影响。

第八，中国的农业到底发展到什么样的程度，有什么样的自给能力。

第九，财经、税务体制的改革，土地制度的改革，包括地方维持土地收入财政来源的问题。

最后，研究未来增长模式，包括研究研发人员的激励、知识产权的保护等。

这是一个做战略咨询的经理来分析的。

互动环节

刘晓光： 接下来给大家一点时间，大家可以对今天在座的6位专家提点问题，进行共同的探讨。

嘉宾： 大家好，我是加拿大国家银行的代表，用西方的看法，这个主题非常好，翻一番我觉得完全没有问题，我非常同意陈浩武先生讲的话，我说几点自己的看法，用健康的方式成长中国的经济，过去内销停滞不前的原因是很多人都买进口货，因为在中国耐受的产品没有保证，中国人对此没有信心，如果把这个弄好，中国人买中国货，这个消费应该很大。美国金融海啸以后复苏了，我同意朱宁老师讲的，美国2012年底已经开始复苏，中国应该把握住机会，在短短几年里把握住机会。

嘉宾： 听了几位专家的话和晓光说的几点，我真的很有启发：

第一，毛总在这里提到的GDP是用总需求方式来解决的，传统经济学是从总需求的角度来算GDP，而张所长是从总供给、效率的角度来计算，实际上这是对M2增长的计算，但中国的M2的确是和中国的经济挂着钩的，大概是两倍左右，首先我同意晓光讲的，温总理2008年金融危机提到的，信心比黄金更重要。从M2的角度、资源资本化的角度来解决问题，让我们的资产增值，但是不能有通货膨胀，怎么办？这里面很大一块提到城镇化的问题，怎么让农民的资产资本化，比如说农民的宅基地、土地现在很便宜，这样我们把资源资本化以后农民有钱了，很重要的就是农民的确权问题，虽然现金量小，但是需求量就增加了，这样就能促进真正的内需。

刘晓光：这就涉及土地的改制和农村全要素的问题了。

嘉宾：从资源资本化的角度上来看，应该让农民有钱，农民可以扩大资源资本化。另外，政府应该考虑减持国有企业股份的问题。

刘晓光：张维迎今天没来，我会问他关于国有资产上市的问题。

嘉宾：去年四五月份政府高层还在讨论这个问题，但七八月份突然有说法是，国有体制是共产党执政的基础。那国有企业是否能将减持国有股份走下去，如果坚持走下去，2020年经济总量翻番还是有方法的。还有，土地是否能实现产业化？若实现土地产业化，我们做房地产行业的是否有更大的机会？

张文魁：我们更需要有忧患意识

第一，经济学的分析的确有很多漏洞，它不是一个严格意义上的科学，我们越做学问、研究，越觉得有很多漏洞和不足，所以前面有很多是不靠谱儿的，包括很多预计是不靠谱儿的。

第二，经济学不是一个很严格的科学，前面讲的有一些严格体系，假定机构有某种趋势性的变动，包括投资与消费这种机构，其实还包括需求端的预测在里面，所有未来的增长里面一定是考虑需求预测的。

第三，要素投入和全要素生产率是一种增长核算，并不完全是对未来预测的工具，实际上更多是讲过去的增长是怎么来的，然后再来推算未来要达到某种水平的增长速度，要怎么做，从哪些地方可以来，所有的分析方法只是一个片断，我们需要做的是要把这个片断拼接起来。

第四，对于大家说的增长没有问题、很有信心，我不认为是这样。实际上你可以看一看，第二次世界大战之后有120多个国家从低收入进入中等收入的经济体，只有十几个经济体成功地从中等收入到高收入，也就是说增长到了某种阶段有可能会停滞，不是他们说的没有问题，很多经济体到了敏感点高速增长就结束了，是有这种情况的。

第五，计划经济和市场经济、集权和民主的关系是很复杂的。苏联在专制时期，在强制计划经济时期，经济增长速度非常快，中国在50年代增长速度非常高，所以这个关系是很复杂的。我用10秒钟讲这种关系跟我前面说的前沿距离有很大关系，前沿距离越远越不需要技术创新，前沿距离越远越不需要民主，离前沿距离越近越需要民主、制度创新、技术创新，基本上是这样一种关系。

我们接近某一个敏感点，理论上还没有明确的解释，但实际上发现这个敏感点是存在的，不管是在社会还是在政治形势上，从社会来讲这个敏感点可能会来得更快一点，因为你的经济是比较失衡的，结构是失调的，你采取某些强制的手段会侵犯人权和产权，比如强行征地、拆房，在经济模式根本无法考虑，但是我们是可以观察到它是事实存在的。其实中国的问题还是蛮担忧的，我们更需要有一种忧患意识。

嘉宾：两个问题，第一，人均GDP或居民收入翻一番，是否可行？第二，除了所有的增量部分，政府的预算是怎么划拨的？从地方政府到中央政府，谁来监督他们的预算落实？预算在经济总量翻番中的作用是多少？

刘晓光：第一，作用你根本控制不了；第二，我们现在谋求的是人均居民收入占整个GDP的比重将来能高一点；第三，经济增长速度大体平衡。从理论上来讲，人均居民增长收入要大于总收入才行，但实际上现在是达不到的。

胡祖六：其实刚才陈浩武讲的我同意，我和文魁讲到生产率以什么样的模式成长，如果强调生产率，我们就要少建发电厂、少一些煤电、少一些汽车。

第二是关于总量，我们这里的共识好像对经济翻番都很有信心。但文魁和我为什么要提全要素生产率？我们从人均GDP非常低的水平，到经济改革包产到户，马上就产生革命性的变化。同样，我们的金融改革也到了这个阶段，金融改革、国企改革，很多容易改的东西都改革过了，好像中国翻一番、翻二番都可以达到。

但过去是这样，未来可不一定。苏联在二战以后经济增长也是非常快的，而且苏联是第一个把卫星升上太空的。真正的问题是可持续性，你能靠大规模的投入维持多久？为什么苏联会解体？美国里根总统上台后，跟苏联搞星球大战，没有办法，苏联只有破产。日本战后的经济也是势不可挡，倍增计划，但到1980年代也很难。我们过去有30年高速增长，未来10年翻一番一定是板上钉钉的事情。但更远的未来，我觉得还有很多的不确定性。

刘晓光：也不一定是翻番。

嘉宾：刚才有三个观点我比较有启发，第一是建议总量提高要靠内涵、制度的革新、生产率的提高；第二是特别要关注中国消费需求和消费创新；第三是讲到金融可以在里面发挥作用。如果金融改革成功，能够保障经济的进一步成长，但说实在话，还有很多困惑，比如说环保是非常好的概念，中国人的文明意识在提高，但是我最近往中部、西部走得比较多，我感觉未来5～10年中国的经济引擎可能主要已经不在沿海，沿海已面临一个重大的产业升级换代问题。那么，中西部该如何考虑发展问题？前几年欧洲召开环境大会，发达国家都是从污染—治理这条路走过来的，但他们都会问我们一个问题：中国为什么要先污染再治理？我们的回答是，我们是发展中国家，要先吃饱肚子。但是现在，中国东部已经富裕起来，这就要求进行调整结构，而在产业结构梯度转移下，中西部也开始发展起来，这样的情况下就要谈环境问题了。在下一步城镇化推进中，发展与环境的平衡标准是什么？过去，国家制定的环境标准在国际上根本行不通，这一情况下中西部怎么发展？

刘晓光：下一步的环保可能会影响到人的生命。

嘉宾：在中国，消费和金融是否有关系？我们都说金融推动生产、推动投资，但是金融和消费好像都没连上。

刘晓光：有一点，彩电下乡、汽车补贴。

嘉宾：是国家的财政补贴政策，真正在金融，按揭也好，消费信贷、消费金融也好，都起步比较慢，我不知道是否需要国家慢慢培育呢……

刘晓光：像银行，对它有利的就变得快。

嘉宾：好几位经济专家都在那个地方，凯恩斯就是自己消费、自己投资，战后西方发达国家也是这么走过来的，但是到今天学的东西跟现在的实际政策、政府能够推行的政策距离还非常大，到底是这些政策很难推行，还是政府不愿意做这些事，这都是我们的困惑。

朱宁：刚才大家提到金融改革，我就说两句。金融的核心理念是风险的共担和受益的共享，但缺乏一个有效的法律体制，这正好是金融体系很核心的问题。因此，金融改革推动的方向受到制约。我认为，下一步经济是否能够增长，区域之间的张力、各个社会阶层之间的张力，经济、金融、社会和架构之间的张力，如果这些问题解决了，就可以决定我们的经济是否可以持续增长。

毛振华：我有一个困惑，未来影响我们的经济增长最大的一个忧虑就是税率的问题，这一轮的增长中国成为超级领袖，我们的电子产业成为第一大产业，未来是否还有新的产业？现在全世界还没有找到。凡是价格达不到竞争优势的，肯定达不到引领地位，所以我还没找到这个新的产业，创新引领也不在中国。但中国这20年的经济了不得，中国重大的改革机遇就是成功了坐上了这趟电子信息产业增长的班车，成为电子信息产业的大国。我的困惑是，还没找到下一步带动增长的新产业，也没有看到全世界新的增长机遇是什么。

胡祖六： 从长远来看，哪些能够推动经济增长？消费当然非常重要，为什么美国要搞财政刺激政策？都是经济长期低迷以后，要去弥补。但是能否达到长远的增长呢？不仅是理论研究，还有很多实证研究，消费刺激是不可持久的，归根结底还是要靠生产效率的提高。

再看消费和金融，中国银行体系的平均资产收入和利润，只有不到20%来自于消费融资，大部分是靠房屋按揭贷款，所以房屋按揭这点肯定大有可为。

刘晓光： 刚才6位经济学家和金融专家对于整个关于国民收入翻番的问题做了一个很深入的阐述，我们讨论的问题只是一个面上摆出的东西，我们实际想探讨的是体制的问题、制度的问题，更多是市场经济深邃的原因，今天时间有限，只能谈到这里。

改革正与危机赛跑 问路市场化改革
国企的未来教育的市场化改革
教育改革再进行 势在必行的经济转型
企业家信仰与使命

建立竞争性市场体系

市场的灵魂在于竞争

所谓改革开新局，有一个重要课题，就是怎么建立竞争性的市场体系。自从"十二五"提出要更加重视顶层设计和总体规划，去年中央经济工作会议又要求在今年晚些时候，人们猜测大概是在2013年的三中全会，能够提出明确的改革总体规划路线图和时间表，官方和民间机构都在热烈讨论我们总体规划应该包含哪些改革项目。

就拿"经济50人论坛"来说，大概提出了有二三十个项目，当然要进一步梳理，从这几十个里面选出一些。改革不能单向促进，需要配套进行，但是积累的问题又非常多，也不可能四面出击，什么都来，所以就需要选出一些最重要的、互相关联的、最小的一揽子改革计划。

用什么办法研究呢？大家比较中意的是从问题出发，看看我们现在存在哪些重要的问题，然后去追寻这些重要问题的体制性原因，再来确定我们要做哪些改革，把这些改革措施聚拢起来，加以筛选，做出一个最小的一揽子改革设

图3-1 吴敬琏

计。上一次这样做的结果，从1994年开始整体推进的改革，应该说取得了很大的成果，直到现在我们也许还在吃1994年～2002年那一次一揽子改革的成果。

在这次讨论当中，有一个问题进入了我们的眼帘，我们现在的体制还存在相当大的缺陷，就是说它还不能够称为一个现代的市场经济制度。现行体制缺陷大概有三个主要缺陷，或者叫三个短板，第一是市场没有完全形成；第二是基础性问题，就是它的产权基础，是模糊的、不清晰的，不能够受到法律的保护，像我们的土地产权，就是许多问题的根源；第三是缺乏竞争。第一个问题和第二个问题有共识，认识到建立市场、保护产权的重要性，但是第三个问题往往被人们忽视了，忽视了市场的灵魂在于竞争。

前几天论坛的几位同志到我家，送给我一本书叫《市场的力量》，让我写两句话，我马上就写了这么两句话："市场赋予力量，竞争带来繁荣。"为什么我写这两句话呢？就是因为我想起了1988年弗里德曼讲的那段话，弗里德曼访问中国有一系列的活动，包括跟当时的国家领导人会谈，这些活动我都参加了，他还有个书面备忘录，给当时的中共中央总书记。他说了这么一段话："单单利用市场是不够的，单有私有化也是不够的，真正需要的是自由私人市场，这里自由的含义是对国内外的资源进行公开竞争。"他接着解释，他以前当过印度财政部长的顾问，印度有私有化，可是没有竞争，所以印度的经济在那个时候发展得非常不理想。

我们现在确实存在一个问题，就是即使赞成市场化改革的人，对于什么是市场和市场经济也常常有误解，经常的一种误解是说只要东西在市场上买卖，这就叫市场经济，就叫市场机制了。其实经济学原理说得很清楚，市场机制为什么能够有效配置资源，市场机制为什么能够形成所谓兼容的激励机制呢？根本原因是通过市场竞争形成的价格能够反映供求，反映资源的稀缺程度。我们的文献不知道从什么时候开始出现了这样的字眼，就是所谓社会主义市场经济是在党政领导的驾驭之下的，就是权力控制的市场经济，权力控制的市场经济还叫市场经济吗？肯定不是了，因为它的价格信号是扭曲的，不可能有效配置资源，也不可能形成一个兼容的，激励机制，所谓兼容的，就是每一个经济行为者对社会的贡献和他取得的报酬是一致的，否则就变成不兼容了。

90年代中期，我们改革取得很大进步，许多不好的现象也出现了，有人解释为是市场化造成的，实际上这不是因为市场化，而是权力控制了市场交易造成的。当时在思想上有许多争论，这种争论一直延续到最近几年，就是中国出现的问题到底是因为市场化还是反市场化。我当时说了一句话，就是没有竞争的市场比没有市场还可怕。后来我读了约翰·麦克米兰教授的《市场演进的故事》，里面说到"任何在权力之下发生的交易都是其他形式的交易而绝不是市场交易"，他说不管买卖一方有行政上的控制权，还是买卖双方都被一个更高的行政权力所控制，都不叫市场交易，所以权力支配下失去了竞争性的市场，只是一种貌似市场的假市场，借用张维迎在本世纪初讨论中国股市说的那句话，"它是一个寻租场"，它不是市场。

企业家要致力于平等竞争制度环境的建立

中国是一个有很深官方文化历史背景的国家，从现实情况看，政府又掌握了大量资源，在这种情况下，许多企业家都是被迫或者是自觉地走上了一条结交官府寻租的道路。我们企业家作为社会的中坚力量，一定要抵制这种恶劣的、败坏商业文化的风气，投身到完善市场的改革中去，所以我呼吁企业家不要去寻求特殊的政策优惠，而应当努力争取平等竞争的制度环境的建立。

十六大有个新提法，就是两个毫不动摇："毫不动摇地巩固和发展国有制经济，毫不动摇地鼓励、支持和引导非公有制经济发展。"那么，社会各界就希望能够进一步明确到底我们应该坚持一个什么样的方针，来对待国有企业，来对待民营企业。所以不管是十七大还是十八大，在主要文件征求意见的过程中，学界人士都提出了一些要求，后来我们看到十七大在两个毫不动摇后面加了两句话，"一是坚持平等保护物权，一是形成各种所有制经济平等竞争相互促进的新格局"；十八大在这两句话后又有一句话，"保证各种所有制经济依法平等使用生产要素，公平参与市场竞争，同等受到法律保护。"

显然党政文件里面已经做了进一步明确，但是这一点实现了没有？看起来没有，没有完全实现，甚至没有实现。我们现在面临一个新开始，在开创新局的时候，我们要共同努力，把构建竞争性市场体系放到十八届三中全会将要制定的总体规划路线图里面去。在我看来，全面深化改革的核心任务就是要构筑竞争性的市场体系，要完善我国的市场体系就应当着力进行以下一些改革：一是确立市场的产权制度基础；二是放开各类产品和各种生产要素的价格；三是要明晰市场的竞争规则；四是要反对垄断，强化竞争；五是要实现司法公正和加强合规性监管。

吴敬琏　著名经济学家

重视新形势下的市场作用

十八大报告里"五大文明建设"大家都知道，经济建设、政治建设、文化建设、社会建设和生态文明建设。这"五大建设"的精神实质是中国社会发展转型到一个关键时期——社会矛盾加剧、资源约束紧张、环境污染严重、生态系统退化，在这一严重的形势下，对"三大关系"进行重新界定。"三大关系"简单一点说就是官与民、人与人和人与天的关系，目前"三大关系"都已严重失衡的情况下，怎样寻找和建立新的均衡，从而为实现中国梦奠定基础。

五大文明建设的现实任务，简单讲，政治上就是如何做到人民当家做主、建设民主法制以及加强党的领导这三者之间新的平衡；经济上就是四大任务，第一是产能过剩，第二是节能减排，第三是城镇化建设，第四是理清和完善政府。

政治改革和经济改革之间，以及经济改革中的四大任务之间是相互关联、相互作用和相互影响的，必须统筹考虑，通盘解决。在这里，我特别想强调，市场机制是解决我国这些深层次问题的突破口。由于时间关系，我只就生态文明建设这个侧面来谈谈我的看法。

图3-2　刘明康

今年1月份、2月份出现的覆盖广阔的雾霾天气，给了我们一个重要警示，说明产能过剩、节能减排等涉及环境的问题已经到了必须采取果断措施和行动的时候了。中科院最近的一个报告显示，这次的雾霾比20世纪伦敦的污染事件更严重。

迄今为止，世界上污染最严重的前10大城市，中国就占了7个，中国有1/10的国土面积已经被重金属污染，而水资源的污染和匮乏早已经伴随我们度过了半个世纪，这些环境问题、经济问题总是和政治问题、社会问题相关联。现在公众对于环境问题的不满已经赫然成为继拆迁之后又一个突出问题，像宁波、厦门、什邡、南通等地群体性事件，也折射出了中国公众的忍耐力已经正在逼近临界点。

环境问题，最重要的是发展理念出了差错，这么多年来我们经济发展的一个潜台词就是先污染、后治理，"中国来得及，中国要抓住战略机遇期，要赶超别人，咱们可以先污染一下，回头再来打扫干净，再来治理。"第二个发展主流意识的差错是认为大自然的自然净化能力是无限的。另外极"左"的思潮也在作祟，邓小平同志多年前讲过"我们既要反左，也要反右，但最终根本还是反左"，极"左"的思潮总是把环境问题和西方人士的不良居心联系在一起，说是中国不应该跟着别人的游戏规则、具体标准走。在付出重大代价之后，我们的发展理念有了一些修正，已经逐步意识到环境代价其实一直都客观存在着，只是过去长时间都是由无数的公众默默地承担着。

我想跟大家分享的是环境问题的解决应当重视市场机制的作用。市场机制是更有效和更经济的节能减排和调整结构的工具。应对环境问题的政策工具有两大类，一是行政管制，二是经济手段。

"十一五"的最后一年，各地为了完成节能减排目标纷纷拉闸限电，到了1月1号又开足马力重新生产，好像我们节能减排是有年度规划似的，而且拉闸限电的时候各个工厂都到市场上买柴油发电机继续生产排污，这些措施拿现在一句很时髦的话来讲就是"长得跟闹着玩的似的"，最后的结果是跟我们的目标背道而驰，国家投入上千亿治理太湖、滇池和淮河，现在看这些治理的效果并不明显。

因此，用经济手段推进节能减排和解决环境问题，应当成为我们的共识。经济手段当然也分两类，一是税收，排污可以收税，碳排放也可以收税；二是市场交易机制，在这里我特别想强调的是，税收从来都是刚性的，无法顾及不同减排主体的差距。

税收是刚性、单向的减排手段，其实被纳税的市场主体是很容易逃税的，逃不了的话也会把这个税收负担推给消费者，所以排污仍然大行其道。

应对环境问题，应该大力依靠市场机制。减排效率高的主体可以通过出让排放配额获利，减排效率低的主体必须购买别人的配额来抵消自己多余的排放，这对环境空间是一种确权，同时为我们的产业结构调整、节能减排和其他环保事业融资，这方面市场机制大有可为，并且还有助于实现污染物排放的总量控制。

美国1980年～1999年，这20年里发电量增长了20%以上，但二氧化硫的排放量因为市场交易最后下降了20%左右；欧盟每年通过总量控制和市场交易带来300多亿欧元的间接收益。用市场机制而非行政手段淘汰落后产能，不但可以解决我们产能过剩问题，也可以推进节能减排，其依托就是碳排放权。

进一步讲，这种机制也改变了政府的角色，提高了政府的工作效能。交易市场是政府实现政策目标的一个有效平台，我们如果通过一个交易的平台去推动政策目标的实施，它的效率就会很高，因为：第一，它的流程是简化了的，交易互动总比我们进行行政审批要快得多；第二，它有一个规模效应，交易活动一旦标准化，交易平台就有一种集聚的效应，买卖双方都在上面进行集聚，因此就可以实现一种规模效果；第三，会大大降低政府成本，政府的编制都有限，在中编办那里扩编比登珠峰还难，要深入介入微观事务管理，总感觉政府人手不够，所以公务员现在招了又要再招。

我认为，政府面对新局面应该做四件事情：第一，应当尽快从根本上调整考核的导向和评价的体系；第二，要推动建立市场机制，例如确定我们整个排放总量和分配标准、分方案，提出对统计的要求，提出对信息透明度的要求，并且进行检测、验证，建立市场机制的一个监管框架；第三，政府应当允许金融创新，在碳排放和排污权这两种交易当中，我们可以创造很多的碳金融，无论是碳银行、碳政权、碳保险、碳资产管理公司，还是碳基金、碳评级，都会创造很大的市场；第四，完善配套支持的财税体系。

政府不应该做的事情也有四项：第一，要停止对微观层面的管制冲动，我们有一种管制冲动，就是喜欢到微观层面去摸一下，政府不应该介入到微观市场；第二，对国企、民企、大中小各种企业不能够另眼相待，应该一视同仁；第三，政府不应该直接办市场；第四，政府不应该风险管控过度。

企业家和市场应该做什么？第一，依法交易，透明运作，公开、公平、公正地撮合交易和清算支付；第二，会聚卖家，发现买家，帮助卖家尽可能用最低的成本找到买家；第三，发现价格。市场最核心的功能就是发现价格，通过价格信号引导投资促进竞争，实现资源的优化配置。

企业家和市场不应该做的也有三件事：一是千万不要搞欺诈；二是不要搞过度投机；三是不应该进行内幕交易和操纵市场。

中国企业家论坛已经办到十三届了，今天我们迎来了难得的发展机遇，中国社会可能出现大改革、大变革，为此中国企业家要有充分的准备。知识经济时代首先要有本钱，要有知识技能和经验，还要有对社会的担当，因此企业家都应当重视学习，王石60岁还在周游列国。第二，我希望大家有远见，重视资本的积累和企业DNA的培育。第三，要团结协作，要探讨建立一个平台和培训机制，实现民营企业在本行业和跨行业内大交流，要有参与大市场、大交易的构想和准备。孙中山先生多年前就说过："心信其可行，则移山填海之难，总有成功之日。"我们坚信市场机制的可为、可行，祝愿大家成功。

刘明康　亚布力中国企业家论坛名誉主席、中国银监会前主席

思想互动空间E：消费品市场升级战

天猫、淘宝单日销售191亿，"光棍节"成为网购盛宴。191亿是个饱含信息量的数字，它不仅意味着传统零售业在电商咄咄逼人气势下的尴尬处境，也意味着整个产业链的巨变和升级。消费品市场的升级之战早已打响，是时候总结和放眼未来格局了。在中国推进城镇化的背景下讨论这个话题，更显示消费品市场升级大战的规模和激烈。

在2013年亚布力中国企业家论坛年会上，云南红酒业有限公司董事长武克钢、中国银泰投资有限公司董事长兼总裁沈国军、当当网董事长俞渝、汇银家电

（控股）有限公司董事长曹宽平、零点研究咨询集团董事长袁岳、共识传媒总裁周志兴参与了"思想互动空间E：消费品市场升级战"的讨论。正略钧策管理顾问有限公司董事长赵民主持了该场论坛。

未来消费品不是消费市场的主导

赵民：2020年中国经济总量靠什么翻一番？我觉得是消费品。在座的各位怎么看？

俞渝：我觉得消费品拉不起来，实事求是地讲，房地产等才是主流。但是随着产品越做越好，服务越做越好，消费品市场还是会有一个很大的增量。可从企业家的角度看，消费品市场面临的结构性挑战是老百姓不敢花钱。具体应该怎么做，我们可以再讨论。

周志兴：对于消费，我觉得可以有两个层面的升级：一是所谓的翻番，人家更多地去花钱，

图3-3　赵民

二是消费方式的升级。就后者来说，大家可能更多地会想到网购。现在，人们已经很少去逛商店，商店所起的作用就是一个试衣间的作用。试过之后，人们记下衣服的品牌、尺寸，然后到网上买相同的产品，这样会划算很多。我们家就有一个现实的例子，从前年开始，我太太突然迷上了网购，几乎每天有一个快递过来。这样一来，我的负担减轻了很多，这样我就不用陪她去逛商店了。网上购物的价格低廉带动了大家的购买欲望，我想这也是一种升级。

袁岳：对于升级，我们有切身的感受。10年前，我们的客户主要是宝洁、联合利华等生产实质性产品的企业，但最近5年，情况发生了变化，金融行业、通信行业成为我们的主要客户。所以我提出了一个概念，消费品升级很重要的一个形态就是服务化。最近，王建林在一个内部讲话中说到，去年万达非购物中心的营业收入超过了购物中心的营业收入，购物中心本身提供的就是服务，而非购物中心提供的则是创新服务，尤其在娱乐方面。很多人说，中国很难出现自己的奢侈品，我的

一个观点在这个内部讲话中得到印证，那就是中国打造奢侈品的第一步不是产品，是服务。所以，我们的消费品市场升级最重要的表现是服务化，实际上就是服务本身。苏宁就是深感服务的重要性，在它的五年战略中设计和销售摆在了同等重要的位置。

那么服务指的是什么呢？服务的本质是指链接，比如在餐厅用餐，服务员帮忙点菜、上菜，这个链接行为就叫做服务。现在，社会最重要的一个变化就是对服务的要求有了很大的提高。那么如何来提高服务的水平？过去，我们认为服务管理水平的提升在于训人，其实不是，它最重要的是将大部分管理功能外包，而自己则起到一个协调管理的作用，是一个运营管理者。西门子采取的就是这种策略。

服务市场的变革，在世界范围内有一个非常重要的转折点，就是人均GDP达到5000美元的时候，美国是1969年，日本是1976年，韩国是1986年。这期间产生了一系列的新品牌，它们有一个非常重要的特点，那就是不是单一的制造品牌，而是变成了服务品牌。现在，中国也开始进入这个服务革命期，所以企业比拼的不是消费品，而是消费服务。这是我们今天特别要重视的一个地方。马云说，网络是一个商业生态，我要补充的是，到2020年网络才是真正的商业生态。之所以今天的年轻人不去购物中心，很重要的一个原因是购物中心没有什么好玩的，所以需要革命，需要一场为了满足年轻人需要而重新设计的革命。另外一个很重要的事情是建立一个沟通模式，这个模式是四五年后的重要机会。对于未来，我们有一个很强的信念，未来的消费品只是消费服务的组成部分，而不是消费市场的主导。

赵民：服务改变一切，互联网重塑的是人与人之间的关系。刚才说到了苏宁，你怎么看苏宁的改名？

袁岳：苏宁的战略中有几点值得我们思考，我个人对此给予高度赞许。其一，推行非电商化，大家知道苏宁做的是家电，但家电是一个弱势产品，如果苏宁局限于家电领域，那么它与京东进行价格战就会处于一个很被动的地位，所以苏宁扩充了商品品类。其二，推出自己的产品，实行"设计加销售"的模式。这对苏宁来说，是一次革命性的行动。

谁提供了优越的体验，谁就能获得消费者的青睐

赵民：当当会不会非书化？

俞渝：我觉得当当走出图书的局限已经好几年了，图书在当当的销售额中

连一半都不到，作为一家店，品种越来越丰富肯定是必需的。前10年，图书是我们看上的一个商品；后10年，我们会看上更多的商品。对于消费品，我的看法是，以前的消费品主要是功能消费，比如我买一个杯子是为了装水，我买一条围巾是为了保暖，但现在的消费越来越注重体验消费，比如消费者想买一张摄影机上的储存卡，

图3-4　俞渝

在买的时候他问商家能否送一个读卡器，商家就真送了一个读卡器，有了这样的体验，消费者的消费会越来越多。现在，人们花钱时越来越看重花钱所带来的"爽"的感觉，因此，谁提供了优越的体验，谁就能获得消费者的青睐。当然，这个体验可能是互联网的，比如搜索找到相关的产品、服务或人，让大家产生我们一帮人是团购的这种体验。涩谷是不一样的例子。春节期间，除滑雪之外，我都没有去其他的地方，因为我儿子要去涩谷。那里有很多东西，光与海贼王相关的东西就有144件。我根本不理解海贼王，而与海贼王有关的东西能有100多件，我就更不能理解了，但日本是一个充分消费的国家，从产品到服务，到消费方式，他们都做得很好，开发得很完全。

袁岳：你们会做这样的线下产品吗？

俞渝：我们不会，术业有专攻，对于在网上如何做体验，如何给顾客提供一个好的购买环境，当当可以做到，但是真做到涩谷那样的环境，我觉得比较困难，因为这涉及选址、人流、物流等很多很多东西，这是其他人的专长。

袁岳：上海有一个大型购物中心，以妈妈群体为核心客户，但将来会全部是年轻人。不知道像这样的体验店将来是否会与当当有点关系？

俞渝：可能会有。当当的核心能力是什么？我觉得我们要给顾客三件东西：更低的价格、更为方便、更好的选择，但是这个更好的选择一定要在当当吗？因此，

我们要提供更好的体验，这就需要升级，升级在产品上、服务上，还有在社交上。

袁岳： 我们做了一个电商的街区活儿，像涩谷一样。

俞渝： 对这种东西的未来，我持悲观的态度。好的东西都是慢慢演化的结果，园区则带有很明显的20世纪50、60年代的烙印，包括街区。如涩谷一样的地方需要很多大大小小的从业者，大家慢慢凑，而这个过程需要什么元素往往是事先不可设计的。而且在这里，大批企业前赴后继，是自然淘汰后出现的结果。但作为街区，设计的时候可以定位于咨询，这是没问题的。

图3-5 曹宽平

曹宽平： 关于消费品市场的升级战，我首先认为升级战可能有几个方面：第一，电子商务和实体店的关系。我个人认为，电子商务代替不了实体店，实体店也代替不了电子商务。实体店需要用电子商务的方式来创造客户，而电子商务也需要通过实体店来进行体验，这两者如果能够互动起来，消费者使用起来可能更加便捷。第二，消费群体的问题。消费品能否成为主流？我认为是一定的，今年我们整个消费所占的比重已经达到了50%。至于对消费的主体在一二线城市还是三四线城市，我认为70%的市场依然在三四线城市。因为现在大量的产业转移都在提升三四线城市的消费地位，城镇化也必然会改变人们的生活方式，而这都需要商业的配合。当然，我们的消费品也要升级，比如以前更多的是发挥消费品的实用性功能，现在则要在实用性功能的基础上注重附加功能的升级。另外，营销方式也要转变，从之前的等顾客上门转为主动创造客户。当然，消费品市场要成为主流，我们还有很长的路要走。

电子商务的发展势不可当

武克钢： 消费品总的趋势有两个：第一，消费品本身，也就是消费品升级。5～10年内，我觉得中国有一个巨大的发财机会，两个进口，一是进到口里的食品，一是进口的食品。过去，我们是制造大国，将便宜的东西卖到国外，现在则倒过来了，人们更多地青睐于进口的产品。而且由于食品安全问题，进口产品中更多的是进到口里的食品，比如近几年比较火的奶粉进口。所以，中国未来的消费应该往高级消费发展，并且这个消费群体已经存在了。第二，消费方式，也就是向服务型消费转型。我们总说要从中国制造向中国创造转

图3-6　武克刚

变，因为一只关在笼子里的鸟不可能比鹰飞得高，但是它歌唱得比鹰好听，因此，虽然中国不能从制造大国变成创造大国，但是却可以从制造大国变成服务大国，服务才是提升我们的消费品市场的关键。

俞渝：10年前，网上卖酒在我看来简直是不可想象的事，但现在却成为现实，并且发展的态势还不错。所以，我觉得，我们这些从事电子商务的人其实是在用投资人的钱和自己的青春为所销售的产品铺路。因为我们希望通过渠道的便利、高效以及与顾客的直接接触来降低中间的分销成本，这样顾客花同样的钱却可以购买到更多的产品。这一方面可以给我们带来更多的服务费，另一方面也增加了生产商的销量。这是一个令人开心的局面。为什么电子商务有价值？因为它有多个价值增值的地方，其中降低不合理的加价率是重要的一环。某些行业，我认为存在过度竞争，这样谁都没有利润空间，也就没有利润去创新，但如果我们能将传统分销渠道中不合理的，或者低效的加价率去掉，那社会将会出现一个新局面，按传统的经济话语说是"购销两旺"，按现在的电商话语说就是"最大化满足顾客需求"。

沈国军：尽管这么多年我们一直在做传统业务，最近几年才开始涉及电子商务，但我觉得电子商务的发展势不可当，它将改变人们的生活方式和消费方式，这是必然，不需要花太多时间去争论和讨论。另外，传统的零售业一定要变革，这也是必需的。如果不变革，会是死路一条，尤其是国美、苏宁这种原来只做传统门店的企业。现在，苏宁推出了易购网，它的压力缓解了不少，但今后会怎样还需

图3-7 沈国军

要再看。现在，传统的百货业也已经到了比较艰难的时候，所以我们从两年前就开始对传统的百货公司进行创新改造，今年我们60%的门店将推出自动WiFie登陆，还有电子支付等改革措施。为什么会推出这些改革？很重要的一点是，我们认为体验式消费是可以持续的。因为网络的出现并不能替代所有东西，比如跟朋友边喝咖啡边聊天，这在网上是做不到的。最近几年，我们在建大型购物中心，目的也是为今后零售行业的体验式消费做准备。当然，传统的零售业务可以与电商互动发展，这里的空间还比较大。比如消费卡，现在大家可以在网上购买消费卡，银泰的消费卡也可以在网上购买，另外还可以在网上充值，线上线下的互动非常好，可以证明这一结果的是去年我们消费卡的销售增长了50%多，金额接近40亿。电子商务有着光明的前景，但是现在面临的问题也非常多。今年，我们将和阿里巴巴联手成立物流公司，目的就是为了解决未来电商发展过程中可能遇到的一些瓶颈。因为如果销售规模急剧扩大，按照目前中国的物流体系，包括管理能力，完全没有办法承受。除此之外，电子商务的顺利发展还有很多东西需要完善，如国家的产业政策、税收政策、工商管理条例等等。如果做到了这些，也许电商的发展会越来越好。

赵民：你讲了自己的改革，你怎么看待国美去年的改革？

沈国军：这里我只是说我自己的观点。如果我是国美的老板，我就会考虑把它卖掉，因为改革对它来说非常困难，而且效果甚微。

赵民：你刚才提到与阿里巴巴联合成立物流公司，能跟我们具体说说吗？

沈国军：叫中国智能物流骨干网络，不是物流公司，是向所有电商开放的平台。今后，我们会在全国大概200个主要城市里开设平台，会在2000个县以上的城市设立节点。它完全是一个智能化的东西，主要的依托是我们说的天网，也就是数据。在这个基础上，地网会得到很好的发展。另外，还有人网的发展，就是快递人员的发展。简而言之，对我们来说，就是要打造三张网。

互动环节

提问1： 大家知道，高端的消费品都来自国外。那么，我想请问袁岳老师，我们企业经营者应该具备怎样一种精神和态度，才能打造出自己的LV？

袁岳： 在回答问题之前，我先介绍日本当年的情况。1970年到1976年，日本非常像今天的中国，它的特点是什么？日本人到全世界旅游，买东西，全世界人都觉得他们跟蝗虫似的，到处乱窜，跟现在的我们很像。但是1986年的日本就不一样了，主要表现在到全世界乱窜的人减少了，有了自己的品牌。为什么日本人不买欧洲或者美国的东西了？因为他们喜欢的东西跟欧洲人喜欢的东西不一样，

图3-8 袁岳

这从他们各自设计出来的东西就可以看出来。日本人设计的东西总体来说比较清新、有趣，也比较可爱，而我们在购物中心看到的欧洲品牌，总体上比较老气。所以，他们开始设计自己的产品，开始他们自己的设计革命。从本质上来说，这个设计革命就是把日本人需求的特点转变成为日本人自己看着顺眼的品牌体系，这是第一。在中国，设计也被看重，但都过于产品设计了，对消费者的需求了解不够。在这一点上，服务业做得更好。这里有一个很真实的例子：一个"90后"女生来参加我的电视节目，在回答她为什么要从生产线转到洗脚店去工作时，她讲了一段很精彩的话。她说："做了四年的零件，我觉得自己都快变成机器了，可洗了两年的脚，我觉得自己就跟上了大学一样，因为每双脚虽然都差不多，但每双脚上的脑袋不一样。"所以，洞察消费者的需求对企业来说至关重要。

第二，企业家精神中一个最重要的精神，我认为是贱人精神。为什么？其实，我们这个时代培养出来的消费者都需要服务，从小孩子到中产阶级，而且希望得到的服务是最好的，可问题是年轻人中需要服务的人多，而想提供服务的人少。在这种情况下，如果谁想真的做服务，那么我就认为他具备企业家精神，他就是新时代的贱人，"自贱"则无敌。

图 3-9　周志兴

第三，这个时代跟以往最重要的不一样就是信息化程度的提高，这就要求我们的服务模式发生改变。服务有传统和现代之分，传统的服务是用一点资源满足一个人的需求，而现代的服务是在全世界范围内调动资源满足一个人的需求。中国的年轻消费者四处旅游，他们的见识在不断扩大，比如我认识的一个小孩，4年间去了70多个国家，所以我们不能用经验的方法来设计服务模式。

简而言之，如果把这三个东西结合：第一，设计，把匪夷所思的创造跟普通人的洞察相结合；第二，把快乐地为人服务当成自己的诉求，或者使命；第三，用超越自己过去的经验和知识的方法来架构新的解决方案，我们就具备了新的企业家精神，也就能打造自己的LV。

俞渝： 2012年，莫言的作品获得了诺贝尔文学奖。但是莫言从20世纪80年代开始就一直在写作，他此次获奖的作品也出来很多年了，可他为什么没有提前10年获得诺贝尔文学奖？是因为中国经济强大了，在这个基础上，中国文化被重新思考。这就折射了一个道理，品牌等意识性强的东西都与经济地位有关，经济地位会带来自信。当当以前只卖图书，现在也开始卖其他的商品，比如服装，但都是招商来的。面对这些服装品牌，有一天我突然发现，中国的服装品牌就像一个动物园，七匹狼、太平鸟、报喜鸟，全是动物的名字。于是我给各个品牌商打电话，问他们的品牌为什么都是动物的名字，他们说，当年创建这个品牌的时候，他们对服装品牌就一个认知，就是那条鳄鱼，所以才有了与动物相关的品牌名字。一句话，我觉得品牌的产生和经济有关，也和心理素质、自信、认知相关，可能有一天大家会觉得旗袍比超短裙美。

袁岳： 中国有两种人的民族主义情绪比较强，一是老同志，人穷志不穷；一是85后和90后，他们从来没有觉得自己比美国人差。

俞渝： 武总刚才讲的两个进口确实是商机，但是不见得能捕捉到，比如说奶粉的问题，尽管去年当当网在广州就卖了800吨奶粉，但这是我们自己从新西兰直接进口来的。这对我们做正规生意的公司来说，比较难，不是一个优势。

　　武克钢：这永远是一个倒闭机制的问题。之前老百姓偷偷地种地现在变成了伟大的辉煌，所以只要以这个市场冲出来，我们总会有机会。

　　赵民：最后请大家总结一下自己的观点。

　　沈国军：零售行业一定要变革。变革创新才是出路。

　　曹宽平：企业的使命是创造客户。

　　俞渝：我做电商已经12年，以后的12年，我还会跟以前的12年一样开开心心，而且比过去更有信心地去做。

　　周志兴：我们要有战斗的精神，要有改革的精神，同时要有妥协的精神，就是说不要恶性竞争。

　　袁岳：为正在和已经升级的人们提供升级版的消费服务。

　　武克钢：我期待还可以跟太太一块儿去逛沈总的商店，空着手回家，在网上买到最便宜的货。

改革正与危机赛跑 问路市场化改革
国企的未来教育的市场化改革
教育改革再进行 势在必行的经济转型
企业家信仰与使命

思想互动空间B：城市化与生态文明

城市化与生态文明是最重要的商业议题之一。"十八大"之后楼市政策变动与否是观察未来中国经济最重要的窗口之一。城市化与生态文明的关系也是有中国特色的话题，同时"十八大"提出的户籍制度改革会不会对此有深刻影响！

2013亚布力年会上的"城市化与生态文明"论坛，由亚布力中国企业家论坛理事、大自然保护协会北亚区总干事长张醒生进行主持，邀请万通投资控股股份有

图4-1

限公司董事长冯仑先生、远大科技集团董事长兼总裁张跃先生、华远地产董事长任志强先生、上海长甲集团董事长赵长甲先生、名流置业集团股份有限公司董事长刘道明先生、诺亚（中国）控股有限公司董事长兼CEO汪静波女士、万科企业股份有限公司总裁郁亮先生、深圳世联地产顾问股份有限公司董事长陈劲松先生等多位嘉宾进行讨论。

张醒生：这个论坛事实上扣了中国非常热的一个话题，尤其到今年两会开完以后，中国可能会更加的热，就是未来下一轮中国发展的方向，叫"城市化"，或者经过昨天的讨论，大家认为更切合实际的词语可能叫"城镇化"，城镇化发展与生态文明。

这次亚布力论坛，大家可能有一个共同感受，不期然间，亚布力

图4-2　张醒生

论坛差点变成一个环保的论坛。这是因为事实上中国30年改革开放中，我们GDP发展中，对城市的发展或者经济的发展有一些偏颇之处，使得我们的生态文明和整个美丽中国的要求相距甚远，给我们的城市带来很多的困惑。今天，在我们制定未来10年、20年、30年发展目标的时候，生态文明与城镇化这个方向应该怎么去做？这个论坛请来的都是在中国的房地产界以及金融融资界的大腕，他们一定会对中国的城镇化发展有很好的看法。

我自己在这里头只不过是穿针引线，所有都留给我们的大腕们发言。

张跃：广义生态文明容易被忽视

生态文明很容易被理解为狭义的生态。狭义的生态就是植被很好、景观漂亮。广义的生态文明特别容易被忽视。一座城市里无论公路修得多么好，绿化怎么样，有公路就有汽车，有汽车就有大量粉尘和二氧化碳。

城市生态文明第一个应该是围绕怎样减少汽车数量和汽车驾驶公里数，缩短人均在汽车上的时间，这个城市就是生态城市。也就是我们住所到办公、学校、医院、商场等各种场所的距离要短。如果能做到距离短，就相当于汽车减少了。

图4-3 张跃

因此，如果从现在开始把城市变成一个混合型社区，生态城市就有了基础。所谓混合型社区，就是办公地点到住所的距离可能是步行或自行车就能很快到达，住所旁边就是写字楼、作坊或制造厂。这跟以往想象的那种狭义感官上的优美景观，其实不一样。另外，每个建筑的能耗要降到最低，如果房子像德国那样做到四十公分保温，那根本不需要什么暖气，有照明就够了。做好建筑隔热，生态文明就更好了。

因此我认为生态城市就是要抓好这两件事，减少汽车、加多保温。

汪静波：软环境更重要

除了生态文明、环境保护，刚才张总讲的可能还有一些人文因素。比如我是成都人，毕业去上海工作。在上海，我以成都为荣，并不想把户口转到上海，结婚有了孩子后却发现孩子没有户口，读书的事情成为困扰。在城镇化上，我们除了有房子，还希望在政策上让人在迁徙过程中变得更加自然，变成一种权利。中国人之所以对房子有一种情节，是因为其他权利得不到保证。如果我在上海生了小孩连房子都没有，那就只能回成都，这个压力和挑战非常大。

所以在城镇化和生态文明过程中除了房子修得更好，政策环境等各方面都要做得更好。我有一个员工蛮优秀的，他来辞职，说混不下去，主要的问题就是因为户口。小孩读书时也不能落实户口，只能移民或到其他国家。我认为软环境更

图4-4 汪静波

重要。

张醒生：我觉得很好。张总和汪总从两个角度谈了这个问题。一个城市的规划，一个人文的软环境。

冯仑：立体城市发展很快

关于城镇化，实际上最近几年，我们一直在研究一个课题——立体城市。城市化中最大的浪费是无序的移动。有几个字可以形容北京，第一个字是松，松松垮垮；第二个字是乱。北京

图4-5　冯仑

的脉动卖得非常好，为什么？因为脉动是大口瓶，是出租车以及开车男士必备品。医院的前列腺病人越来越多，都是交通问题惹的祸。

城市化最后带来资源浪费、环境污染，人焦虑、没有幸福感。我们尝试能否改变一下，把所谓城市化的过程收拢起来。任总说全中国房地产平均的容积率不到1。我们做立体城市的研究，就是围绕这些问题。立体城市首先解决的是适度加大密度；第二解决混合功能，产业主导，减少汽车的移动；第三，节约土地；第四，节能环保的技术、手段。这就形成了城镇化发展当中，城市规划、产业、建筑、经济一体来考虑，最终达到节能效果。

我们有可持续发展角度、立体城市等多个角度，表达了房地产企业对中国城镇化过程中的节能减排、环境美好的高度关切，以实际行动承担一部分社会责任，这是我们的一个理想。这是对整个城市发展的一个思考和实践，我们应该继续坚持，且尽快在最近一段时间内展现成果，谢谢。

张醒生：这是我若干年来听冯仑老总讲得最严肃的一次发言。他提了一个很有意思的问题，城市化最大的浪费是移动中浪费，堵车、交通。同样前几个月我参加了一个城镇化的论坛，当时对比了曼哈顿和北京的街道，曼哈顿的街道比较狭窄，但也没有北京堵车这么严重。所以这是值得关注的。

任志强：财产权和人权是关键

论坛把地产商搁到城市化与生态文明上，似乎认为城镇化是建筑的城镇化。我认

图4-6 任志强

为生态环境是指人的生存环境。

中国存在的问题就是两个，第一个是产权制度问题，第二个是人权制度问题。人权制度上是农民没办法选择，从历史上来看，中国和国际上是一样的。为什么人们要到城市？是人们选择到城市生活，人口聚集就变成了城市。第一，户籍把人分成两类，一类叫市民，一类叫农民工，这就变成了一种歧视——你是农民工就不能进城。因此过去有"新农村建设"，新农村建设是为了回避户籍制度的矛盾而迫使农民只能留在农村。第二，城镇化，不能把它变成大城市，就地小城镇化还是农村，它想回避的就是这种歧视矛盾。歧视矛盾在购买住房上限购、医疗、老保、就学等一系列都充分体现出。人权在分为农民和非农两个部分以外，还有一个财产权利，农民的财产权利不归农民，所以农民财产权利没办法进入到城市去，或不能把财产权利变为进城的资本。

如果不解决财产权利制度问题和人权制度问题，它会造成后续一堆的矛盾。"十八大"很清晰地提出了进行户籍改革，农民工变成市民的一个说法。但是怎么落实或者后续怎么改正，我们还没有看到一个结果。

张醒生：谢谢。任总讲得很翔实，他讲话不用稿，所有数据从脑中往外读出来，我呼吸都要放低一点，不打扰他读取数据。这也回应了汪总说的人文城市管理的理念。

郁亮：城市化不是房地产化

其实说到城市化，很多人认为，房产又有机会了，又来春天了，这是我的第一个担心。城市化一定不是房地产化。如果城市化变成房地产化，我们行业的灾难也就来了。所以我们还是要把这个概念搞明白了。比如说，我们现在是人还没到城市里呢，还是人在城市里还没成为市民，是值得探讨的问题。

农民工在城市里有工作的才叫工。在城市里有工作，我们仍然不觉得他是市民了。他还没解决房子的问题，居无定所妨碍了他成为真正的市民，他消费能力受到限制，包括下一代教育等公共问题一大堆。

首先，城市化一定不是房地产化。如果城市化变成房地产化，我们行业的灾难也就来了。我们千万不要让城市化里面房地产成为主要的东西。

第二，我担心城市化变城镇化。城市化和城镇化分别很大。我为什么担心城镇化？我觉

图4-7　郁亮

得我们研究过中美两个国家的城市化过程，100万到500万的人口城市，可能规模比较适合城市的规模，而我们国家的比例正好是最缺的。如果再放到城镇化上，就会有问题。

第三，城中村消失。深圳第三产业服务很发达很方便，最主要是因为有城中村，现在但凡拆一个城中村一定是高档的社区，这个楼盖好以后，你不卖高价，成本都收不回来。如果深圳的城中村都没有了，怎么办？生活质量下降，因为没人为你服务了。要不然就依靠公共交通，住到更远的地方去，这样更给城市添堵了。

我不是说应该保留城中村，而是说城中村现在整改的力度和消失速度，有没有其他的方案来解决城市里低收入人群的居住问题？我就这么三个担心。

张醒生：非常好。我觉得郁总从另外一个角度把我们对城市化发展、城镇化发展的各种担忧提出来了。我想，中国未来的城市化也好，城镇化也好，除了高楼或者是新的道路，我们是不是可以把视线再往生态上考虑考虑。大家去年都去过剑桥大学，大家都在那儿留下很深刻的印象，河上荡舟，草地上野餐。中国将来会不会有这样的城市化？我们都是高楼，水从哪儿来？其他几位嘉宾是否有新的补充？

刘道明：关注小城镇建设

我们谈城市化与生态文明，实际上是要解决生活质量问题。生活质量靠什么？合理的人口密度和完善的师资配套设施。

在城市化与城镇化关系中，中央一号文件提出的是城乡统筹，我们在发展特

图4-8　刘道明

大城市的同时逐步引导发展中小城市战略的思考。我们在做房地产开发的同时，尽可能把区域环境里的小区环境做好，同时也关注中小城市的发展以及城镇化。中央最近推出一个"1817计划"，1817个小城镇的建设。现在中央准备拿10亿建设小城镇综合配套设施。

大城市里交通都堵塞，小城镇很方便，但没有人去，因为生活配套设施不全。今后的农民就近就业的问题上要考虑到产业布局，当生活半径小的时候，相对生活节奏和质量会高一些。我们在做新农村建设的时候，开始对他居住的地方进行统一的规划，让农民看到进行了小城镇的城乡一体化的改造后，确实感到比原来的生活质量提高了，他才有积极性。

小城镇建设和城市化建设是不同的概念。第一，尽量发展中小城市，使大城市人口合理；第二，对现有小城镇，我们如何安排聚集效应，把就近就业的问题解决好。

张醒生：谢谢刘总。刘总刚刚提的一个问题特别有意思，将来建了城市，城市居民是否真正按照你设计居住到那儿。城镇化建设过程中，好经怕念歪了，别光有城市但不吸引人。

赵长甲：不能为城市化而城市化

我说另外一个问题，生态文明越动态越环保，越静态越不环保。近一二十年，中国经济飞速发展，这实际上是动态的变化太大。这样就必须有序、合理、守规矩，养成一个好的习惯。城市规划应从整体上进行综合的、有计划的规划。

另外，就如过于节食不足以供养人的五脏六腑一样，在身体迅速生长的过程中，吃得少虽然是节能减排了，但身体发育所需要的营养供应不上，中国经济的发展也是如此。那么，应该在什么时间"节食"呢？要在社会发展到一定阶段，各方面都基本成熟了之后。比如我们说的环保，经济迅速发展下带来的环境问题不容忽视，现实中也引起了大家的重视，但在我们的经济还未发展到一定阶段的情况下，过分地关注这一问题或许会对我们的发展带来其他的不足。也就是我前面说的，营养跟不上了。人体是这样，社会是这样，自然环境也是这样。

这20年我们发展得太快了，现在是时候对整个发展进行整体规划了。国家首先要统筹，包括小城镇，要因地制宜，不能为城市化而城市化。

图4-9　赵长甲

张醒生：规划问题太重要了。一个城市的规划，如果整体上落后，它带来的危害是很大的。陈劲松在房地产中做了很多科学的研究，请他来谈谈。

陈劲松：土地财政问题是根本

"空谈误国，实干兴邦。"30年的实干兴邦是中国城市化最快的时候。为什么还要谈城市化呢？事实上我们已经到了两个口径，一个口径是到了52%，一个口径到了35%，但是不管哪个口径，都是中国历史上城市化最快的时期。我们再谈城市化，城市化又是我们的经济增长点。这个就吓人了。我们已经这么快的发展城市化了。未来城市化或者叫城镇化又是最快的经济增长点。跟过去这30年应该有什么不同呢？我觉得这个是特别重要的地方。这个问题如果没想清楚，如果还是像过去30年那样，那么很难逃出郁总刚才说的那几个担心。一模

图4-10　陈劲松

一样，说也没用，最后一切矛盾都是迫在眉睫，现在我们根本解决不了，我们会发现动哪个都有问题。你说规划有问题。规划是表面。事实上规划那些人想什么，那是问题。你怎么决定呢？今天，事实上中国发生了几个变化。

第一，中国从一个物质极度贫乏的社会走到一个精神极度贫乏的社会，这是重大的变化，就是因为我们实干不务道。

第二，从基础建设极度匮乏的社会，走到今天基础建设完全产能过剩的社会。

第三，我们从政府极度资金贫乏的政府走到了特有钱的政府，全世界最有钱，谁也赶不上这么有钱。我们走到今天，下一步的城市化还会跟30年前的城市化一样吗？应该不一样，如果一样就错了。

过去30年之所以跟房地产绑得这么紧的原因是过去的城市化，我们有一个最根本城市发展的秘密叫作土地财政。土地财政不是因为政府想盖房子、造房子给老百姓居住，也不是因为政府想城市化，而是因为政府的债务体系需要还钱，政府需要找到一块带资本化的资产作为发行货币，作为偿还基础设施债务的工具，这个工具就是房地产。那么怎么走到今天的？未来30年再继续土地财政的话，我们还能继续走下去吗？这我就不懂了。

说立体城市也好，公共配套也好，它基本的一个东西叫作土地财政，如果那么高的低价，搞什么立体城市，怎么搞得了张总？你那么高的楼再租你那么高，低价卖给谁呢？土地财政问题不解决，一切城镇化的问题跟以前一样解决不了。土地财政问题涉及中国房地产或者是城市化的顶层设计，顶层设计依然非常重要。这个问题作为企业家就不便多谈了。

张醒生： 谢谢。我觉得陈总归纳得非常好。刘明康主席已经到了会场，我们来听听他对未来城镇化建设的意见。

刘明康：文化理念是根本

我很受启发。我的观察是，第一，对"化"字，我十分惶恐。咱们现在讲什么都喜欢讲化，"十二五规划"仍然是工业化和城镇化。中国讲到"化"就会刮风。

曾几何时，我们对教育非常革命化，非常无产阶级化。现在再"化"起来，就搞城镇化、工业化，而不探讨这其中的科学内容和深刻问题，不解决机制、体制问题，最后变成摊大饼，造成财政和金融的系统性风险。

第二，这件事情不容易。最近，地震频发，发生在同一地震带，再发生的可能性很大。但我们每次重建家园时，仍然在现有地址上进行，花费了大量的人力、物力和财力，等到再次发生地震，家园又必须重建。这就叫"化"，这才是最大的空谈误国，后边还夹着盲干和蛮干，那是更大的误国。真正的问题没有解决。

现在，在没有很好的考虑产权、人权、水资源、污染、地震带、物流等问题的情况下，又开始思考"城镇化"的问题，有什么冲动在背后？城镇化从哪里来？因为周边没有很好的东西拉

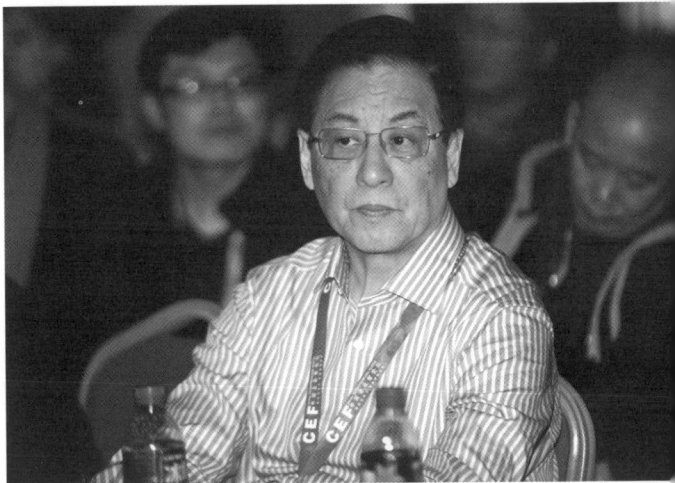

图4-11　刘明康

动经济，外贸不行，消费也不行，因为食品不安全，产品质量不过关，物流中间环节多，成本高，国内商品比境外还贵。这样的情况下，下一个增长点在哪？城镇化。城镇化可以一举多得。当然，如果城市化做得科学合理，进行精细化管理，而且循序渐进地改革，会做得持久，这才叫实干兴邦。可现实似乎并没有按照这种理想的方式进行，城镇化的真正冲动源于拉动GDP。这个问题值得大家深入讨论和重视。

城镇化最难解决的是，农民工进城变成市民后所面临的问题，人权、户籍、公共服务。公共服务需要多少钱呢？几十万亿。这么多钱好像很难解决，但在中国其实很好解决。只要将国有企业和国有事业单位稍加整理，真正引进境内外的民营企业，进行工资治理改造，股权改造，这些问题就都能解决，城市化或城镇化仍会变成香饽饽。

温总理说，他去看新建的移民城市，人们都在街上晃荡，没事做。温总理讲，"你们吃什么？""国家补助我们。"那高兴不高兴？没人吭声。问大家在干什么？回答是"我们耍呗"。这样的城市，如果你给画一个美好的东西，人家能来吗？你不解决人才的就业，不解决配偶的生活环境、子女的教育、医疗卫生等，谁还能到你这儿安居乐业？

我现在在香港教点书，闲下来在外边坐公共交通，看人家城市交通建设，不是差10年、20年的问题，而是整个文化理念不一样。香港的每个大厦一定有一个巴

士站点，非常方便。我们马上要回北京开会，是在某个会议中心，什么车都不到那里。每个人都得去搞污染，用一个小车子早上拉过去，晚上再拉回来。附近没有巴士站点。好像是搞了一大摊子，有点绿化，喷点水，养点鱼，但那不叫美好的城市，那不叫美好中国。

互动环节

张醒生：刘主席刚才也站在非常高的角度来分析城镇化的问题。现在我们把论坛开放给听众们，大家可以提问。

嘉宾：现在的城市化被发展绑架了，被地方的GDP绑架了，同时也被一些房地产商的设计诱惑了。就是说在城市化发展过程中要找什么呢？要找人们生活的终极目标，就是怎么样生活。我的问题是，现在城市化这种发展，很可能会造成产业就像中国的加工业一样，10年、20年以后一大批垃圾一样的城市。

张醒生：谢谢您的观点。

嘉宾：刘明康主席，您刚才讲的国企和国有银行变现，会对我们国家政治、经济有什么影响？

刘明康：国有企业是地方政府发威的拐杖

这个问题问得很好，我被问过好多这样的问题，改革过程中，包括国家安全的问题。我是引进了43家境外的机构投资人，帮他们搞股改的，境内有17家，改造了33家主要的银行。国家安全部问我问题，那么多专家来，最高峰的时候大概在国内有1000多个外国银行的，有搞流程改造的，有搞IT的，科技蓝图的，也有搞产品开发的，都来帮忙，全面地改造，来教育培训，会计事务所，审计事务所，律师都来，来看问题，诊断，评级机构等等。大家有没有听到过，部队里将军被抓走了，出卖情报的。有的部门很高的办公室厅的主任也被抓走了。

所以不要生活在老框框里，人不要生活在昨天。我们很容易改，在这里我们可以很容易地告诉大家，都过去了，五大银行都为部队、武警服务，他们都有预算的拨款等等。成立一个军警处，这是一个国家机密核心，分散，然后进行安全管理。没问题，关键是你思想要到位了，然后方法到位了，有一个方法，做改革一定要注意"马在前面，车在后面"，什么事情先做什么事情后做，没有问题。

金融每七年就会来一次危机，你别看这次金融危机，都说能解决问题，让大家放心，我们以前有过两三次很大的金融危机，到2030年，这样的金融危机还会卷土重来，这就是体制造成的，是国际上的体制造成的，货币造成的。我们国有企事业也是一样的。最后一家银行最大最难进行股改是农业银行，拿到市场上去卖，卖完以后2008年金融危机海啸爆发前三个月成功上市，全是PB三倍以上。因此，国家虽然只卖掉百分之二三十，很遗憾，不敢多卖。其实我刚刚早就表明我的观点，补回来的这个钱三倍以上的钱拿回来，把不良资产剥离的，不是有一个过桥，用外汇储备和财政补的嘛。纳税人为这个改革买，市场上卖掉了。然后农行还没有用尽，因为它2008年上市，还需要一段时间，通过增值和分红把这一段补回来。这些银行缺钱的话，就是缺资本金的话，它不再像1997年金融机财政发行2700亿的资本金，再给它剥离3万亿的不良贷款，不会再找财政、纳税人，已经形成一种市场机制，逼着他向市场发资本金、募股。

它能否走好？我想这只是一个小动作。实际上它产权的改革还应该往前走，才能促使他公司治理进一步地完善，使他真正倾听于市场，服务于公众，重视客户的体验，而不是自己在赚钱。所以这个改革还是一个第一步，并没有完成。但是这一步就可以折射了所有的国有企业。那么国有的事业为什么在竞争领域，垄断宾馆、餐饮，很多的事业单位。这完全没有必要。如果走同样的一条路，我们照样能为国家挣很多钱，竞争领域对国家的安全没有威胁、没有影响。所以这一定不能扩而大之。

但现在我们脑子里还在想，国家安全是第一个。第二个是国计民生，国计民生也不能放开。废话，国计民生只要是竞争性，所有私人资本能流动的都可以放开，只有国家安全可以考虑。但是国家安全也得走一条路，波音不就是商业化吗，但是他不也是在做这个，我们最先进的美国的引擎飞机，F3不也是他在做吗，一样的道理，这都是一个问题。它有单独的车间，单独的保密管理外包等，都一样。所以一定要从这个角度出发，我觉得和国家安全是绝对没有问题的，而且相反有利于国家的经济。

最重要的是为什么地方政府有土地财政？为什么地方政府能够随便摊大饼？为什么地方政府可以上项目？因为他手里有一个拐杖，就是国有企业，如果说他没有这个拐杖，没有这个平台，他也就无从发威。资产资源再分配就会有更好的效率。我相信这才叫作实干兴邦。

张醒生：非常感谢刘主席从不同角度为我们贡献不同的思考。由于时间关系，这场讨论不得不结束，在两会之前我们有前瞻性地思考未来可能影响中国下一步发展的城镇化，这非常有意义。明年我们回到亚布力时，再回顾一下哪些人的观点、哪些人的思考和我们现实发生了碰撞，或得到了应验。这样的会议再开几届下去，对中国城镇化会有很好的帮助。

特别支持：名流置业集团股份有限公司

将生态纳入国家发展战略之中

2012年，环境领域有几个热点问题：一是生态文明，二是绿色经济。生态文明，以人与自然和谐共生为目标的环境与文化伦理，这是十七届二中全会提出的概念，十八大又将其作为国家战略支柱之一，与政治、经济、文化和社会并重。我们的现状是，正在向生态文明迈进，但没发展到生态文明的阶段。

生态文明是中国未来发展的必然选择

下面我介绍一个基本的概念——生态系统。实际上，生态系统及其提供的服务是我们赖以生存的物质基础，它是由植物、动物、微生物群体及其周围的无机环境相互作用形成的一个动态、复合的功能单元。而生态系统为人类提供的服务包括供给、调节、文化和支持。这个概念并不是中国独创的，美国从1960年一个作家写DBT污染事件开始就启动了关于环境的运动，到1972年，《斯德哥尔摩宣言》出台，环境署也相继成立。接着，1992年召开的里约世界环境与发展大会提出了四个纲领性文件：《21世纪议程》、《生物多样性公约》、《气候变化框架公约》和《荒漠化公约》。

国际上一些相关的行动计划也相继出来：20世纪80年代提出人与生物圈计划，20世纪90年代提出生态多样化公约，2000年的千年生态系统评价，还有现在联合国环境署牵头新成立的机构，政府间生态多样性与生态系统服务科学与政策平台，它类似于《气候变化公约》下的政府间气候变化委员会。而我国十八大提出的生态文明包括了四个方面：优化国土空间开发格局、全面促进资源节约、加大自然生态系统和环境保护力度、加强生态文明制度建设。

在我国，生态文明的出现有其历史背景，4000年前的"禹禁"可以说是中国最早的"自然保护法"，其中提到，"春三月，山林不登斧斤，以成树木之长。夏三月，川泽不入网罟，以成鱼鳖之长"。而我们对生态系统的管理有60年历史：1949年～1978年，基本上以粮为

图4-12　刘健

纲；1978年～1998年，加强联产承包责任制之后开始认识到环境保护的重要性，并于1995年开始有各方面的环境立法，1998年大洪水后开始开展实际行动；1998年～2008年，国家及企业投资的很多环境保护的大项目都在执行。

关于绿色经济，它本身没有定义，是由环境署提出来的一个概念，只在"里约+20"会议上指出绿色经济是改变人类福祉和社会公平，同时减少环境风险和生态稀缺的经济，对环境要公平。它区别于以前经济模式的最重要的特点是自然资本和自然服务功能的直接价值化，使其拥有经济价值和实行全成本核算，将自然资本融入绿色经济，并纳入可持续发展的框架之中，这就形成了未来绿色发展的基本脉络。2011年环境署发布全球报告，同年绿色经济与国际环境治理（Governance)被66届联大定为"里约+20"峰会主题；2012年在"里约+20"峰会上，因发展中国家担心绿色贸易壁垒等原因，绿色经济成为南北两大阵营的交锋热点。大部分发展中国家担心这会变成又一轮的绿色壁垒，实际上"里约+20"文件中56～74都是与此有关的条款，56条淡化了绿色经济。文件中说，可持续发展和消除贫穷背景下的绿色经济是可以实现可持续发展的重要工具之一，可提供各种决策选择，但它不应该成为一套僵化的规则。我们强调的是，这种背景下的绿色经济应该有助于消除贫穷，有助于持续经济增长，增进社会包容，改善人类福祉，为所有人创造就业和体面的工作机会，同时维持地球生态系统的健康运转。

对此，我认为，中国在经过了60年的发展之后，生态文明将成为中国未来发

展的必然选择。生态文明和绿色经济与1940年～1970年的绿色革命有着异曲同工之妙，因为两者的核心都是把生态纳入国家发展战略之中。

要认识到私营部门的作用与力量

接下来说一下环境升格的问题。1972年，国际上提出环境、经济、社会三者要平衡发展，到现在40年过去了，大家都感觉到，仅有平衡发展还不够，三者还必须有相互的作用，我们称之为相互融合。我们的设想是，用30年到50年的时间实现三个圈的联合。环境是最重要的基础，只有有了环境，才有社会和经济。但我们面临的现实是，可持续发展的环境层面同其他两个层面相比是最脆弱的，因此"里约+20"重新确认加强环境管理，将联合国环境署升格。怎么升格？67届联合国决议采纳了"里约+20"的建议：给予其理事会全球会员制；增加捐款，保证充足资金。

最后，我们展望一下未来。2013年，中国仍然是世界经济发展的热点。UBS瑞士一家银行的报告称，2013年，GDP增长世界平均3%，中国8%。2011年，中非贸易总额1660亿美元（同期美非贸易额1260亿美元）；2011年，中拉美（LAC）贸易超过2000亿美元。环境方面，2013年1月13日开始的北京等多个城市的雾霾"荣登"BBC、CNN等榜首；2010年中国温室气体排放总量成世界第一（超过美国20%），但在2009年哥本哈根气候大会，中国已成为减排的众矢之的；WWF称中国发展之路将在很大程度上决定我们星球的未来。另外，私营部门也值得重视。《我们期待的未来》中有10条是关于私营部门的。例如第46条，确认落实可持续发展取决于公共和私营部门的积极参与。认识到私营部门借助公私伙伴关系这一重要工具等方式积极参与，有助于实现可持续发展。呼吁私营部门采用负责任的商业做法，例如联合国全球契约所提倡的做法。全球契约有三个关于环境方面的原则：第一，商业应支持应对环境挑战采取审慎的方式；第二，开展承担更大环境责任的行动；第三，环境友好技术的开发和扩散。中国私营部门应该在全球环境上有更大的贡献、更多的话语权和更高的显示度。

下面有几个问题留给大家，未来亚布力论坛应该如何考虑环境问题？您的企业在全球运作上是否会有所改变？中国在全球绿色竞争中如何定位？私营部门在生态文明和绿色环境中扮演什么样的角色？

刘健　联合国环境署国际生态系统管理伙伴计划主任

围炉漫谈F：企业家与公益

　　企业家与公益，这是个备受社会关注的话题。可企业家与公益之间的关系究竟如何？企业家是否必须投身公益？现状怎样？而面对企业家们五花八门的公益行为，面对陈光标的"发钱"行为，我们的考虑则是，企业家们该如何做公益？

　　面对这一问题，在2013年亚布力中国企业家论坛上，万通投资控股股份有限公司董事长冯仑，大自然保护协会北亚区总干事长张醒生，北京环境交易所总裁、北京绿色金融协会秘书长梅德文在"围炉漫谈F：企业家与公益"中阐述了自己的观点。壹基金秘书长杨鹏主持了这场讨论。

非公募基金的发展速度远远大于公募基金

　　杨鹏：企业家与公益的话题比较普遍，今天我们请冯仑先生谈一下。

　　冯仑：要谈论这个话题，首先我们要了解中国的大环境：第一，目前在国内，民营企业提供了大概80%的就业机会，60%的GDP，50%的税收，同时只占用了30%左右的信贷资源。在这个背景下，它们提供了65%的捐款，也就是说中国公益慈善事业

图4-13　冯仑

图4-14　杨鹏

的主体实际上是所有的民间和私人企业。这种情况在前年开始出现。第二，到目前为止，我们的慈善基金分成两类：一类是公募，一类是私募。公募可以向每一个自然人募款，有点像上市公司，可以到处发股票。私募就是没有上市的公司，不能到处发股票，只能向自己指定的对象募款。目前，我国公募基金有1400多家，非公募基金接近2000家，其中一半以上都是最近5年才成立的，由此可见私募基金的发展速度远远大于公募基金。非公募基金主要以民间企业和私人为主，而公募基金则以机构为主。大家注意到一个现象，现在很多企业都有自己的私募公益基金。比如泰康、阿里巴巴、万科、万通等等，它们的规模增长得非常快。这一情况带动了整个公益事业的发展。

所以，到目前为止，我有一个基本的判断，在公益慈善方面：第一，民营企业包括个人做得毫不逊色，已经成为主体，而且发展速度很快；第二，企业家公益意识的形成也大大超出了预期的时间。比如牛根生、曹德旺，他们几乎将自己所有的资产捐给了公益慈善，这方面甚至比美国当年做得还好。因为他们都是第一代赚钱，第二代琢磨捐钱，第三代、第四代才开始做公益基金。但在中国，目前所有民营企业的历史虽然都不到20年，可他们在赚钱的同时还考虑捐钱。所有这些都表明，中国当下在公益慈善方面发展得很快，而且进步非常大，民间是一个主体，未来我国经济的发展还会更进一步刺激和引导民营企业参与到公益慈善当中来。

为什么会有这样的变化呢？我认为原因有三：

第一，在开放的社会下，对于企业治理，特别是企业社会责任，在全球范围内都提出了一个更大的要求。也就是说，好的企业治理除了过去传的董事会、股东会之外，还应该重视企业与社会和利益相关者之间如何保持良好的互动和平衡，只有这样，企业才能保持持久、均衡的增长。这是公司治理中特别强大的一个趋势，而这个趋势通过跨国公司在中国的实践，包括MBA课程直接影响到了国内的很多民营企业，加速了民营企业的进步，也提升了民营企业对公益慈善的关注。

第二，社会公众和媒体对民营企业发展提出了新的期待和要求。早几年，媒体谈论比较多的话题之一就是，企业赚钱以后不捐钱，或者捐钱太少。这种良性的、善意的、公众的压力和媒体带来的民意的期待，使所有民营企业家意识到，在中国要持续地发展自己的事业，就必须照顾到在经济转型期间所有的利益相关者的直接诉求和关切。

第三，中国的文化传统也有很大的影响。对于陈发树讲的故事，我们似曾相识。小时候经历了很多苦难，留下了很深的记忆，当事业有成之后就回报乡里，修路架桥，资助教育。中国历史上，很多人都有这样的好传统。这个文化基因实际上也深刻地影响着目前的民营企业，他们会在发展事业的同时，对自己的乡亲和周边有关的人给予尽可能的关照和照顾。这一文化传统，也就是我们的一种道德诉求、情感诉求，以及自己的特殊经历都会加快民营企业在公益慈善方面的步伐。

以上这三个原因，共同促使民营企业不断提升自己的公益意识，改进在公益慈善方面的作为。

杨鹏： 确实，现在民营企业捐款已经超过所有的对公部门，非公募基金也超过了原有的公募基金会，而且它的资金总量也已经超过了后者。所以说，民营企业在慈善、公益方面的步伐，超过了它在经济方面的步伐。醒生，你也谈谈你对企业家和公益这个现象的理解。

张醒生： 冯总提到，中国民营企业在公益慈善方面已经超过国有企业以及对公部门，对此，我的理解是这样的，事实上，改革开放之后，中国存在两个经济形态：一是民营企业，一是国有企业。民营企业家大部分都来自于草根，对社会的草根现象有切身的感受，而大部分国有企业领导人是当官的心态，他们与社会现实相对离得远一点。从这个角度来看，民营企业对社会上的不公，或者社会上需要帮助的方面会更加积极。另外，民营企业家对自己的资产有支配权，而国有企业的领导人只是资产代管人，没有自主的权利，所以即使他们有这样的意识，现实中也无能为力。

企业家与公益必然是社会未来发展的一个很重要的方向。今天，在区域经济竞争中，在GDP不能成为绝对的衡量标准之后，很多省份、城市开始寻找新的、增强竞争力的方向，比如公益基金会的数量。从这个角度来看，未来公募基金会会越来越多。这是一件好事，但是也给我们的公益事业带来了一个挑战。在中国，垄断现象最严重的其实不是经济领域，而是慈善公益事业，因为公募是国家自投，也就是说官方才可以进行。在这种畸形的环境下，中国的慈善公益事业最缺的是人才。比如很多私募公益基金会里，公司的工会主席、办公室主任兼任秘书长。将来，我们一定要理清两者之间的关系。但目前除王振耀先生在师大开设的公益研究院之外，中国再也没有其他类似的单位或机构，大学也没有开设培养公益人才的课程。可在美国，大学里开设了专门的关于公益事业、慈善事业管理的课程。所以，在美国公益事业是一个很崇高，而且很专业的行业，不是任何人都能到公益基金会工作，而要经过一系列考核和培训。同时，美国的第三方监督机构也非常强大，而中国无论是公募还是私募，都没有一个评级机构，没有任何独立的第三方监管机构，这是中国政策上需要弥补的地方。过去，中国只有黑和白，只有政府和民间，但未来可能需要增加一点润滑剂，NGO和私募公益基金会就是社会润滑剂。我们的社会现在最需要的就是大量的社会润滑剂，而NGO事业和公益基金会是我们未来的一个方向。而随着政策的改变，我相信中国的公益慈善事业会越来越壮大，投身于公益事业的民营企业家也会越来越多。

企业的参与会使中国生态文明往更好的方向发展

杨鹏：企业家做公益是一个比较普通的现象，放在世界上的任何地方都不奇怪。比如，比尔·盖茨最近一直在讨论公益治理。因为他发现，按照企业家的眼光进入公益行业之后，最困难的事情是结果的考量，所以他组织了一大帮人开发一套对公益进行考量的办法和软件，让大家将企业的治理模式运用到公益管理中来。用企业高效率的方法追求社会公益的目标，所以说企业家与公益的关系不仅仅是捐钱，它已经成为企业家日常生活的一个很重要的板块。

梅德文：我是做碳交易市场的，所以从碳市场的角度来谈一谈企业家与绿色公益。去年底，中国130万平方公里的雾霾让政府和民众第一次切身感受到，环境危机、生态危机已无处可藏。从国际上来看，企业家参与环境保护的例子非常多，而且他们还发挥了非常重要的作用。这是什么原因呢？大家知道，环境保护是一个经典的负外部性问题。所谓的负外部性，是指一个人的行为或企业的行为影响了其他人或企业，使之支付了额外的成本费用，但后者又无法获得相应补偿的现象，也就是说一个组织或者一个人的行为并没有全部承担自己的成本；还有正外部性，就是他的行为并没有完全获得自己的收益。公益肯定是百分之百的正外部性。

如何校正负外部性呢？就是通过一系列的机制设置，包括碳交易市场。一般来讲，环境保护的绿色公益有三个步骤：首先是思想界、媒体界有一些比较前瞻性的研究，其次是企业家率先进入，成立一些组织，最后是政府大规模、全方位地介入。1962年发表《自己的春天》，1972年发表《增长的极限》，在思想上达成了某种

图4-15 梅德文

共识；20世纪80年代，成立一大批环境保护公益组织，比如TNC、NRDC、EDF等，这些组织的主要参与者是企业家；政府出台面向每一位公民的法制性条文。这里最根本的理论原因是什么呢？环境保护是一个外部性问题，它缺乏公众环境权益的代理机制和代理机构。环境保护跟每一个人都有关系，但如果由单独的个体去做，它的成本和收益是不对称的，所以必须为社会大众建立一个公众的环境权益代理机制和环境权益代理机构，而企业家参与的NGO组织历史性地承担了这样一个社会角色。

从碳市场来看，国际碳市场是怎么起来的？其中企业家扮演了极为重要的角色。我们知道，世界上第一个气候交易所是成立于2003年芝加哥的气候交易所，它由400名自愿减少二氧化碳的企业组成。中国在这方面的状况是，GDP在全世界占10%，但是能耗占20%，碳排放占到全世界的25%，而且我们碳排放的增量占到全世界的45%。发达国家人均GDP达到四五万美元的时候，才可以实现环境上排放与收益的平衡，而中国要实现减排，目前人均GDP却只有6000美元。我们做出的努力是，从今年开始，会有北京、天津、上海、重庆、广东、湖北、深圳等7个省市强制减排，在有一大批企业家在自愿减排的基础上，于去年颁布了《中国温室气体自愿检测交易管理办法》。我相信，在一大批企业的参与之下，中国生态文明的建设会有更好的发展。

杨鹏：企业家做公益是一个普遍现象，而不是个别企业家的道德反省。当它作

为一个普遍现象出现的时候，特别值得研究它背后的动因。下面可以向嘉宾提问。

以企业家为主的公益基金是最大的推动者

提问1：做慈善，中国历史上稍微富有一点的人都可以。那么在中国特定的社会状况下，我想请问冯总，企业家进入社会公益与传统做慈善的思路和手法应该更多的具有什么样的现代性？

冯仑：现在的公益与传统的慈善在几个方面的差异非常大：第一，动因不同。传统的慈善更多的是情感诉求和伦理诉求，比如小时候有很苦难的经历，现在有能力了，就回来反哺、报恩，这是情感上做出的选择，而从伦理道德上，自然而然就会变成有能力之后照顾乡里，关照周围的乡亲。但现在，我们刻意把公益与慈善分开，因为公益是面对所有人，不分穷人和富人，而慈善在中国的传统中文语境中，似乎是强者对弱者、有钱人对没钱人、拥有者对无产者的一个概念。现在，我们做的是公益，公益的动因来源于理性，来于源服务所有人群的目标。也就是说，我们介于政府的公共物品和私人物品之间，政府做不了，社会又需要，而个人又没有能力去做的事情，我们就可以去做。所以我们做的事情不是提供公共产品，而是提供准公共的一个产品，这些都是学术上的研究。简而言之，起因不一样。

第二，治理方式不一样。传统慈善更多的是靠个人和亲戚朋友，靠经验，而现代公益更多的是通过专业人才来进行透明的治理。比如周边遭遇了天灾，我们捐钱，这件事一次性过了，不连续，也不考核，但公益组织的基金会有严格的考核，在透明度、资金监管及运用方面都有非常清晰的治理和要求。

第三，效率完全不一样。现代公益组织由于治理比较透明、有效，它就可以大规模复制，跟企业一样，也能够使用更多的专业人才。虽然从大面积上来说，我们的专业人才的确很缺，但国内治理得比较好的公益组织的从业人员的水准已经很高了。比如阿拉善的秘书长毕业于哈佛肯尼迪学院，万通基金的秘书长也毕业于哈佛。现在，国内的公益组织主要由企业家参与成立，也正因为企业家有组织的能力、治理的能力，公益组织的效率才能得到提高。简而言之，治理的方式不同带来的效率也不同。

最后，企业家参与的公益组织对于公平社会的建设，对将中国封闭的社会组织带入开放、自制、自我管理的社会系统有着很强的使命感。正因为这样，我们最近发现福布斯对国内公益组织的排名很有意思，最好的民营企业家领导的公益组织排在官方的公益组织之前。从这里我们可以看到，公益组织是一种现代的组织，要用现代组织和治理方式来完成它的使命。所以说，真正有理性、有理想的知识分子来引导民间组织走出启蒙阶段非常必要，但是他们跟企业家的不同是资源有限，组织能力、治理能力有限，所以他们更多地在道德层面、知识启蒙层面给企业家提供了一个光芒，点燃了企业家的思维和未来的心灵方向。但是从治理的效率来看，以企业家为主的公益基金是未来中国公益慈善最主要的群体，是最大的推动者，也是最值得期待的未来中国慈善和公益发展的新方式。

张醒生：既然是谈公益事业，我觉得应该呼吁政府采购。大家知道，美国政府有很大一笔资金用于对国内公共事物的援助和资助，但它们不是自己去做，而是从公益组织购买服务。其实，中国政府是世界上最有钱的政府，但它们从中国NGO组织购买的服务现在是微乎其微。所以，如果政府能够放开，让我们有能力、有资格的NGO组织为政府提供社会服务，那么中国的

图4-16 张醒生

NGO事业就会得到很大的发展。另外，政府是一个最低效的组织，比如在对可可西里藏羚羊的保护上，国家拨款800万元，可真正到达地方连8万元都不到，从中央到地方，一层一层克扣。相反，我们赞助了200万元，资金到达率要求达到85%，同时还要求他们每年提供一份详细的费用清单。由此可见，政府对资金的利用率极低，但如果政府可以购买NGO的服务，那就相对比较容易了。

提问2：张总现在管理老牛基金，我想请问一下，老牛基金现在具体做的是哪方面的公益？

张醒生：老牛将自己的所有股票捐出来成立了老牛基金会。经过三年多的运作，老牛基金基本上确定了三个资助方向：第一，生态环保。老牛来自内蒙古大草原，他看到那里的生态环境被严重破坏后非常痛心，于是开始在内蒙古做荒原恢复

项目。到目前为止，老牛基金会在内蒙古已经种了2000多万棵树，恢复了上千亩荒林。第二，孤老。老牛是孤儿，因此他对孤儿的生活状态刻骨铭心。汶川地震后，我也参与了老牛在孤老事业上的首创，那就是成立了汶川孤残孤老院。我们知道，传统的孤儿院往往只收纳孤儿，孤老院只收纳老人，而老牛基金成立的汶川孤残孤老院将孤独的老人和小孩都收纳了进来，将他们放在一起，孤儿在二层，孤老在一层，每个孤老都有一个儿童互相交流。看过之后，我觉得很好，这是一种从心灵上对儿童和老人的关怀。第三，儿童教育。

最大的问题是第三方独立机构不能获得信息

提问3：我们知道，环境领域的公益在整个公益慈善里处于一个特别边缘的位置，所占的份额也非常少，这在全世界都一样。比如，美国的份额从来没有超过5%，中国现在是2%多一点。现在我们面临着巨大的环境问题，这实际上就对公民社会参与环境保护有着非常大的需求。但是从事环境保护的公益机构与一般救灾的公益机构还不太一样，它对从业人员有必须具备专业背景的要求。可现实是，受机构条例的限制，公益机构提供的待遇太低，这就很难留住人才。比如我们经过多年培养出来的人才最后去了华能、华电这些与我们打架的企业。所以，人才问题是公益机构面临的一个比较严重的问题。

冯仑：这确实是一个非常现实的问题。从一般情况来看，救灾类、扶贫类公益机构的薪酬和管理费用相对比较低，如全球最大的救灾组织——慈济的薪酬费用大概占整个支出的4%，这应该是全球最低的。但在环保和专业性比较强的公益慈善基金里，人的成本非常高。因此，要留住人才，我们可以采取一些变通的方法，让他们能够有比较好的待遇。我了解到，很多企业对自己的公益基金采取的方法是，把工作人员的工资都纳入企业支出，这样基金的管理成本就能下来，同时也能用到很专业的人才。实际上，这个问题的解决只需要放开一个口，那就是民政部不要有10%的限制。对私募公益基金来说，捐款人会审核捐款的使用效果，也会对所捐款的使用进行监督，所以在与捐款人协商后，管理费用愿意多少是多少。另外，还有一个监督方式，那就是将对公益机构的考核权由政府转给市场，成立相当于穆迪这样的机构，用科学的方法评定、考核，这样我们的公益组织自然就会非常努力地去做。国内目前形成了一点雏形，那就是基金会中心，由它来对NGO组织做每年的评定。

张醒生：成立对NGO公益事业进行评估的评估机构，这是好事，但其中最大的问题是第三方独立机构不能获得信息，因为关于NGO组织的所有信息都掌握在民政部手里，不对外公开。当然，只要数据公开，毛振华或许就可以创造一个中国慈善公益事业新的诚信评估体系。

提问4：想问一下冯总，我们民营企业家成立的公益组织是怎么运作的？这里有没有一个公开透明的体制？如何实现公益组织几十年或者上百年可持续性运作？

冯仑：现在，中国企业家成立的公益组织是按国内最高标准治理的。比如壹基金成立的时候，所有参与的企业家就定了一个规矩，不拿一分钱，甚至盒饭都不在这儿吃，每次开会也可以有记者参加。再比如华夏、IEO，前者是全球最大的治疗小孩心脏病的基金，它开发了平台模式，使每笔钱的进与出以及小孩的情况都能让捐款人清楚地看到。而在IEO，捐款人捐一元就会用一元，几乎是百分之百的到达率，行政费用怎么解决呢？由理事另外捐一笔钱，也就是说，理事要捐两笔钱，一是做项目的钱，二是行政费用。这些过程都是透明的。简而言之，企业家治理的公益基金是最努力进行，同时也是按照目前国内最高治理标准的基金。至于能不能做到永续生存，我觉得只要治理结构好，同时有专业人才，这件事情完全可以做到。

杨鹏：1月11号，壹基金召开2013年理事会，政府有4个代表旁听。理事会上，我们讨论最多的一个问题是今年的管理费如何控制在法定的范围内。会议结束之后，政府代表说我们对这个问题太认真了，可是我们能不认真对待吗？因为对一个由企业家成立的公益基金来说，违法是很大的风险，尤其是规范以后。

冯仑：从治理来看，由企业家来做是对的。首先，他们没有了占便宜的动机。很简单，他都捐钱了，还占你便宜干吗？如果想占便宜，不捐钱来得更直接。第二，他们做错事的道德风险巨大。从道德标准来看，所有机构中要求最高的是公募公益基金，其次是私募公益基金，再是公开发行的股票、债券，再下来可能是非公开上市的公众公司、有限责任公司和股份公司，最后是私人公司，所有公募公益基金的治理逻辑要对。最后，企业家成立的公益组织的实践领导人一般都是知识分子，他们对自己的道德要求也非常高，这样自律就非常强。

改革正与危机赛跑 问路市场化改革
国企的未来教育的市场化改革
教育改革再进行 势在必行的经济转型
企业家信仰与使命

思想互动空间：改革与民企——中国企业家的未来共识

2013年是中国新一个周期的开始。"亚布力中国企业家开幕论坛"总结了中国企业家群体对于中国未来的共识，包括和市场的关系，和政府的关系，以及企业家在经济增长和社会进步中的作用。在这一基础上，开幕论坛还讨论了中国企业家群体的自我建设问题。

在2013年亚布力中国企业家论坛年会上，万科企业股份有限公司董事会主席王石、复星集团董事长郭广昌、万通投资控股股份有限公司董事长冯仑、亚布力中国企业家论坛首席经济学家张维迎、著名经济学家与金融专家胡祖六和著名经济学

图5-1

家陈志武参与了"思想互动空间：改革与民企——中国企业家的未来共识"的讨论。万盟投资管理有限公司董事长王巍、中诚信集团创始人毛振华共同主持了该场论坛。

王巍：共识是今年年会主要的一个讨论题目，所有人来到亚布力都是为了寻求共识、凝聚共识和扩大共识。我们的第一个共识是，亚布力就是中国的达沃斯，不知道大家是不是认可？当我们在这里谈共识的时候，整个社会的共识是不是存在？

守本分，有期待

毛振华：经济学家不仅研究共识，还研究分歧，但我觉得，中国现在有一个共同的声音，就是关于改革。无论是学者还是企业界，都在谈改革，不同的人、不同的角度、不同的社会方式、不同的利益，就有不同的改革观。那么，中国现在最需要的改革是什么呢？

陈志武：这里，我讲一下改革和民营企业的发展。其实，稍微退一步来讲，目前在中国讨论是不是要发展民营企业，是不是要扩大民营企业的生存空间，这在相当程度上是一个不自然，甚至是反自然的一个问题。因

图5-2 毛振华

为我们来到这个世界上，上帝就给了我们一个权利，那就是为了活下去，我们可以改善自己的生活，改善家人的生活。因此，民营经济必须要有发展的空间。要发展民营企业，就要进一步限制政府的权力，如果政府的权力不能被制约，那么讨论民营经济要有多大的发展空间，实际上都是废话，都不可能成为现实。

胡祖六：年初，我在《中国改革》上写了一篇名为《未来十年的十大改革》的文章，内容包括政府改革、国企改革、金融改革、社保改革、医疗体系改革等等。我相信改革是一个非常繁琐复杂的系统工程，但在所有改革当中，政府的改革是重中之重。没有政府的改革，就不可能真正改革国有企业，我们就不可能真正有合理的民营

图5-3 张维迎

图5-4 王巍

经济，更谈不上环境公平透明等等。

张维迎：《宪法》是所有法律当中最重要的，但在中国它是最不重要的，我想，如果真正落实了我们已有的《宪法》，那么就可以说是中国最大的政治改革。但是要做到这一点，我们需要一些启蒙，我觉得我们今天有关民主、法制、宪政的观念，不如我们一百年前的祖先。

王巍：经济学家们从改革谈到生存，到制度，到《宪法》，谈得都非常宏大，都是未来三五年的框架，咱们从企业界自身来说，现在应该干什么？

冯仑：最近，我一直在想民营企业究竟采取什么样的姿态最合适，然后我就想到了妇道。跟大家讲一个故事，我在西安读中学的时候，有一年夏天去看我的班主任苏老师，他隔壁住着我的语文老师——李老师。我到那儿的时候，看到一个妇女坐在李老师家的房门口，她穿得非常严整，长衣长袖，也不说话。于是我就问苏老师，这么热的天她为什么要坐在门口，苏老师告诉我，这是陕西乡下人的规矩，叫作守妇道。陕西乡下人的妇道是什么呢？就是夏天的时候丈夫不在家，太太不能穿着汗衫、短裤一个人在家，尤其是不能走来走去，因为这会产生嫌疑，所以最保险的一个方法就是穿着长衣坐在门口等丈夫回来。这是陕西农村妇女的一个标准姿势，叫做守本分、有期待。我觉得民营企业当下就应这样守本分有期待。守本分就是管小事，管自己的事，不管大事。有期待就是期待经济学家、政府把大事管好。当然，我们所期待事情的发生应该跟我们整体的行为共识和逻辑保持一致，这样社会才能进步。比如改变自己，让自己成为社会发展的主流价值观和行为的榜样。

另外，最近我经常会思考两件事：一是对规则的尊重。现在我们所谈的诸多改革，无非就是改规则，但是如果改了之后，我们根本不尊重，那么不用说36条，360条又有什么用呢？因此，关于改革，很重要的一点就是找出规则，从心底接受并认同它。二是从点滴做起。最近我听到两个数字，1.01的365次方和0.99的365次方，前者的结果是37以上，后者几乎就没了。原本只差那么一点点的数字，经过长期累积，最后的结果却有天壤之别。就我个人而言，我觉得无论在公司管理还是为社会做事上，我都是说得多，做得少，而且说又说得不够好，所以改革，无论是对内还是对外，都要继续努力。

王石：关于改革，我的观点还是这样，这是独立知识分子和公共知识分子和职业政客应该考虑的事情。我觉得中国现在是泛政治论，到北京，上到部长、国务委员，下到出租车司机都在谈下一届组合。就我们而言，职业是企业家，我们就应该做企业家该做的事情，在房地产领域，解决了技术问题、方法论问题，这个市场就非常大了。

从自己做起

王巍：经济学家充满激情谈改革，企业界说守本分，请几位经济学家对此来做点评价。

张维迎：冯仑说"守本分、有期待"，但是如果期待了一个月、一年，他还不回家，你还会在门口坐着等吗？企业家的难处我都理解，但是社会的变革需要有人去推动，企业家就应该成为推动社会变革非常重要的力量之一，而不是仅仅把自己的企业做好。

郭广昌：王维嘉在《亚布力观点》上写的文章就可以很好地作出回应，就是我们需要主体意识。从理论上讲，我们每一个企业在改革过程当中都是一个主动的参与者，无论从微观层面还是宏观层面来说，我们都脱不了干系，所以守本分也好，不守本

图5-5　王石

图5-6　郭广昌

分也好，我们都要有一种态度，也都会有一种行为在后面。所以，我们现在要讨论的是怎么样做更有效。守是因为有希望，如果在守的同时还能在平时把事情做得更好，那么"老公"回来的概率就会增加。所以，我们还是要良性互动。我们在乎0.99和1.01的区别，是因为我们充满了希望，现在我们说要守，我们就要做更多的事。

王石：冯仑的故事讲的是企业家要有做企业的姿态，多元化是一种姿态，专业化也是一种姿态，这不是一个对错问题，讲的这个姿态不是说就等着，而是回忆一个陕西农村妇女的形象来说明这个姿态。我觉得，作为企业的案例教学来讲，这个案例言简意赅，很容易听懂。

冯仑：这里还讲一个故事，中国演艺界有三个女性都因为演戏脱过衣服，一是舒淇，她的理想是把脱掉的衣服一件一件穿回来，这是总体上做了不恰当行为以后的一个很积极的态度，现在的她表现得非常好。二是汤唯，在脱过一次之后消失了一段时间，回来以后仍然兢兢业业做事情，而且在艺术的道路上非常严谨，非常执着，成为了最近网络上的"四大知女"之一，这很了不起。三是彭丹，甘肃和宁夏的政协委员，她当年也脱了，现在却全红，据说拍了四十多部主旋律宣传红色文化的影片，这感觉有点怪怪的，就是穿上衣服以后动作较多。因此，民营企业怎样像汤唯这样重建公众形象、重建道德规范就变得很重要，而从自己做起，这才是正道，所以建议大家像汤唯同志学习。

张维迎：改革本质的问题是为了争取平等的权利，而不是给自己捞特权。现在有太多的企业家在这个环境下享受特权，这可以叫不守妇道，真正的守妇道应该是从自身做起，努力建立一个公平竞争的环境，企业家应该在这个方向努力。

胡祖六：企业家们说只做自己的事情，我认为，如果没有改革，就没有你们，你们也就做不到守本分。中国改革有很多成就，所以才有你们的今天，有五石、冯仑、郭广昌，但是仅有你们还不够，我们要有更多的王石、冯仑、郭广昌。我们还不是真正的市场经济，中华民族的潜力还没有真正发挥出来，而要实现中华民族的伟大复兴，改革需要继续进行，而且要让每个人获益，包括每一个企业家。

王石：祖六的意思是说企业家根本不关心改革，实际上我们并不是这个意思。作为企业家，首先一定要明白自己要做什么，其次才是社会责任。比如二战之后，日本企业在社会的进步当中扮演了非常重要的角色，例如索尼、松下、丰田，但是这些创业家是不是天天和经济学家、国会及参众两院的议员一块儿讨论怎样改革呢？我想肯定不是，他们是用自身的产品、服务，用我们企业家的那种姿态在影响、改进这个社会。我们抱怨现在官商勾结的现状，但是我们的生意还是要做下去，我们是有策略、有技巧地应对，还是同流合污？我觉得这种姿态本身就说明了我们对改革的态度，非常清楚，我们从自己做起。

陈志武：批评同样是重要的建设。企业家应该做好自己的本分，这

图5-7　冯仑

图5-8　胡祖六

我非常认同。在美国，企业家将自己的钱捐赠给智库，通过智库把自己想要推动的某一种社会制度、社会政策尽量变成现实。

张维迎：我简单补充一个例子，美国企业研究所是一个非常重要的智库，二战即将结束的时候，政府发出了一种声音，那就是将二战期间的统配物资制度延续下去，对此，企业家很着急，他们充分相信自由，相信企业制度的理念，所以他们筹办了这个企业研究所。六十多年来，这个企业研究所在美国逐渐成为维护自由市场经济、自由企业制度的一个很重要的机构。同理，中国在未来的发展当中，企业家同样会面临这样的问题，那么我们要怎么做呢？现在，企业家扶贫的例子有很

图5-9　陈志武

多，但有多少企业家愿意资助真正的研究，资助我们民间的智库？当然，我们每个人谈的都是自己的观点，我们没有资格去评价企业做得对还是不对。

王巍：毛振华先生从企业家成功转型为教授，请你代表教授做一个总结。

毛振华：首先要澄清一个问题，企业界和经济学家没有冲突。江平老师在一篇文章中提到，在中国改革开放的30年历史长河当中，有几种人对中国改革开放贡献最大：一是经济学家，在还不懂市场经济，还处于政治氛围的环境之下，经济学家出来呼吁改革，推动改革；二是企业家，他们实践了中国的市场经济，创造了中国的财富，成为对中国贡献最大的一批人；三是少数开明的政治家，他们回应、支持了经济学家和企业家。但是现在经济学家很为难，为什么呢？计划经济时代，经济落后的我们要发展生产力，这很容易达成共识，现在的问题是经济发展到了某个相当高的程度，不同利益的获得者相继产生，不同的社会阶层也随之出现，对同一事件的看法和选择就会完全不一样，为此，往往经济学家一开口就会招来骂声一片。现在是一个没有共识的时代，寻找共识是一件非常艰难的事。因此，我们要寻找共识，首先就要正视分歧，正视这个时代下人们面临的困难，在权衡利弊的基础上，由社会精英做出一个正确的选择。一个社会里有两种机制，一种是由选票决定，每个人都有决定权，另外一种是精英决定机制。如果社会精英机制被确定下来，但精英体制也不正视各种分歧，那么选择就会成为非常困难的事情，或者说最后很难取得一个正确的结论。

王巍：改革是一个开山铺路的过程，既有轰轰烈烈的开山，这可能是经济学家做的事情，也有踏踏实实的铺路，这是企业家做的事情，两支力量共同促进一个共识，这就是亚布力的凝聚。

思想互动空间F：“做大做强国企”的真实含义

三十多年的国企改革，大致上可以以1992年为分界。1992年国企改革的共识是国企搞不好，搞不好又要搞，出了很多办法，包括扩大企业自主权，包括管理层的分层，包括管理层的承包责任制。1992年国企改革的方向是市场化方向，国企就围绕着如何运营，包括建立现代的股份制制度，包括公司化的改革，这都是官方的改革。2004年前后，有一个香港的学者质疑中国的国企改革方向，随后这一质疑发展到全国。2005年政府出台的文件说中国要做大做强国有企业，这个方向一直延续到现在。在这三种方向的基础上，未来中国改革的大致方向到底是什么？

由亚布力中国企业家论坛主编傅小永主持的“‘做大做强国企’的真实含义”分论坛在2013亚布力年会上举行，对话嘉宾包括：华远地产董事长任志强先生，国务院发展研究中心企业研究所副所长张文魁先生，北京首都创业集团有限公司董事长刘晓光先生，著名经济学家与金融专家胡祖六先生，清华大学人文社会科学学院历史系教授、博士生导师秦晖先生，罗兰贝格管理咨询（上海）有限公司全球董事会成员、亚洲区总裁常博逸先生。

傅小永：在中国体制内，都说要重启国企改革，到底哪一个是未来的方向？

任志强：十四大当时提出的是要走市场经济，建立市场经济框架，市场经济的基础都是民营企业，如果有强大的国有企业可以任意地占有资源，占有各种利益和特权的话，是对市场经济一个巨大的破坏。有人说国有企业搞好了，错了，我从来不认为国有企业搞好了，我们的国有企业大概分为三类：第一类是改革之前的国有企业，完全是计划经济那一套，基本上在改革之后都变成半死不活，即使虽是活

图5-10

着，也是靠着"房子是白来的，没有投资，没有租金在维持"。第二类是改革初期成立的一些国有企业，就像柳传志，但是它的经营方式是非国有的，社会上都认为它是民营企业，实际上它原来70%的股权是国有的，后来国有的才占有少量。当时所谓的计划外的是没有计划的，用的是民营经济的一种方式，名义上是国有股权，但实际上民营经济方式比较好。第三类是所谓的央企，当我们终于把大量的国企，把不好的这部分都交给市场化以后，这10年又出现了一些，民营弄好了以后，重新收归国有，那是因为民营弄好了。再看这些国有、这些大国有，基本上是没有支付土地出让金的，按照计算，如果支付土地出让金，中国所有的国企是没有利润的，因为他们无偿地用了土地和资源，没有像民营企业那样付出代价，他们还享有国有银行大量的优惠贷款、贴息贷款，而其他民营企业却是高息贷款。

反过来看就业安排，我们看不到国有企业对就业安排的比例远远超过了民营企业，不是这样的。从税收以及其他各方面来看，我们不认为国有企业做得是最好的。为什么说它打着国有企业的牌子，但是没有为全民做出贡献，还利用全民产权的牌子去拥有和占领了大量全民的资源获得收益呢？国有企业上交的税收只有60多个亿，土地占用的费用可能要6万多亿一年，而它的利润才多少？所以说相比之下，我们不认为国有企业是能够做好、做大、做强的。因为是国有企业，大家就可以拼命地吃、喝、占，私有企业反而不会用这种方式去浪费或者是占有。马克思从来不把资本家说成是侵吞剥削劳动力获得劳动利润，倒过来说，如果国有企业是国有资本的话，是不是也是这样，它对劳动者的掠夺更为严厉。大庆的时候，大干快上，没有时间限制，没有劳动保护，没有应得的工资，就获得了收

图5-11 任志强

益率。我们从利润和回报来看，新加坡的国有企业是给全民分钱的。而我们的国有资本是没有给全民创造利益和分钱的，有人说它稳定社会，维护了国家安全，那你不要叫企业，企业最基本的条件就是市场竞争，你可以把它变成事业单位，不是以盈利为目的的。所以现在我们的一些企业，比如说石油等等，还是实行倒过来补贴的，国有资本支出，没有利润，没有资本，就以保证国家安全为主就可以了。

在其他国家也有类似的情况，大部分的国家虽然有一部分国有企业，比如说世界上的烟草和酒类都是国有的，但非竞争性和竞争性的市场经济的情况是两回事，建立市场经济，保护产权，让产权拥有同等权利，这是核心。而现在25%的外资，就称之为外资企业，75%的国资不能叫国有。对社会上的上市公司和民营企业来说，51%的国有就变成国有企业了，国有企业控股，又按国有企业管理，那产权为什么不平等呢？所以说外资是爷爷，因此叫外资待遇，民企是孙子，国有企业可以任意掠夺民营企业的利润，你的权力和我的权力是一样的，在没有产权保护的情况下才形成了国有企业，而国有企业一股独大，或者是国有的红旗举得越高越好，就可以任意掠夺其他私有、全民的一些资产和权力，我个人认为国有企业最好不要让它变成国有剥削的管理。

傅小永：任总认为国有企业是最黑的，在没有垄断的情况下，不可能做大做强国企。

刘晓光：国企改革方向应是股权多元化

任志强的观点我肯定不同意，不是因为我们是国企，世界各国都有国企，我

图5-12　傅小永

也反对国企的体制，当年我提出新国企，别人说是反动。

任志强：做得好的企业，哪个是百分之百的国企？

刘晓光：那是应该改革的问题。首先，中国的国企在世界上数量是最大的，这是现实。其次，它有很多毛病，这也是现实。由于它的机制问题，占有资源的效率问题等等。但是国企分成两类，一类是垄断型的，一类是市场化的。市场化的国企跟其他企业来比，可能在资源占有上有点优势，不能一概说国企都这么混蛋，都应该消灭。

最后，国企改革的方向，这倒是一个实实在在的事情，属于真正关系到国计民生，确实不能动，就像烟草、航天，像其他涉及国计民生的重要的方面不能改，而且我更认为，应该走向股权多元化的混合性的方向，有国企，有民企，有外资，有个人，不同企业不同的机制，这可能是我们的方向。苏联跟我们走了两条道路，它全给卖了，中国可以讲卖了一部分，当年5000万的下岗职工，也付出了沉重的代价。下一步的改革，是产权结构进一步明晰，是股权多元化，是怎么能够私营企业、国有企业一视同仁，不能说另眼看待，占有资源不公平，还是应该坚持更多的混合型。

傅小永：民有企业和国有企业一视同仁，就意味着国际性消失了？

刘晓光：新的载体应该是股权多元化，多元化以后就是混合了。

胡祖六：国企资产占GDP比重偏高

我们从邓小平启动改革开放以来就说改革是核心，为什么呢？因为市场经济，大学一年级的课就讲市场经济、私有产权，还有竞争，这是市场经济最重要的，我们的目标就是要搞市场经济，就是要产权改革。以前国有经济占中国GDP不到90%，农业也是集体化，属于国有企业。所以，改革要向市场经济过渡，国企改革是重头戏。但是因为种种原因，最近的10年，直到2012年11月之前，国企改革逐渐没有了思路，失去了动力。未来GDP要翻番，或者说我们要实行中华民族伟大复兴，要缩小跟美国的差距，国企改革还是非常重要的，因为国企改革不好，我们就不可以组成一个非常有活力、有效力的民营经济的整体，也对我们的社会稳定带来很多的影响。国企要做大，我去年提议，政府十八大的前夕，应该用一个好系统梳理一下改革。今天的国企跟以前的国企是不一样的，因为从1990年开始，大规模地改制和上市，引进信贷公司治理制度等等，国企从1998年开始2/3是亏损，到今天，很多国企还是非常有能力的，有很大的进步，这点我们还是应该肯定的。问题是，因为这一点，就产生很多错觉和幻觉，感觉国企本身基因就是好的，它本身基因就很强，我们要继续做大做强，这是我们的一种幻觉。

我跟国资委的一些领导也讲，他说你看新加坡都做好了。一个企业，不管是国企还是私企，得有一个好的外部环境，新加坡是一个高度开放的小型经济体，新加坡本岛很小，但是它有很好的航空公司，如南航等，虽然是国企，但它是与国泰、华航、英航，与全球最好的航空公司竞争，是一个高度开放的经济体。新加坡有政府主权，它一定是要有回报的，要赚钱的，跟我们国企的体制是不一样的。非商业的动机，这导致银行体系基本上破产，即使国企新有的模式经过改制重组，也都面临一个新的困境和瓶颈。信贷公司都是有模式的，有董事会、外国董事，有披露，但是治标不治本。归根结底，董事会不是最高的决策机关。国企要做得好，一个两个好企业是可能的，但是不能太多，占整个GDP的比重不能太多，我认为现在还是有点偏高，最好是GDP的10%～20%左右，别超过20%。一些公共品和服务性的行业，国家要支持，比如说普通的邮政、军工。美国的军事航空是全球一流的，也不一定是国企做得很好，但是可以让国企来做。大部分政治性的行业盈利性的行业，应该退出来，让民营企业去做，这是第一点。

第二点，剩下的企业，应该真正实现政企分开，建立现代的公司治理制度。实行董事会负责制，包括管理团队选拔、任命、薪酬、考核、奖惩，都由公司来决定，而不是由组织部门决定，要实现真正的政企分开。这几年，一直号召中国企业走出去，你看做成的寥寥无几，就是因为我们的决策机制，董事会不能说了算。你要去国资委、发改委，要去国务院、商务部才可以做事情，所以说国企是很难的，这个制度一定要改革。

第三点，整个国有资产管理制度要改革。国有企业资产都应该划拨到社保，由于中国老龄化，我们养老的缺口是一个很大的社会隐忧，对中国的社会稳定是很大的威胁，你要充实到社保中。新一届的政府要有魄力，3年内要把整个国有经济的比重降低，剩下的国有企业要真正实现政企分开，以商业化为导向。国有企业的存量，基本上划入国家社保资金。

傅小永：不能是国资委说了算，要董事会说了算。前年有一个非常有名的报告是叫《2030年的中国》，是世界银行和国务院发展研究中心合作撰写的，张文魁老师是里面核心的执笔者，我们有请张老师介绍一下，他对国企改革的看法。

图5-13　张文魁

张文魁：有一些人可能知道我是主张民营化的。我讲的民营化有两层意思：第一层是股权的转移，第二层是公司治理的现代化，或者是公司治理的商业化，也就是说要按照现代市场的规则和商业的法规来完善公司治理，两者相辅相成，这与过去所说的全盘私有化并不一样。

我刚才讲到，中小企业发展慢，大型央企和公司在程序上可能会出很多的漏洞，而这些漏洞也可能导致结果不可持续。俄罗斯就是这样。所以我感觉改革可以往这方面走，如果说朝着这个方向走，我希望有一个时间表：第一个5年，把国有经济占GDP的比重从30%多降到20%左右；第二个5年，让国有经济占GDP比重降到10%左右。这样的比例对市场资源配置产生的扭曲影响也不会很大，到那时，完善的市场经济体制可以进入，我们就可以直起腰杆儿跟美国和欧盟说，我们就是市场经济国家。各种扭曲，各种引起民众不满意的问题也都会慢慢消失，我们的国家会变得更好。

秦晖：我们在目前的政治结构条件下，对国企主要的要求不是它的商业化，而是对它进行公共服务的问责，或者是公共责任的问责。既然是国企，既然是用国民的钱来赚钱，那么当然要承担责任。

现在的问题不是国有企业本身做得不好，而是我们国家的体制一直没有对国有企业制定有效的问责机制，从而使国有企业变成赚钱机器，而不是提供公共服务的机构、或是为国民赚取利益。现在，很多国企都是出于商业考虑来做事，但是它背后有某种势力在支持，讲得简单点，就是用国家的权力来为某些特殊的利益团体赚钱，这非常可怕。如果从便于中国进行宪政化的角度来讲，在中国的宪政化还没有起步之前，国企改革的主要任务还是要对国企、国家包括公共服务进行问责。

常博逸：刚才听了这些，我深有同感，这些困惑在全球其他国家也都存在。我想从国际和历史的角度介绍点经验。实际上，1986年柏林墙倒下了以后，德国战略资源公司是帮助东德对国企的经营改制，我们就对东德所有的国企做了系统的梳理。我们发现，刚才说的所有这些不同类型的国企，在亏损的、治理结构不健全的、必须要卖掉的，或者是彻底进行改造的，很多公司根本就没有为公众提供任何有价值的服务，还怎么让他们和西德这些真正的、自由的企业来进行合作和竞争。现在20年已经过去了，总的来说，这种转型还是成功的。

在具体介绍情况前，我想说一个自己的管理咨询经验，是法国最大的电力公司EDF的转型和上市，当时拿着这个转型方案去见法国的财政部长，告诉他我们这个方案很大胆，我们要改变一些东西，然后法国财长告诉我们两件事：第一，这个方案不够大胆；第二，这个方案实施肯定会非常困难。我怎么才能帮你把这个方案真正推下去？必须要有非常健全的意志力，才能真正推动转型，总结起来有以下五点：

第一，在世界主要的国家，包括美国，都有一些行业是有一定天然垄断性的，实际上这些领域非常有限，非常具体、有控制的，但是这些行业里头，也有竞争，所以这里面确实有国企。

第二，全球整个洪流朝着私有化市场驱动，这个是毫无质疑的。有一些国家走得可能更大胆一些，英国撒切尔夫人之下，做了非常彻底的国企私有化。日本在1980年时期也曾经推动过国企的改革，新加坡等国家是更加有市场竞争力的国企。刚才张所长也说了俄罗斯、东欧等的经验，都是灾难性的。简单地把国企一脉了之，实际上并没有解决这个问题。

第三，当然就是公司治理，这点刚才大家都谈到了，有两个大的流派。第一种是由国家来管理，即由现在的国资委这种类型的机构管理。第二种是进行公司管理的模式，比如新加坡的大马锡这类。虽然是法国人在中国和欧洲工作，但是他还是认为第二种是更优先的。

第四，非常认同刚才胡祖六讲的，要有一个非常健全的治理结构。德国有一些非常有意思的经验，比如两层的董事会、监事会的制度。一层是董事会，董事会实际是管理的角色，在它上面还有一个监事。另一层是执委会，确保管理企业是非常健全的，运用的资源也是非常有效的。这些人实际不是真正的法人代表，不能签所有的字。执委会上面有一个监事会，这个是更多元的，有员工各方面利益的代表。跟政体可能也没有完全直接的关系，更多的还是强调怎么样找到权力的制衡机制。

第五，我也非常同意刘总说的，实际在世界中，还是有一些管理得非常好、非常出色的国企。任何一个国企，最主要的使命就是为民服务，在国家里它所经营的地方，提供最好的公共服务品。应该有一个良好的治理结构，当然也应该在市场竞争下经营。如果把这些都做到了，那最终也可能会有一些利润。

面向未来，我还有一些建议，第一，我们需要有一个强有力的人来推动国企的改革，就像上面提到的法国财长，这个计划还不够激进，还需要用什么样的方法帮你落地。第二，国企根本的使命是为国民提供服务，这是最重要的宗旨。第三，要真正实现一个国企的转型、转制，需要各方面的资源来支持，可能需要管理层，政府外部的专业顾问等共同操刀。所以大家刚才提到的问题，是全球都存在的问题，好消息就是，大家也看到了一些未来的希望，有一些答案。

胡祖六： 刚才讲的经验我感觉非常有参考的价值。我想说，为什么有的国企看着很强大、很有竞争力、很有优势，因为它是用垄断权利，有政府的背景。比如说拿一个银行的牌照、证券的牌照是非常难的，难于上青天，但只要你是国企，你就什么问题都没有了。而民企最高支付是20%，要盈利，有一个最大的条件。国企和央企，自动的就给你执照了。所以说现在看国企赚钱，即使有这么多企业，还是有很大比例的是国企亏损的，只有极少数几个高度垄断的行业是盈利的，这也是有一定的公共权利在里面。但是我不同意常博逸的建议，国企改革到了20年，典型的在拳头计划经济情况下一种恶果，不像企业，也不像政府，现在搞市场经济，政府做该做的事情，您说得很对，提供公共服务，政府做最好的，包括环保、医疗和保险，甚至是教育和国航，还有公共秩序和法制，别的绝大部分的公共服务和产品都是私企做的。没有一个军工企业是国有的。包括教育，包括医疗，大部分都是私立的医院，是可以盈利的。公立医院看病贵，你用公共的东西提供公共服务，不一定是最有效力和质量的。所以我说，政府应该强化职能，改变职能，最好做公共服务的提供者。企业就是赚钱，商业，利润最大化。这就要有一个比例的问题，如果说太多了，那就政企不分了。比如说西藏的高原，尽管是藏民稀少，一个城镇只有100人，我要送一些油、大米，可能也是必要的。但是私人企业可能做不了。

我亲身参与各大董事会的重组改制，中石油原来就是一个石油天津部、大庆油田，包括炼油厂，大庆油田有几百所幼儿园，还办了好几所大学，有好几个医院，它是典型的企业，但是确实是提供公共服务的。

秦晖： 而且公共服务不应该是给内部人提供的。

胡祖六： 还有医疗保险，企业办社会，做公共服务，结果有很大的包袱，改制重组。爱立信是典型的私人企业，不做这些东西，医疗教育都是政府提供，或者是社会提供。所以我们跟周总理提建议，大庆油田，中石油有200万员工，我们感觉应该精简，主业和副业分开，在公司制定股权激励制度、考核指标，去纽约和香港上市。应该说中石油与10年前是今非昔比，确实经营效力有很大的改善。这也说明，即使作为国企，改制重组，股份多元化，还是有一定改进空间的，这我也同意，大的企业可能不需要像苏联那样一步卖掉，就通过部分的股权私有化，通过公开市场的IPO，这个是监督的、透明的。所以我感觉国企改革，还是有很多成功经验可以借鉴的，关键是我们要坚持这个方向继续走，而不是现在就开始停止了，而且自我感觉良好。你看中石油这么赚钱，为什么还改革呢？我感觉这种是好景不长的话，很快，再过5年、10年，就会发现不行了。

秦晖： 我想回应一下，其实我的意思不是国企要为内部人办一大堆事，国企为内部人提供的福利是过多了，而不是过少了。我讲的提供公共服务，是指为国民服务的。而且提供公共服务的责任，其实最重要的还是一种支付能力的支持，不是说有什么医院，什么国家办，不是这个。关于这点今天另外一场张维迎提到的教育圈，就是很好的思路。支付手段应该由国家来提供，而老百姓可以用支付手段去市场上购买服务，但是老百姓没有这个支付能力，国家要承担责任的。国企在这方面，比如说利润，的确应该划出相当一部分来做这种事情。你说它的资本也应该纳入，那就比利润还要根本了。意思就是说，资本本身就是社会保障金，当然是可以做的，并不意味着就不要搞政企分开，也并不意味着我们要保留所有的企业半社会的

图5-14　秦晖

弊病，企业半社会并不是尽社会责任，而是给内部人提供条件，那恰恰是我们要改掉的。我们的国企最大的问题就是内部人的利益，其比重还是太大了。

仅靠国企无法实现国家的现代化

傅小永： 时间关系，很多问题无法展开，最后请每位嘉宾简短回答一下，如果真要做大做强国企的话，对中国的经济、社会意味着什么呢？

常博逸： 如果要我提建议，首先不提做大，但是要做强，当然在做强的背后，实际是提供更好的公共服务的产品。

秦晖： 我觉得两句话，国企总量或者说比例大幅度调整，可能并不是我们，至少在限制化之前考虑的一个很重要的因素，还要以国企的社会责任为主，社会责任不是给内部人提供的社会责任，这是很重要的一点。

图5-15　常博逸

张文魁： 中国政府是很强的政府，政府已经像一只老虎一样强了，如果在这个基础上再做大做强国企，等于让政府插上翅膀。中国大大小小各个省县几百个政府，它就是一个飞虎队，飞虎队在国内到处飞，假如民营企业是猫的话，猫教老虎最后留一招，上树不教老虎，所以猫上树还可以。假如说民营企业是可以随便上树的猫，现在的政府，拿它没有半点办法，如果说让政府插上翅膀飞，成为飞虎的话，那么民营企业就如猫，都没有地方跑了，所以说它会严重地挤压民营部门和自有市场，因此不能让政府变成会飞的老虎，不能让它变成飞虎队。

胡祖六： 我感觉若想飞，国有经济的比重会降低，这是第一点。因为只有国有经济比重在GDP比重相对比较低的时候，比如说10%或者是以下，少数有几个有强大的企业，那何乐而不为呢？我非常希望有这种企业。第三，我先不讲民主，我们就讲经济发展，可以翻几番，或者是中国是一个高收益国家，能不能真正实现民族的伟大复兴。人的历史自从革命成功以来，没有一个国家是靠国企实现现代化的，中国也不例外，谢谢。

刘晓光：刚才大家的观点也很清楚，我感觉要尊重现实，而不是说我们怎么说，而要留下一种现实。我有三个观点，第一，煤炭、矿产，包括草原和海洋资本，这是每一个人应该享受的资源。第二，国有企业肯定要改革，但是要分分类。第三，关于国有企业、垄断企业利润到底应该怎么办？应该分给老百姓，具体怎么分？这是中国比较复杂的历史问题，怎么改变？需要认真地去研究，我的主张还是除了少数的垄断企业必须存在之外，属于国家资源的应该大家共享。另外，大的竞争型企业，将来可能是多元。

图5-16　胡祖六

图5-17　刘晓光

任志强：改革之前的30年已经证明，凡是国有企业就一定是失败的，这个好像不需要再讨论了。改革之后的30年，为什么出现了一些国有企业情况不错呢？是因为另外一部分市场化的部分承接或对比之下显出了它拥有和垄断资源的优势。所以，它们活得比较好。谁也不想让国有企业做大做强，这就是我们讨论的结论。尽管刘晓光羞羞答答地说保留国有企业，但是实际上他说的和前面这些人说的话，保留了一部分，不一定叫企业的国有资产成分形成了组织去保障和提供国家需要的、国民需要的公共服务。但是我不认为，他说的应该变成企业，企业就是定一个目标，以盈利为目的。反正说这个很清楚，最后把市场竞争的部分降下去，不是没有国有组织地去承担国家基本保障的东西，或者是涉及国家安全和命脉的东西，所以说这两个部分应该是分开的。那部分可能会亏损，但是为了保证国家的安全也得存在，也得去做，或者说那部分可能还要做强，这是有可能的。但是不是在市场竞争过程中的企业部分要做大做强。

傅小永：最后的结论是，谁也不喜欢做大做强国有企业。

改革正与危机赛跑 问路市场化改革

国企的未来教育的市场化改革

教育改革再进行 势在必行的经济转型

企业家信仰与使命

办大学就是办企业

图6-1　陈繁昌

我是第一次来，以前也听过亚布力论坛，因为我们副校长是你们的老朋友，他差不多是每一年都来，我问他这是什么论坛，他说你去过达沃斯吗？亚布力论坛就是中国的达沃斯。来了之后，我感觉这里和达沃斯还真有点像，也是滑雪的地方，也有很多知名企业家，但还是和达沃斯有些不同，达沃斯好像是个秀场，这里亲切感多一些，像老朋友的聚会。

我们的副校长跟我说，你们有个"92派"，就是1992年前后从体制内跳到市场创业的企业家群体，他说我们香港科技大学也是"92派"，我们创立学校是1991年，第一个学年是1991～1992年，所以希望你们也把香港科技大学当成是"92派"，当作是论坛的一员，将来可以再次邀请我们来，谢谢！

我们建校已经21年了，对企业来说，21年不短了，很多知名的IT企业都不到10年，可是对于大学，21年还是很年轻的，牛津大学是900年，香港最老的大学——香港大学已经成立100年。可是在这21年里，我们在高等教育界做出了一些成绩，英国权威的排名，过去两年我们是亚洲第一，我们商学院也做得很好，商学院的EMBA过去四年都排名世界第一，我们的学生很多是全职企业家，他们每两个星期从全世界坐飞机来香港待一个周末，来上课。还有我们的MBA刚刚排名世界第八，也是不容易的。所以同行把香港科大称为"奇迹大学"，在大学教育领域我们是个奇迹。

办大学和办企业有很大的区别，但其实也有很多共同之处。

第一，是定位，这方面企业家应该有很多心得，企业做一个产品要取得客户的认同，就必须知道这个产品有哪些竞争者，这个产品在市场上的定位是什么。现在很多大学都要办综合性大学，都要争创世界一流，好像没什么区别，但我们不是，香港科技大学是比较简单的，我们是一所综合性大学，但我们没有医学院，没有法学院，很多都没有的，也不打算做，我们现在只有四个学院——理学院、工学院、商学院、人文和社会科学，创校之初为什么要办这四个学院？因为我们的一个理念是要把理工科技研究带到市场去，所以科大一定要有人文和社会科学。另外，我们要做一个研究型大学。就是要创造知识，科大创校时，香港没有研究型大学，大陆也没有，但世界上许多著名的大学，比如牛津大学都是研究型大学，做研究型大学，一定要得到国际性的认同，比如数学，我说我是香港最好的数学家是没什么用的，因为国际社会不认可，所以我们定位的是国际化研究型大学，我来到科大三年多了，我觉得这个定位是最重要的。

第二，是人才。对于企业家来说，好的人才是最重要的，办大学也是这样，稍微不同的是，我们最重要的人才不是校长，不是副校长，也不是院长，而是我们的教授、学生。创校的吴校长说过一句话，他说："一流的人才可以吸引一流的人才，二流的人才可以吸引三流的人才。"所以学校一开始的定位就是一定要找最好的教授，很荣幸我们现在的一些知名教授，是很年轻时就来我们学校的，中国科学院院士至少有五位，还有其他国际性的知名教授。还有学生，学生也很重要，你说哈佛为什么这么出名？因为它的毕业生在全世界都出名，所以我们的定位是找最好的学生，这个不容易。你们可能听过，中国内地的学生很多很有兴趣去香港读书，都是高考成绩很好的，他们可以去大陆最好的学校，我们现的在计划是每年招收内地学生大概180多名，去年有7000多名学生报名。

第三，是客户需求。对于企业，客户是最重要的！大学有没有客户呢？大学的客户可以讲是学生，也可以讲是他们的家长，还可以讲就是社会，因为公立大学的客户就是社会，我们要培养一批将来社会上各行各业的领导人，我们的责任，就是要给学生提供很好的学习环境。大学的理念，不是一个就业的训练所，而是要培养、训练将来的领导者。

最后，我想讲一讲国际化。很多人跟我说，你们香港科大是中国最国际化的大学，我们的教授很少是在香港念博士的，5%也不到，大部分是在北美和欧洲念的博士，有一些是中国人，有一些是韩国人，还有一些是印度人，可是他们学术上的DNA都是国际化的。我刚才也讲过，如果我们的定位是做研究型大学的话就一定要坚持国际化，不可以地区化。

上面说的都是办大学和办企业的相同之处，但也有两个地方是不同的。第一，我们的大学是非盈利的；第二，我们要随时、随刻的自由，特别是学术自由。我们的教授，虽然是我们学校的雇员，可是我这个校长不可以叫他们做这做那，大学的自由度一定大过企业。希望办教育的和企业家们能互相学习，互相提高！

陈繁昌　香港科技大学校长

今天的教育，明天的经济

我既不是企业家，也不是经济学家，不知道在这个论坛上该说些什么，我是做教育的，所以就想了一个题目《创新经济与新一轮高等教育改革》。我主要讲三个观点：第一，教育和经济是什么关系，我认为今天的教育就是明天的经济；第二，创新经济时代需要创新人才；第三，简单推荐一下武汉大学。

今天的教育，就是明天的经济。看一看世界高端经济发展中心在这五六百年来的转移，我们就很容易得出这个结论。14世纪左右，高端经济发展中心从意大利转到了英国，然后又转到了法国、德国，到了1860年左右转到了美国，直到现在。为什么这一转移遵循这样的路线，背后的逻辑是什么？依据这个逻辑，这个中心会

转移到中国吗？当然，也许经济
学家回答这个问题更为合适。

　　会不会转移到中国继而在
中国落地生根？我认为，机遇与
挑战是并存的，但是挑战更大。
看看世界教育中心的转移，13世
纪左右，在意大利，辐射的范围
包括环地中海地区和部分欧洲大
陆，17世纪左右转移到了英国，
然后是法国和德国，直到现在的
美国。未来50年，世界高等教育
中心是不是会在中国？我们要看

图6-2　李晓红

看经济和教育的关系，我的看法是，教育的发展领先于经济的发展，一个国家、一
个地区要成为世界的高端经济中心，必须在这之前50年左右成为世界的高等教育中
心。成为世界的高等教育中心半个世纪后，这个地区基本上就是世界的高等经济发
展中心。如果我们看看历史，我们就能得出这样的结论。我们从历史中进一步强化
了我们的认识，今天的教育就是明天的经济，教育优先发展，全力打造一批具有世
界顶尖级的一流大学，是任何一个大国向强国迈进不可逾越的一个门槛。

　　当意、英、法、德、美等国家的高等教育各自进入引领世界的高端发展阶段
时，他们本国的教育、哲学、艺术等软实力因素也几乎同时进入到高峰状态，并且
比硬实力因素中的经济、科技、军事高端中心平均提早50年左右；当这些国家的高
等教育高端发展中心开始衰退时，各种软实力因素先行退潮，而后硬实力因素相继
淡出全球。

　　中国现在是教育大国，但不是教育强国。中国离教育强国究竟有多远？中国
大陆目前的高校大概是2100所，其中最高层次的"985"高校39所；第二层次是
"211"高校112所，这112所涵盖了前面的39所；第三层次是普通高校；第四层次
是普通高职高专，所以中国有个庞大的高等教育体系。

　　从规模上来看，我们现在是高等教育世界第一，去年的统计总人数是3167
万，但还不是教育强国，为什么？一个著名的世界大学排名榜上，前10没有中国的
高校，不能光看排行榜，但是排行榜是有一定道理的，我们有排行40多位的、70多

位的，但400强以内只有10所高校，所以我们是教育大国，不是教育强国。这个问题的根源在哪里？我认为以下几个方面是必须改革的。

1. 体制问题。现在的学校或大或小，都大而全或小而全，有个观点我讲过两年了，中国的高校除了火葬场什么都有，从幼儿园、小学、初中、高中、医院，包括离退休，什么都管，请问香港的大学，请问国外的大学是不是这样？不是，他们的高校专注于挖人才、培养人才。

2. 机制问题。中国的高校存在运行不畅问题，包括各种评价体系，包括国家、政府以及其他机构对我们的要求，高校受到的制约太多了，使得很多学校趋同化，很多学校都想办成综合性大学，你本身是一个以工科为主的院校，一定要办综合性大学，就把自己的特色丢掉了。

3. 制度问题。我指的是人事制度，在座的各位企业家看到公司里某一个人不合岗位，你就可以把他开除，而我们的学校是不可以开除任何一个学生的，除非判刑或劳教了，这就是我们的人事制度。我们现在有聘任制，但是过去几十年遗留下来的问题，聘任制不可能从根本解决。

4. 中国高校的投入偏低，产出也偏低。第一，国家的投入比较低；第二，我们自己培养的具有国际重大影响的人才有多少？我们如何回答"钱学森之问"，就是我们自己培养出来的人才太少啊。

我们的高校对社会的整体贡献偏低，中国的高校要赶超世界一流或达到世界一流，推动中国高等教育由大变强，我认为必须实现两个转变：一是教育优先发展，要重点支持高等教育；二是尽快启动、推动新一轮改革，改革的内容包括我刚才讲到的那几点。

创新经济时代需要创新人才。人类从20世纪中叶进入知识经济时代，知识成为发展经济的主要因素，现在是创新经济时代，所以迫切需要新知识、新技术、新业务、新理念、新经营管理方式、新生产方式。关于这个问题，国家也采取了一些措施，要建设创新型国家，我们的高等教育为了适应国家的发展，应该要有两个转变，一是如何有效推动从人力资源大国向人力资源强国的转变，特别是如何培养拔尖人才；二是如何为国家转变经济发展方式服务，如何为企业强占战略性新兴产业制高点提供人才支撑，从根本上变"中国制造"为"中国创造"。

最后，简单介绍一下武汉大学。武汉大学的校史大家争论了很久，基本认同是120周年，1893年，由张之洞创办。它是一所综合性大学，文理工艺都有，我们培养的目标，是培养具有国际竞争力的、国际化的创新人才，这也体现在我们学校自身的一些特征上，我们主要是抓"三创"教育，武大的教育改革从20世纪80年代就开始了，三创教育就是创造教育、创新教育、创业教育，这是我们的特色。自改革开放以来，武汉大学培养了许许多多的拔尖人物和领军人物，企业界包括田源、陈东升、毛振华、雷军、陈一舟、艾路明等。陈东升非常热爱武大，是铁杆校友，这两年给武汉大学捐了一亿多元；田源是最早在武汉大学建立审计和保险专业的，还有很多杰出校友，不一一列举。武汉大学正在为办成一所顶天立地的大学而奋斗，最后借用习近平总书记的一句话，"改革没有完成时，只有进行时"，经济要改革，企业要改革，高校更要改革！

李晓红　武汉大学校长、中国工程院院士

围炉漫谈B：重启"教育改革"

教育改革是当下最重要的社会议题之一。中国经济的长期表现决定于教育改革。希望亚布力论坛的参与能重新带动社会对这一问题的讨论。中国的教育改革刻不容缓，当然，我们着重于从创新经济的角度来看待教育改革问题。

2013亚布力年会也特设"重启教育改革"话题，由华盛顿大学福斯特商学院教授兼组织管理系主任、《中国管理新视野》执行总编陈晓萍担纲主持，出席对话嘉宾包括：亚布力中国企业家论坛首席经济学家张维迎教授，武汉当代科技产业集团股份有限公司董事长艾路明先生，香港科技大学校长陈繁昌先生，中国社科院近代史研究所研究员雷颐教授，清华大学人文社会科学学院历史系教授、博士生导师秦晖先生，中诚信集团创始人董事长、中国人民大学经济研究所所长毛振华先生，亚商集团董事长陈琦伟先生，云南红酒业有限公司董事长武克钢先生，黑石集团大

图6-3

中华区主席、原香港特区政府财政司司长梁锦松先生，中锐控股集团有限公司董事长钱建蓉先生等。

如何定义企业家精神

陈晓萍：我们的题目是重启"教育改革"，非常荣幸主持这个议题。教育改革是中国很严重的问题，是迫在眉睫的问题，教育决定中国未来的经济。我准备了几个问题，第一个是什么是企业家精神。我先请那些非企业家来谈一谈你们概念中的企业家精神，然后再看看企业家是如何定义企业家精神的。

张维迎：企业家精神从根本上说，要有创新、冒险精神和想象力，而这也是教育培养人才的基本点，所以，我不认为一个好的企业家精神是与教育脱离的，或是与想象力和创新脱离的。一个成功的教育就应该培养学生有创造力、想象力。

中国教育的问题根本在于体制。中国的学校实质上是在政治领导下的行政单位，尤其是很多条条框框不许置疑，学生从小就要"信"。在这种情况下，如何改革教育？晚清的历史给我们提供了意见，晚清的清政府控制力弱了，外国传教士开始在中国办学，都是穷苦人家孩子在上教会学校，几十年中慢慢用他的一套方式和教育课程背景去教育，虽然刚开始没有人上，但后来较多富裕精英人士上了教会学校。等到19世纪末20世纪初期，需要新教育了，清政府没有办法了，提出废科举，但废科举没有对老百姓产生很大影响，因为早就有教会教育体制存在了。中国大量新式教育都是教会教师去办新学。

图6-4 陈晓萍

可以说中国现代化教育转型是在清末出现的，由于清政府控制不了，拥有另外一套体系，所以现在与其说是教育体制改革，不如说是国家国力不放弃，因此应该不控制，要放松，允许另外一套体系存在，允许私人教育体系存在，允许外国在中国办学，这样政府办的学校用一套教育制度，其他私立学校就不用这样，这对中国来说是另一种选择，愿意走仕途就上国立学校。其实，管理者也知道哪种教育体制好，哪种不好，从他们把子女送到哪里受教育就知道了。有的人拼命让所有人从幼儿园起唱红歌、背语录，但自己的小孩却送到国外上学。现有体制下很难完全改变国家的教育体系，但我们可以放松一部分，应该放开民营教育，这就是中国教育体制在目前体制下可行的路径。

秦晖：我十多年以前就写过一篇文章《教育有问题但不是教育问题》。实际上我国在各个领域中产生的问题，归根结底都不是这个领域本身的问题。我们的教育没有培养出企业家精神，其实是因为就没有培养出公民精神，何谈企业家精神？什么是企业家精神？现代企业家和传统商人的区别无非就是这几条：

第一，契约精神。

第二，独立公民精神。公民是一个广泛概念，企业家狭义就是这个概念。所谓资产阶级最早的直译就是市民。市民不是住在城市，所谓市民既不是农奴主也不是农奴，既不是一大堆依附也不是依附一大堆人的。既不是钱最多，也不是最

图6-5 秦晖

少的。我们当时讲的中产阶级其实不是指财产意义上的，也不是职业上的，既不是主人也不是奴才的这帮人，所谓近代企业家就是从这里产生的。中国没有这样一种人，还谈什么企业家？可以出很多商人，但谈不上企业家。

第三，就是所谓的创业者。前面这两种精神都很难从教育中产生，创业就更不用说了。在这种背景下，我们很难单独去讲教育问题。而且脱离整个社会背景和教育背景，往往会玉石俱焚。就像现在有些人讲反对应试教育，我认为，如果中国取消了应试教育更会一塌糊涂。

比如说大家对统考不满意，搞各大学自主招生，但大学自主招生的前提是大学是自治的，是由教育家管理的。如果我们现在让官员管理学校，再搞自主招生，那就变成藏污纳垢之地了，这是很危险的。现在有很多人指责教育弊病，但如果只是头痛医头脚痛医脚将更糟糕，而且可能会造成灾难。所以中国教育的前途，是有赖于我们整个国家的体制改革。

武克钢：冯仑在亚布力讲了一个民营企业家要守本分、有所期待，我认为这不对，这纯粹是因为教育出问题了。我们民营企业家不是这样的，企业家是守不了本分的。

武大李校长在开幕演讲中说得非常对。狼来了的教育是今天的体现，所以企业家也有了，赚钱的也有了，社会也有了。先有文化教育的领先，才会有大国的崛起。中国没有大学，出不了大师。什么是大学？大学脱胎于神学院，神学院也研究物理、地球等自然科学。

企业家的担当

嘉宾：担当是企业家精神的主要内容之一。因为我做过企业，我觉得有非常大的压力，作为一个企业，它要有担当，它要对自己决策负责任，对自己员工负责任，对自己的股东负责任，担当是很重要的。现在教育很大一块，去当公务员是典型没有担当的责任。

企业是个组织，差不多在文化世界里跨越文化，大概就两个组织，一个是企业，一个是军队，知道很多的规矩，知道很多的流程。所以大学的教育，我觉得应该是培养人才，在现代社会里面应该是向这一方面来培养的。

冷战后的世界竞争主要是经济方面的竞争。现在的大学教育出了问题，那么好的学生想去当公务员，公务员只需要二流三流的人才。去当公务员去当科员的时候，你只管那一点点事，国家有规定，一个学生最有活力的时候去管那一点事。公务员有一个体系，成功去社会上忽悠一些他不该干的事情。如果说我们大学教育成功看一个标志，去当公务员的人多了，那教育一定是失败的。至于怎么失败的那是另外一回事，是社会上对公务员体系不了解的事。我就说这些。

梁锦松：现在的竞争是冷战之后经济的竞争。更准确的是在知识经济里面国与国之间的竞争，企业与企业之间的竞争是人才的竞争。所以当我们谈教育改革的时候，都是谈怎么样培养人才，当然了，在教育改革中我们经常要记住，教育第一个是让学生学会做人才谈其他的东西。一般在西方谈教育是说三块，一个是知识，一个是能力，一个是态度。我在香港做财政司之前，曾有十几年参与教育的政策，我是香港大学教育资助委员会的，有人说等于香港的高教委，我做了8年委员会轮值主席，后来做了教育统筹委员会的主席，推动香港的教育改革。

图6-6　武克钢

图6-7　梁锦松

　　曾经有人说香港的教育是应试教育，跟国内差不多，我也是学生，高分低能，以前在香港都是以知识为主。但是知识、能力、态度，可能最重要的是态度。所谓经济知识里面创新是最重要的，这在以前教育理念以背诵以应试为主，在创新方面没有给他空间，也没有给他一个准备。所以我觉得教育改革的不光是怎么样培养企业家，企业家当然要创新，整个社会哪一个行业都要创新。因为我们做了十几年了，我大概把香港的教育改革，特别是我动过手的大概有一些重点介绍一下吧。我们提出的教育改革目标是什么呢？是四个，简单来讲比较容易记的是"乐、善、勇、敢"。

　　第一，乐于学习。现在我们强调的是终身学习，怎么样培养学生学习的能力和兴趣。第二，善于沟通。沟通不光是语文的问题，怎么样去聆听，怎么样表达。第三，勇于创新。我们提的很清楚，就是学生要创新。第四，敢于承担。企业家承担的精神。这是我们提出的目标。我们改变知识传播为主，如何去学习。现在中小学都有自己动手，更重要的是学习怎么样学习而不是学的知识，知识在百度互联网一查都有了，再学它干什么呢，最主要是在网上怎么查，并判断什么是真的什么是假的，并把它提升。

　　以前在香港中学四年级就分文科、理科，我们讲新的社会里文中有理，理中有文。去年是大学改革的第四年了，而且我们也提出改革招生要多元。如果都是香港所谓跟国内有点像连教的话，可能比较单一。

　　我们提出要有国际视野，毕竟香港是一个国际金融及其他各个方面的中心。在1990年的时候我们就已经明确提出，香港要当地区的教育中心，后来提出要建世界级的大学，所以把经费增加了。为了学生有自由，因为有自由之后学生才可以有创新的空间。所以在中小学里，我们提倡政府少管一点，学校管多一点，学校自助的模式推广一点。除了政府给钱之外，学校也在某一个条件收一点学费，管理上可以受政府管小一点，也鼓励私立学校。

　　最重要是在大学里，我们常说所谓大学有学术自由和院校的自主。我也只有香港的UTC，明确地说是大学跟政府之间的一个缓冲。香港所谓院校自主是五个方面的。第一是招生自由政府不能管；第二是聘用教授政府不能参与；第三是研究的范围是大学自主的；第四是用钱，除了指定的项目是大学自己用；第五是管理。所以这五个UTC扮演非常重要的角色，在国内没有这个传统，我觉得香港一定要保住这个，要不然大学怎么让我们的学生创新呢？

最后谈到企业家精神，除了创业强调有态度、有承担、有能力之外，为什么大学生不创业呢？如果做公务员很轻松有利益，怎么去创新呢？

李晓红：第一个建议，"重启教育改革"要改，重启意味着中间停了现在又来，我认为把它改成深化教育改革，教育改革没有停止。

第二个建议，以大学为例，我认为培养大学企业家的

图6-8　李晓红

精神，创新精神和创造精神。然后还有两个精神，我们的体会就是坚韧精神、担当精神。

还有一种是培养企业家的思想。以武大为例，它是以人文擅长的学校，工科也有。武汉大学现在很著名的企业家是学文的是搞经济的，不是搞工科的。艾路明是学历史学哲学的，当代集团的老板毛振华是学经济的，田源是学经济的，等等。我想可以引起社会的思考，为什么工科在武汉大学没有出非常著名的企业家，而人文社会科学出了著名的企业家，我认为思想非常重要。

中国大学生最缺乏什么

陈晓萍：非常棒，是思想引领实践。接下来讨论问题，我下面特意指出的是从企业家精神这个角度判断问题的话，目前中国大学生最缺乏的是什么东西？

张维迎：大学也需要企业家精神

企业家讨论很多年，1985年我写第一本书就写企业家。我有几个观点。

第一，我不认为企业家精神是靠大学培养的。企业家是人类当中的少数，这种人爱折腾，最主要是给他自由。但是我也不是说大学就没有作用，如果教育制度不好的话，它会阻碍企业家精神。那么它使得人性当中的创造力和折腾精神慢慢磨灭掉，刚才几位讲的非常重要。

第二，教育本身最能培养自由的公民，最重要是一个好的教育一定是靠自

图6-9 张维迎

由竞争出来的。凡是政府管理学校的这些地方，很难出现好的学校。我们比较一下美国和英国，最大的区别是什么？英国中小学教育是自由竞争的，美国大学教育是自由竞争的。所以英国有最好的中小学教育，美国有最好的大学教育，这是很简单的道理。欧洲都管得死死的，所以欧洲中学教育、大学教育都一塌糊涂。中国是登峰造极的状态。

什么问题都归结于体制，之所以体制有问题我们才改。昨天我讲了一个标准，但是不一定那么做。中国没有几个校长由于跟教育对抗而辞职。每个人都能找到理由，改革就是要跟人家不一样。16世纪英国要大法官跟国王对抗，每个国家都有这种情况，这就是一种精神。中国这么多年以后，我们把很多问题归结于体制，但这恰恰是我们的价值所在，因为体制有问题，所以我们才缺少一种精神。这种情况下，大学需要企业家精神，大学校长也需要企业家精神，需要折腾的精神，不畏权威的精神。谢谢！

毛振华：这个题目叫深化改革，我同意。大家为什么重启改革？1980年代曾经有过一次改革，大学里的学生报效国家，研究世界，充满理想，有过这么一个时代，我们是那个时代出来的，那个时代的教育是很有意义的。

为什么重启？的确是教育体制下诟病太深，回归行政化把级别搞起来了。80年代我们没有那个系统，现在搞得更强

图6-10 毛振华

化了。所以我觉得重启对这一段倒退的历史说得很清楚。

我选的基本上都是西方的，西方哲学、历史的东西深深印入我的脑海。对于我来说，我怀念武汉大学就怀念我读的历史和哲学的课程，根本不是经济系的课程。我在人民大学教学，我的学生大部分还是去考公务员，考不上了找企业。我想在学校多少教一点实用的东西，只是没有意义，在这个大学体制下一点意义没有，但是那是我内心涌动的东西。只要把1980年代的氛围、1980年代教育的课程——17世纪、16世纪欧洲的东西拿出来再讲讲，价值都巨大无比。

艾路明：大家都说教育改革要重启或者怎么样。我觉得实际上从1980年代以来，中国的教育改革并没有停顿。

从20世纪初开始，教育部推行独立学院制度，在中国，目前有300多所独立学院，我们自己办了几所。比如说我们跟武汉大学合办的珞珈学院，它是由民营企业来投资，和国立大学合办，也经过教育部批准设立，授予学位的，也是全国统一考试达到三本录取线这样的学生就可以录取，也是择优录取。实际上我们学校办下来，很多考上二类本科的分数线的学生愿意上我们的学校。

为什么这样呢？我们办学，除了那些我们管不了的问题，比方说上政治课之外，比如说很多约束之外，其实也给了很大的空间，比如教师的聘用，研究方向的确定，甚至我们有一些机构的设立都是学校自己可以定的，只要你有经费来支撑。现在 个学校大概投入6～7个亿，完成投入以后，通过每年学生招生的这些费用，实际上作为投资者是不急于收回投资或者有其他方式收回投资的，我们学校里的钱是不动的，这个钱用于学校教育的发展。我们现在也准备开始聘请一些好的老师。

我想我们不能用民国初期或者是晚清的观点看问题，好像大学是有大师才叫大学或者怎么样。今天这个时代，今天这个社会，大学就相当于是上高中一样，接受基本的训练、基本的教育，至于他将来做什么样的研究，那是他上研究生的事情，他愿意出国就出国，愿意做什么就做什么，他想不想当企业家也不重要。大学，特别是像我们这样的大学，不需要把企业家精神作为培养目标，他只要成为正常、健康、积极向上的一个人，有知识，有学习能力，这是更有价值的一个表现。

实际上独立学院已经给我们提供这样的一个空间，中国教育改革一直在往前走，只是现在有很多问题暴露出来，这些问题根本跟教育无关，我们在教育里做

图6-11　艾路明

的人是怎么样想的呢？让我们学生更好适应这个社会，更好为这个社会作更多的贡献。

考不考公务员也并不重要，全国一年几百万大学毕业生，公务员只有万分之一的可能性，绝大多数的学生还是做别的事情，那不是我们关心的问题，那不是学生能改的，也不是教育能改的。我们在学校里只做好自己的事情。

陈晓萍：你太悲观了。

艾路明：我不悲观，我实际上是乐观的。

钱建蓉：1992年，我在中国投资民办教育，20年的时间，我看到重启教育，我是有很深感受的。我看到很多企业家投资民营教育，但是到2003年这个阶段，大概在百分之七十几，基本上大部分已经全部灭亡了，全部没有了。

过去10年左右的时间，我觉得民营教育是有巨大退步的。实际上在1992年～2002年，我们能够看到，中国的民营教育因为多元化的投资，也推动了一部分的教育改革。这一点我觉得是非常重要的。

但是我觉得一个非常可怕的现象是，我们现在的教育行政部门，极其自信。自信到"现在因为经济的发展我有足够的钱办学校，我不需要民间投资"，几乎都是这样的一种观点。以发达地区的情况为例，比如说像上海市，上海市一个区的教育经费，差不多20多亿人民币，这一个区没有大学，

图6-12　钱建蓉

也没有高等职业技术学院，就是普通的学校，所以它的经费是足够的，完全可以办自己所有的事情。这样一种情况下，实际上对改革的这种动力是极其不足的。

我认为是教育出了问题，首先在投资的多元化方面应该要进行改革。我们有2000多所高校，能不能拿出几十所高校来——不一定拿出清华、北大——拿出第三、第四阵营的高校让民间参与，能不能把董事会领导下校长负责制真正做到位。现在无论哪所大学，真正的校友当董事也好基本上就是捐钱，这个实际上是假的，不是真正意义上董事会领导下的校长负责制，这种是没有持续性的。这种情况下，教育多元化投资和教育体制的改革是非常重要的。

第二点，我也做了高等职业教育。其实中国经济的发展，高等教育不是精英教育而是大众化的教育。所以现在来讲，我们更缺的是应用操作性的人才。本身或者是本能也好，很多大学生分不出去的，到单位完全回炉。高等职业教育也是一塌糊涂，根本不太注重，几乎是不注重用人单位在职业技能方面的要求。最近几年这种呼声之下有一些改变，但是在这种体制之下也是做不好的。

我曾经看到过一个会议，由部里边的一个处长组织的一个会议，所有这些高等职业技术学院院长书记们就围着一个处长转。为什么？因为经费在他手里，跑步前进。我可能会得罪一些人，我们的校长很多都是唯上的，根本不看我们企业、社会需要什么样的人，尤其在高职领域。我觉得我们高职院校导向性非常明确，出来就是干活的，我们企业要用他，他出来不会干这是很大的问题。

1998年我办了一所私立高等职业技术学院，前几年搞大学城的时候，政府也鼓动我们搞一万、两万人的校园，我们没干，我们最近一两年投了两个亿在软的方面，我们发现中国根本不缺校园，校园多得一塌糊涂，将来还会更多，我们投了两个亿搞研发。比如说五六年前我们觉得汽车行业有大规模的发展，我们投了汽车行业。再比如软件和移动互联网的专业，我们觉得在未来会有非常好的前景，所以投入大量的精力跟国外教育机构合作，包括一些大的企业直接连锁，从教材开始重新写起。所有我们这些专业已经在全国输出我们教材体系、软件体系和教师体系的有60多所高校。

因为我是师范毕业的，大学一毕业我就在教育局工作，1992年我到海南下海，直接去做房地产，也开始做教育。我觉得从这个经历上讲，对教育是有一种感情的。但是我始终觉得过去这10年，对教育我真的是很失望。这个改革是完全停滞的。

钱大群：我提出一个比较大胆的东西。我是原IBM增长型市场首席人才官，主管148个国家的人才，IBM60%的人才都是我召集培养上来的。一月份的时候长江商学院把我招过去做长江商学院高等人才管理，也就是马云毕业中企CEO的这个班。

我谈的是什么呢？谈一个大胆的设想，同时谈为什么要这样做。我大胆地设想，中国问题重启教育不是重启，而是颠覆教育。为什么？微软是IBM提出来的，我当时亲自参加设计，是怎么设计出来的，当时发生什么变化？互联网。互联网是爱迪生以来世界上最伟大的发明，也是摧毁一个个企业、一个个模式。通过我的研究，在不久的将来银行是不会存在了，实体的银行是不存在的，但是金融仍继续，金融由电子运营商来做。不久的将来学校是不会存在的，四堵墙的学校是不会存在了。

今天的讨论中，听到各位嘉宾从宏观角度、政府角度来考虑这个问题，但实际上，做教育不需要政府。从趋势上看，互联网给我们提供了很好的平台，接下来中国人可以用互联网做教育颠覆式的创新。

怎么做？我建议三个办法：

第一步，从企业开始。我提出一个设想："教育一百万，受益数十亿。"这可以覆盖整个中国人的教育。如何开始？就是跟企业家合作，办一个用互联网形式的教育，先发展出一百万人。在这一百万人中，首先需要创造出一千个新的企业家，让这些人培育教育产品，逐步发展，让整个国家的人受益，使数十亿人都会使用。

第二步，是教育方式。这个方法不需要政府来统一，比如我儿子上小学三年级的时候，老师交代的功课是"灯光是否会影响植物生长"，要回答这个问题，首先要阅读大量的文献，其次要看假设的问题是什么，如果没有做过实验和研究是不行的。这才是良好的教育方式。我们把搞科学研究的人组织起来，用颠覆式的教育方法培养小学老师、中学老师，让他们从小学到大学都用这种方式进行教育。另外，国家首先就要支付给教授们足够的经费和薪酬，让他们注重研究，倡导大学教授不要只想着赚外快。

第三步，规模化进入社会。

总结出来，我的方法就是从企业开始，从小学开始，然后普及到整个社会。如果"培育一百万，受益数十亿"的设想能够实现，那么大学将不会存在。危机时刻，中国教育应该马上觉醒，如果教育不改革，互联网将帮助我们改革；如果教育不改革，互联网会"摧毁"现有教育。

嘉宾：这次到亚布力来，我高兴的是我母校的书记、校长都来了，而且在会上发表了精彩的演讲。作为一个老学生，我向我母校的书记、校长致敬。

我是1965年武汉大学毕业的。我自己也是搞教育的，我的学校叫中国新闻学院，我是中国新闻学院的教授、副院长。我觉得中国的大学，必须要跟国际接轨，要用国际上最成功的管理高等教育的范例来建立我们中国高校的管理体制。无论是在用人、筹资，以及学历管理等方面，都要由大学自己做主。中国高等教育发展这么多年，在某些方面没有进步反而是退步了。我1965年在武汉大学毕业的时候，我的毕业证上就写校长李达。但是现在的大学毕业证书必须要教育部盖章。那你教育部管得也太宽了，几千所大学你一个个都盖章。

张维迎：我就补充钱总谈的问题。大家说教育经费的分配是一个非常重要的问题，尤其去年达到GDP的4%，这是一个严重的问题了。我在想，教育经费大部分不应该分配给学校，应该以教育券发放给个人，个人像买东西一样自己去选择上哪个学校，这样私人大学才能起来。

现在，因为教育部或者说国家把所有的教育经费都直接给了学校，就是说我们钱都给了饭馆，那你们只能来这儿吃饭。这个问题非常严重。我在去年提出这样一个问题，就是比方我们大学类似于破船，大学不修船，天天加油，只要加的比漏的多就可以往前走，这是很糟糕的一件事。大学教育经费分配要变成当前重要的议题。

陈繁昌：我想讲两点，第一，大学教育的目的是什么？我认为是教育人怎么去学习，教育人怎么思考、创新。比如，20年前我们学的生物课，书本上的知识随时在更新换代，当年学的东西现在完全没有用，所以，上大学不仅是学习知识，更重要的是学习一种

图6-13 陈繁昌

创新能力。

第二，教育跟文化有关系。美国的文化和亚洲的文化不同，中国很注重考试，这给学生带来了很大压力，但高考很难改变，它的好处替它保证了现在的地位。另外，我们的文化是尊师重道。但美国刚好反过来，他们重视创新。这种文化上的差异很难改变。

最后，我想讲一下国际化。例如德国有很好的工业和科技，但是他的大学在国际上的地位并没有想象的那么高，甚至级别都比较低。为什么？因为他们的大学差不多所有的教授都是德国人，还有很多教授是同一个学校毕业的。但是在美国不是，比如说MIT，它一般的教授不是美国人，不是美国出生的，它的基因是全世界精英传过来的。假如20年以后，全世界的精英都来中国，那么，中国就会有希望。

肖今：我是武克钢的太太肖今，1986年到美国学成人教育，现在在香港大学任教。

重启教育应该确立我们教育改革的方向。企业家精神只是教育改革中社会性的一点。1905年～1907年新政开始就废科举，当时提出来"强兵富国"，五四运动前后科教兴国思想传播，抗日战争爆发后提出抗日救国、保家卫国的思想，现在是提倡科教兴国，从历史看过来，我们教育一直定义为功能性方面。

教育还有两个本质，一个是社会性，一直被我们教育制度忽略掉了。还有一个是教育发展人的认知性，例如大家说的独立思维的能力。企业家精神其实只是我们教育社会性中的一点。我们这样的社会需要艺术家、经济学家、农业学家，还有文学家等。在刚刚有人类的时候，为了生存，人们都知道把自己的技能教给孩子，就是怎么打老虎，打到肉吃，防止人类被老虎吃掉，这是我们搞教育史都知道的，这就是教育体系的教训，这在我们国家已经被忽略掉了。因为我们大学里面高等教育方式是在党委领导下的校长负责制。

另外，教育的本质就是认知。每个学科里都有人类积累下来的逻辑，我们做教育是在用不同的逻辑激发学生，让学生有独立的思考精神，这样才能让他们有自己的认知能力。因为认知的是一个非常重要的过程，是教育最本质的东西。

但是在我们国家，由于我们只有一个"狼来了"的教育——其实，在欧洲经济学里，除马克思之外还有各种各样的学者，但我们只把其中的一个人拿来当成主义，从而使得我们的学者、教授、老师不能启发孩子的独立认知。因此，教育改革的方向应该定位在教育的认知上。在这个方向上，比如我们所说的独立学院就是一个很好的开启教育改革的途径。

雷颐：我觉得允许民间在国立大学下办独立学院，确实是巨大的进步，过去是不可想象的。我们应该看到这一点，但这一点远远不够，你有钱，为什么不能堂堂正正办一个独立的大学，非要办一个国立大学下的二级学院，不能发文

图6-14　雷颐

凭，这是垄断。我有钱，我办我的民主大学，我有我自己的追求。这本身就是很尴尬的一件事情。

第二点，我那时候到西安一所民办大学，又有一个新的控制措施出来，所有民办学院都要由教育厅教育局外派党委书记。这是教育的倒退还是进步呢？是不是要重启教育改革呢？

嘉宾：我们的教育远远不如苏联，苏联也是社会主义国家，它党组织都是属地化的。前苏联党委书记都是兼职的，而且不是一把手，学校也是这样的。中国现在连前苏联都不如，而且是远远不如。讲到这里，的确不是教育的问题，尽管这个问题发生在教育领域。

毛振华：学校不是老板办的，而是捐款人办的。现在搞的是老板办的，还要挣钱，我觉得这件事情是错误的。中国社会发展到今天，有了一批企业家，我们也向大学捐了一笔钱，我们捐给母校是对母校的尊敬，我们对教育的尊敬。有这样的学校，我们会捐款。这几年，我们同学捐给学校的钱有几千万美元，哈佛也就是几千万美元办起来的。现在有这样的一个基础，但是没有这样的一个地方。美国教育跟企业的结合包括了企业的捐款，企业家在里面发挥了作用，但是谁都不是老板，谁都不能控制这个学校，学校是培养人才的，不是给你提供舞台的。从学校做起，从自己做起。

互动环节

陈晓萍： 下面还有7分钟时间，把时间让给在座参会嘉宾，有任何问题有任何想法都可以和在座的分享。

嘉宾： 有一个特别想提出的感受，更多从一个学生角度，我自己在国外留学，剑桥大学三级学院数学本科，我对陈教授很多想法和定位非常地认同。大家既然认为教育是对50年以后培养人才，既然它是有这样一个阶梯时间性，我们能不能思考问题，我们在大学思考的问题、探讨的问题能不能不那么现实。企业里我们必须考虑生存，必须考虑今天。但是在大学尤其我受教育过程中有非常深刻的感受，尤其是学数学走向另外一个极端，我们会引导所思考的问题是对于世界对自身的一种认知，而不去探讨太多今天具体的社会问题。

每周我有一个小时一对一跟在数学领域里最高奖获得者去交流。我觉得这样的机会，能不能在我们大学之中有更多的体现。

嘉宾： 我想讲三点。

第一点，我们对大学的定位，它的目标不能只有一个方向。因为大学有不同的种类，剑桥、牛津、哈佛，这是世界上绝少的大学。大学有不同的功能，有一些偏向职业培训，没有什么错，因为大学现在在全世界变成大众的东西，不仅是世界上精英0.1%的人能享受。不同大学有不同的感受，不能只有红花没有绿叶。加州大学研究性要跟全世界竞争的，加州州立大学教育为主的，加州下边有一些社区学院。所以一个大国家，必须什么教育都有，不能光是北大、清华，不可能。

第二点，由于我们执政党的定位，所以在意识形态里面对大学就是有这个管制，这个管制令我们一说意识形态以外的东西，可能都没有机会真正去接触。我们要成为一个世界的大国、强国，肯定是有很多欠缺的地方，怎么改革这个是争执的现实。

第三点，企业家很重要，但是企业家占到人类不到0.01，因为很多人不愿意折腾。当医生不行吗？当医生也有社会功能。我们要有创新，要有独立的思维，但是不是大家都必须变成企业家。

陈晓萍： 企业家和企业家精神是不一样的。不是所有企业家精神的人都成为企业家的。企业家精神里面重要一条是创新精神。

在讨论之前我自己想了一下，其实大家讲的，也离得不是太远。从企业家本身来讲，他们是一群能创建企业、经营企业、引领企业的人，他们是为社会创造财富的人，但是这个精神并不一定要做这样的人才能具有的。重要的一点，用英文来讲要敢于有主动性，要有创造精神、反叛精神，对科学知识尊重的精神、系统思维的精神、人文关怀思想精神、领导的精神、坚强的意志，对所有人都适用的，不仅是对企业家适用。

刚才探讨得非常热烈，有相当好的思想火花包括设想。在我看来，中国的大学尤其是名牌大学，都属于国企。在这种情况下，我们有可能创造独立的学院走民办大学的道路，与国企学院竞争。如果民办大学生存下来了，而且发展得很好。那么，教育的改革也就成功了。

改革正与危机赛跑 问路市场化改革
国企的未来教育的市场化改革
教育改革再进行 势在必行的经济转型
企业家信仰与使命

企业家的自我更新

今年，我是接郭广昌的班来当轮值主席，所谓轮值主席就是企业家朋友们去滑雪，他得撅着屁股在这干活儿。我演讲的题目叫《自我更新》，当然是指包括我在内的企业家朋友们的自我更新。

我是从美国赶回来的，到美国一晃就已经第三个年头了，很多朋友都非常想让我谈谈这两年游学的经历，我到那儿印象最深刻的，一是大雪覆盖，和咱们这儿牡丹江、亚布力的冬天差不多；二是对雪地上的小松鼠印象非常深刻。

过去登珠峰，第一次是2003年，第二次是2010年，第一次是从北坡，第二次是从南坡。很多人都问我说登珠峰难不难？我说当然很难，但是作为企业家来讲就不难，因为企业家有一种创新精神，创新就要有冒险，做一个成功的企业和登一次珠峰没什么区别。

我去哈佛之前已经是60岁了，作为本土的土鳖企业，要到哈佛是比较难的，但实际上到了之后比想象的还要难，但是难你也得坚持下去。百战回来再读书，到我们这个年龄是挺难的，但是非常值得。

最大的一个体会是什么呢？就是哈佛是聪明脑袋瓜子汇集的地方，一个经济学的教授在课上问了个问题：美国的两个城市，一是纽

图7-1　王石

约，一是洛杉矶，为什么经济始终在增长？很重要的原因是它们都是聪明脑袋瓜子云集的地方，聪明脑袋瓜子聚在一块儿就会产生生产力，按照他的逻辑，互联网是不可能取代一切的，因为它没法让这么多聪明脑袋面对面交流。实际上我们的亚布力就是一个聪明脑袋瓜子聚集的地方。

咱们看看亚布力的这些聪明脑袋瓜子是怎么构成的。有点遗憾的是，全国工商联会员的学历比亚布力论坛理事的学历要高些，但亚布力论坛理事中"海归"的比重非常大，这是一个优势。所以现在有朋友问我孩子要不要出去，我的回答都是快出去，这也说明了咱们教育制度的改革迫在眉睫，变成聪明脑袋瓜子非常重要。

再看看这些聪明脑袋瓜子具备的规模，亚布力论坛理事、成员加起来的营业收入是8千亿，另外一个著名的企业家组织阿拉善是1万亿，亚布力论坛的理事大概是60多位，阿拉善是200多位；泰康人寿2001年，也就是亚布力论坛刚成立时的收入是15.6亿，去年收入是754亿，这是个巨大的增长。像我们的创始人田源主席说的那样，一晃13年过去了，我们企业家论坛理事会成员的年均总收入，已经相当于国内两个富裕省份财政收入的总和，相当于一个丹麦国家收入的总和。

这些聪明脑袋瓜子的创业年龄也很有意思，这些企业的平均年龄是20年，这个非常不简单，一般来讲，创业企业5年之内80%不在了，10年之后，只剩下5%，但是我们的理事企业的平均年龄超过20年了。

当然，企业家群体也面临烦恼，所以我们要经常聚在一块聊一聊。这两年我发现部分企业家有移民的倾向，不仅是把小孩儿送出去，而是全家都出去。为什么我们的企业家有灰心的情绪呢？原因是多方面的，这当然留待在座的吴敬琏先生、张维迎先生等大学者研究，我只简单介绍下自己的一点经历。2008年，我陷入了"捐款门"事件，我说万科捐款200万已经不少了，普通员工捐款不要超过10元钱，结果整个互联网都对我声讨，说你不就是有两个臭钱吗？原来让你赚了那么多现在到了让你捐的时候，你怎么能说200万就不少了呢？互联网上的声讨让我觉得企业家在我们这个社会还是没有地位的。

后来出了个"郭美美"事件，大家又说了，还是老王明白不多捐款，当时他就看出红十字会有问题了，这就算替我平反了，实际上我那时候不让大家多捐和红十字会根本就没关系，所以平反得我都莫名其妙。从这个事情看出，实际上，企业家在我们这个社会是被歧视的，无论你做的大还是做的小，在美国有钱人也会被调侃，但我发现在中国调侃企业家和在美国是不一样的，或者说对企业家而言，中国的舆论环境要恶劣些。当然，这也需要个渐变的过程。看看美国的历史，比如说洛克菲勒，当年就是一个大坏蛋，但是我们看到他们通过自我更新，做了很多事，从而改变了整个美国社会对企业家的看法。

这也是我们即将要走上的那条路。我们不要抱怨，不要老强调外部环境，当然外部环境是很恶劣的。企业家精神的核心就是冒险和创新，我们要用这一企业家精神来应对未来的不确定性以及整个社会可能的不确定性，正是因为这一不确定性，才更需要我们的企业家精神，我们在摸爬滚打中积累了财富，积累了经验，如果这个时候都去移民，资源都配置到别的国家去，那我们的作用就越来越小了，中国的希望还在哪里呢？

我这里非常想提一下阿拉善，阿拉善创始人刘晓光先生也在会场，我们是同一班飞机过来的。阿拉善从60多位企业家发展到现在260多位，阿拉善的这条路也值得我们亚布力论坛借鉴，一个突出的特点，亚布力论坛是以北京的企业家为主的，而阿拉善的企业家分布要广得多。比如说阿拉善，光珠三角的企业家就有30多位，而亚布力论坛在整个珠三角的企业家理事只有3位。另外，亚布力论坛理事的平均年龄差不多是51岁，性别上讲，女性企业家只有2位，占5%，轮值主席就没有女性企业家当过，同样对比阿拉善，平均年龄小2岁，49岁；女性企业家有20位，占到15%，所以我们亚布力论坛要向阿拉善学习了。

最后还是说一点个人感受。四年前，我在金沙江漂流，金沙江水流湍急，但漂流中你发现悬崖两岸一股股涓涓细流汇入金沙江，你突然意识到这个滔滔的江水就是一股股溪流汇集而成的，这一发现很让人感慨。中国的未来也是由现在的涓涓细流汇聚而成的。如果我们希望有个美好的未来，那就从我们自己做起，从我们的企业做起，这些涓涓细流一定会汇聚成未来的滔滔江水，就指望上面怎么改是没有希望的。我们的明天、我们的未来就在我们身上，让我们承担起我们的责任！谢谢各位！

王石　万科企业股份有限公司董事会主席、亚布力中国企业家论坛轮值主席

既得利益者是否能变成改革者

我今天要讲的题目是：既得利益者是否能变成改革者？我对这个问题的回答是正面的。人们普遍认为既得利益者是改革的最大阻力，这一点当然没有错。但是如果我们看一下中外历史，许多成功的改革，甚至革命，都是既得利益者推动甚至领导的。今天在场的好多人本身也是既得利益者。如果既得利益者不能变成改革者，改革是没有希望的。只有当既得利益者有可能变成改革者的时候，我们才有希望。

为什么既得利益者可能变成改革者？我总结有三个理由。

第一，理念的力量。我们人的行为并不完全是由所谓的物质利益支配的。人之所以是人，是因为他会思考、有价值观、有理性，他的价值观和思考当然会影响他的行为。所以，启蒙思想家大卫·休谟在两百多年前就讲过，尽管人是由利益支配的，但是利益本身以及人类的所有事物是由观念支配的。纵观历史，许多伟大的变革都是由观念的变革引起的。

古希腊雅典民主政治的主要推动者是梭伦和伯里克利。他们两人都是大贵族，但把选举权推广到普通公民。为什么？因为理念。美国独立战争后乔治·华盛

图7-2　张维迎

顿没有当皇帝，当总统也只当两任，然后就回家种地，是出于他的理念，而不是他的利益。邓小平"文革"之后发起一系列改革，包括废除领导职务终身制，也是基于他的理念，而不是利益。戈尔巴乔夫在前苏联进行改革也是理念使然。

我们讲到法国大革命，总说它是资产阶级革命，其实法国大革命最重要的推动力量是旧制度下的贵族。启蒙运动是贵族性质的，知识阶层当中的好多人来自贵族，《百科全书》160位作者中30位来自老贵族，几乎所有的启蒙运动期间的沙龙都是在贵族的家中举办的，卢梭30%的通信者、伏尔泰50%的通信者，都来自于贵族阶层。废除贵族的大革命是由贵族自身努力的结果，受到威胁的精英们，在困境中产生了一些新的思想，它就为大革命提供了灵感。大革命领导人米拉波本身就是贵族出身。

再看我们中国近代的革命。中国共产党我们叫"工人阶级政党"，其实中国共产党的缔造者和早期领导人基本都是旧体制下的"既得利益者"或他们的后代，这些既得利益者包括地主、富农、资本家、军阀、政府官员、知识分子等，因为工人家庭不可能有钱送孩子上学、出国。他们闹革命不是因为工人阶级要闹，而是因为他们接受了一种新的理念，这种理念就是马克思列宁主义，而马克思和列宁本人也不是来工人阶级家庭。马克思的父亲是一位很有钱的律师，岳父是普鲁士的贵族，他的合作者和赞助商恩格斯本人就是一位资本家，有好几个工厂。马克思本人过的也不是无产阶级的生活，他在写《资本论》的时候每年的生活费400英镑左右，而当时英国最富有的1/10的人年平均收入是72英镑，这些生活费用马克思自己的理论说，是来自工人创造的"剩余价值"。早期中国共产党领导人只有一个工人出身，但是我们也知道他后来背叛了。

我们再看一下废除黑奴运动的历史。废奴运动主要由白人发起，最早反对黑奴制的是天主教会，因为按照基督教精神，上帝对所有人一视同仁。1775年，在费城成立了美国第一个反黑奴制协会，1781年起，本杰明·富兰克林一直担任该协会的名誉主席直到去世。英国是反黑奴的一个重要力量，从18世纪开始，英国国教内部的福音派、贵格会都在推动废除奴隶制。1783年，贵格会向议会请愿废除奴隶制，之后工人阶级也参与进来。1807年，英国议会废除了大英帝国的贩奴贸易，1833年，英国政府终止了殖民地的贩奴贸易，并派遣军舰在海上拦截贩奴船只。1838年，英国政府废止《黑奴学徒制度》，最终英国解放了70万奴隶，为"废奴"花费了2000万英镑。

类似地，20世纪早期中国妇女的"放脚运动"，并不是妇女努力的结果，而是男人努力的结果。康有为、梁启超这些人当时起了很大作用，因为对他们来说，缠脚是一国国耻，有损于中华民族的国际形象。

这就是理念的力量！

第二，既得利益者之间是有博弈的。我们谈论既得利益者的时候，有一个错误的假定，好像他们是一个整体，团结得像一个人一样，有一个共同的目标，会全体一致地为捍卫自己的利益而努力，其实不是这样。既得利益者内部是分成好多派的，不同派别之间的利益冲突可能远大于他们与被统治阶级之间的利益冲突，他们之间的斗争可能是生与死的问题。既得利益者之间的斗争往往会成为制度变革的重要力量。我举几个例子。

首先看一下西方政教分离的历史。政教分离是西方现代民主制度一个重要基础。欧洲中世纪早期，政教合一，主教由国王任命，教会并不真正独立。政教分离是后来教会和统治者相互斗争的结果。11世纪教皇格里高利七世（1073～1085在位）就职后，决定在教会内部推行一系列改革，解决教会的腐败问题，但受到教职人员的抵制。为消除改革的阻力，格里高利七世宣布收回国王罢免主教的权利。神圣罗马帝国皇帝亨利四世要将他罢黜，格里高利七世的回应是将亨利四世逐出教会。教皇与皇帝的斗争持续到下个世纪，格里高利的继任者再次将亨利四世和其儿子亨利五世逐出教会，皇帝再次罢免教皇，扶植自己的候选人成为对立教皇。最终双方于1122年达成沃尔姆斯宗教协定：皇帝基本放弃续任权，教会承认皇帝的世俗统治权。

法国大革命是法国贵族相互斗争的产物，在革命前法国最重要矛盾是国王和贵族之间的矛盾，国王不断剥夺贵族的特权，引起贵族的不安和不满。而贵族之间也有很多矛盾，比如亲王与宫廷贵族的矛盾、老贵族与新贵族的矛盾、乡村贵族和城市贵族的矛盾、佩剑贵族（军事贵族）与司法贵族（穿袍贵族）的矛盾。即使在大革命之后的19世纪上半期，保皇派和共和派都是这个社会的精英和既得利益者，但正是他们之间的斗争推动了法国民主制度的建立。

英国在19世纪之前的宪政改革、法治建设，主要是贵族和国王、国王和教会，以及贵族之间斗争的结果。所谓的"光荣革命"就是贵族对国王的胜利。

我要特别举一个例子，是公司制度的发展。在19世纪中期之前，西方各国创办公司都是一种特权，也就是说，只有你得到国王或者议会的特许，你才能组建公司，只有少数有权有势者才能得到这样的特权，一般人是没有办法成立公司的。所以公司本身就意味着垄断，如东印度公司垄断对东方的贸易。这时候在精英当中就形成了不平衡，引起其他既得利益者的不满，最后精英斗争的结果是，把成立公司由特许制变成注册制，任何人都有权创办公司。这一变化英国在1844年完成，法国在1867年完成，美国在1850年这个阶段完成（美国公司注册由州法律规定）。

根据诺斯等人的研究，西方国家的法治和民主，首先是在贵族内部实施的，也就是说贵族内部先有了法治和民主，然后再逐步推到了整个社会。这类似我们现在讲的先搞党内民主，再搞党外民主。他们那个时候是先贵族内，后贵族外。

为什么贵族要实行法治和民主？因为在专制的体制下，既得利益者虽然有特权，但是他们没有人权，他们相互斗争，其实都是在相互摧残。普通老百姓在专制体制下感觉到不安全，但其实最不安全的人不是普通老百姓，而是特权者自己。他们有时候是人上人，但突然之间就可能变成阶下囚，甚至人头落地。时间长了他们认识到这样的制度对谁都不好，还是应该用权利保证每一个人的利益、每一个人的安全。实行了法治之后，统治者可以下台，但是被换下来的统治者仍然有安全感，仍然有人身自由，仍然可以过很好的生活，至少没有性命危险。而在旧的体制下，既得利益者很少有好下场，即使你能平安地着陆，着陆之后你仍然没有行动的自由。这是既得利益者为什么最终要实行法治、实行民主的重要原因。

第三，改革是避免革命的最好办法。经济学家阿森莫格鲁和罗宾逊对此做了系统的研究。

以英国为例。英国真正的民主化是从1832年通过的《第一改革法案》开始，这一方案将普选权扩大到中产阶级。在1832年前英国爆发了持续的暴乱和群体性事件，包括我们都知道的卢德运动。历史学家一致认为，1832年改革法案的动机，就是为了避免大的社会动荡甚至革命。据说，经济学家詹姆斯·穆勒等人在说服政府认识到危机方面发挥了重要作用。

但1832年的改革并不能满足普通大众对民主的要求。1838年之后，英国工人阶级就发起了改革议会的宪章运动，提出了男性普选权、废除选举权的财产限制、实行议员薪酬制（议员不拿薪酬的情况下低收入者就当不起议员）等要求。宪章运动持续到1848年，虽然没有成功，但是对之后的改革产生了重要的影响。

随着改革的压力越来越大，1867年，英国议会终于通过了第二改革方案，将选民人数从136万扩大到248万，从而使得工人大众成为城市选区的主体。这一改革法案是多种因素作用的结果，其中最重要的是严重的经济萧条增加了暴乱的威胁，以及1864年"全国改革联盟"（the National Reform Union）的成立和1865年"改革联合会"(the Reform League)的成立，都使得政府认识到如果不改革就是死路一条。

1884年英国议会通过第三改革法案，将原来只适用于城市选区的投票规则扩大到乡村选区，使得选民人数增加了一倍，从此之后，60%的成年男性有了普选权。导致这一法案出台背后的因素仍然是社会动乱的威胁。

第一次世界大战的时候，英国在1918年通过了《人民代表法案》，这个法案将投票权扩大到年满21岁的男性和年满30岁女性纳税人。这一法案是在大战期间协商的，在一定程度上反映了政府调动工人参战和生产积极性的需要，也很大程度上受到了俄国十月革命的影响，因为俄国发生十月革命之后，英国政府也担心发生革命，最好的办法就是主动实行民主化改革。1928年，英国妇女获得了与男性同等的选举权。

纵观历史，我们看到英国的民主化过程中尽管有一些其他的因素也在起作用，但是社会的动乱、社会革命的威胁是英国建立民主制度的主要的驱动力。也正因为如此，我们看到英国的民主化是一个渐进的过程，每一次的让步只是满足当时"威胁者""闹事者"的要求，如1832年的时候只要买通中产阶级就可以有了和平，所以选举权只扩大到中产阶级；当新的威胁出现之后，再做进一步让步，直到1928年的全民普选。

总结一下，我讲的这三个因素，第一个属于理念，后两个属于利益。

但既得利益者有可能变成改革者只是一种可能性，可能性不等于必然性。既得利益者是否真的能变成改革者，取决于他们中是否有足够聪明智慧的人，这些人是否有足够的勇气和领导力，是否能够做出明智的选择。有些非民主国家的政府习惯于用武力镇压的方式，对付老百姓的民主化要求，或者一开始得过且过，敷衍了事，最后实在没有办法，才开始改革，但为时已晚（如100年前的清朝政府），等待他们的只能是革命。

让我用一个例子结束我的发言。乔治·华盛顿于1799年去世，他留下遗嘱要求在他的妻子玛莎去世之后，把他所有的277位奴隶都解放了。但是他妻子玛莎在第二年就把所有的奴隶都解放了。问她为什么，她说："我不想生活在那些成天盼望我死的人当中。"

华盛顿解放黑奴是出于理念，他认为到自由是人的基本权利。华盛顿太太解放黑奴是因为利益，她觉得自己受到威胁，有了危机感。历史证明，在一个大的历史变革当中，统治者最好有华盛顿的理念。如果没有华盛顿的理念，至少应该有华盛顿太太的危机感。如果既没有华盛顿的理念，也没有华盛顿太太的危机感，那事情就麻烦了。

张维迎　亚布力中国企业家论坛首席经济学家

思想互动空间G：大佬的退休"模式"

美的集团董事长何享健的退休模式，与柳传志、王石模式并列，意义重大。王石纯粹以创始人而甘做职业经理人自然交班，柳传志要做不是家族的家族企业，已帮助三个后辈各成一方；何享健的退休"模式"比较复杂，他是创始人更是大股

图7-3

东，得安排双重交接班：职业经理人接管理，儿子接任大股东。来到亚布力年会的大老板们将如何选择他们的"退休模式"？

"大佬的退休'模式'"这一论坛由《全球商业经典》杂志总编辑何力先生任主持人，对话嘉宾包括：泰康人寿保险股份有限公司董事长兼CEO陈东升先生、云南红酒业有限公司董事长武克钢先生、广东长青（集团）股份有限公司董事长何启强先生、大成食品（亚洲）有限公司董事会主席韩家寰先生、洋河集团董事长杨廷栋先生。

何力：企业传承的意义是什么？

我是今天这场论坛的主持人，我叫何力。会议设定的话题叫"大佬的退休模式"，大佬是个中性的词。表面上看是要讨论退休问题，但实质是企业的传承问题。

经过30多年的改革开放，中国内地的第一代企业家都面临着传承问题。至少未来10年，大家都面临着这样的生物法则，无法抗拒。接班从来就不是一个轻松的话题，或者说接班这件事不容易，政治家的接班搞好的也不多。当然，如果制度安排得很好，那又是另外一个模式，但是有的制度安排好，又容易丧失控制，所以有时候也不爽，企业家的接班也不容易。

有一个人叫巴菲特，从很年轻开始就思考怎么接班，精心地设计、布局和安排，不断地制造悬念，一会儿宣布谁，一会儿宣布谁，他每个与接班有关的动作都会引起新闻界的轩然大波，但是巴菲特的名言是什么，他的名言是"到了天堂，我也不交出管理权"。还有一个老兄也是这方面的代表，就是宜家的创始人坎普拉德，他很早就研究接班，怎么交代儿子，但是他也有一句名言，就是"谁敢碰我的宜家"。创始企业家，他们的确在这个问题上会面临着很多困扰。冯仑写的《理想丰满》这本书里面，关于企业家的传承和接班，其实已经做了

图7-4　何力

一个总结，他总结了四条：

一是人的传承，传给谁，传儿子是亲儿子，还是传非婚生子；有的说儿子太多不好办，传女儿，女婿可能更可靠；二是财富怎么传；三是企业的制度，或者说这个企业怎么传下去；四是价值观、文化，或者说企业自身所具有的性格和价值特征怎么传下去。这四条基本适用，如果说简化的话，可以归结为两条，第一，企业怎么传，包含人和钱；第二，文化怎么传，包括制度和价值观。如果非要跟退休相关的，就是传承之后，企业家如何安排自己未来的生活，这就是所谓的退休"模式"。

王石想把一生变成两生、三生，我截然不同地选择另外一种生活方式；可能有的人就选择了永远不退休，一直干到最后一天，比如说李嘉诚、王永庆，还有很多人。国内也有很多人，如曹德旺，甚至更早的，人家已经选择了过退休的生活，可能还有其他的混合模式。

但说了这么多，最终可能是归结一个点，这个话题之所以被提出，可能大家比较关心的是，在当下的中国，这件事的特殊意义是什么？是不是我们这一代，改革开放之后起来的第一代成功的商人、企业家阶层，他们将来面临的接班、传承这种方式方法，或者是他们将来所选择的生活道路，具有巨大的社会影响。王石喜欢爬山，结果弄得郁亮也喜欢爬山，昨天晚上跟郁亮一起吃饭，他说今年4月份要登山。我说坏了，以后成为万科领导人之一的条件就是攀登上珠穆朗玛峰，那压力就大了，我估计韩总比较困难。这里面还是有强烈的社会影响的，这些企业家，无论选择什么样的接班模式，还是选择什么样的退休模式，对今天社会，对今天的年轻一代的创业者，以及对未来中国经济社会的发展有一些示范意义，大家都在看着。所以我想可能是出自这样一个动机，让大家讨论这个话题。

图7-5　陈东升

陈东升：将来退休不会寂寞

那要举很多案例了，比如说我有三个企业，有两个都是职业经理人在经营。刚才讲退休，每个人的想法不一样，我有梦想，我的梦想还没有实现。泰康15周年的时候，我提出，再用15年，使其变成全球金融公司。

我跟儿子说，若想接泰康的班，不干15年是不行的。这样几十万人，这么复杂的产品和销售链条，有8千万客户，压力和责任不亚于一个小国家的领导。还有，泰康的房地产、股票、债券、PE、不动产，把这些盘清楚，你要付出多少？所以说，还没有发现可以经营这么大企业的人。台湾是有这样的人，蔡文森当大老板，卖菜，没有上过学，也可以；比如李嘉诚，在实践中学习。有的人讲恋权，其实不是这样，退下来干什么？

我可以做别的事情，比如公益事业，我一直有一个梦想，做智库。亚布力论坛下面有一个研究院，试图有这个项目。但是后来发现，在我们今天这样的国家，智库的意义不大。当然，未来中国是会进步和变化的，我们常说，嘉德肯定是我的归宿。所以，我们退休不会寂寞。

关于公司的传承，儿子优秀交给儿子，儿子不优秀就交给社会。嘉德、泰康、宅急送三个企业虽然都是我一手创建，但是它们都不是完全的私营企业。我们"92派"一开始就搞股份制，我也可以把全部股份买回来，但为什么没有这么做？因为有股东，责任分摊了，赚了钱一块儿喝酒高兴，所以说股份制是非常好的。

何力：谢谢陈总，我们这里有一位台湾来的企业家朋友，大成食品的韩家寰先生。刚才陈总说"儿子优秀交儿子，儿子不行交社会"，这句话很简单但也应该是大部分企业家的选择。听说韩总的儿子在艺术上很优秀，这时怎么办？给我们讲讲您的接班故事。

韩家寰：两个人生，三个梦想

我刚开始接手家族业务时也是迷迷糊糊的。回想起来，30多岁时算是听话，一路也走过来了。我感觉没有很复杂。

我一直非常羡慕和佩服有生命力的人，我不知道各位有没有看过一个电影，3年前得过奥斯卡金像奖的提名，中文译名叫《返老

图7-6　韩家寰

还童》，主人公刚开始他很老，但越长越年轻。看过那个电影后，我的第一个念头是，这是王石。我觉得不可能有这样一个人，事业做成功后，跑去登山，登山之后，又跑去念书。他的生命力很强，仿佛是倒着活的。

我感觉王石有一天如果变成朋克头，头发染成金黄色，也是有可能的。我感觉有的人生命力越来越强，这是我要提到的。我没有想过退休的事，因为我是照题目在写，在准备。大家都知道王永庆，台湾很有名的企业家，他92岁的时候，北巡，到美国出差，他在考察业务，也是不退休。最近台湾有一个最有名的台积电公司，算是老先生，80多岁了，张忠谋，他决定跟三星继续打仗，他去年就把几个CEO都解雇了，就让接班团接他的班。因为别人说他不退休，不交棒，就准备一个接班团，三个CEO当轮值主席，跟咱们这儿一样，他说他不退休的。我中午问了张越，张越说他可能会做到70岁，退到二线，可能是老佛爷，继续指导。但是张越希望做更多技术层面的东西。我感觉东方的公司比较不像美国，像GE，公司很早有一个制度，就是早退休，找接班人，他一下子就退了。我并不喜欢退休，也并没有想过退休。前两天我跟一个日本朋友谈，有的人就不喜欢退休。台湾有两个例子，台湾有一个电脑公司——宏基电脑，听说好几年前有一天他在演讲，突然觉得有一片黑，忘了要讲什么，整个空白了几秒钟，他说他要退休了。但是其实并没有休，他现在做很大的创投，还是把公司马上接棒，交出去，也做了很多影响社会的事情，继续成立学院。

另外我的好朋友严长寿，他在台湾的影响力很大，他作为餐饮、餐厅、酒店很大的一个总裁，影响力非常大，他退休之后到台湾东边一个比较穷的地方，帮助一些很穷的人，很多原住民的小孩，把那边整个带起来了。但是很不幸，很多资本家就炒土地，所以大家很气。台东很漂亮，他就影响艺术家、音乐家、教育家都过去那边，都带动起来了，我很感动；日本的大钱永一，他说人有两生，第一生是市场价值，第二生是社会价值，人有很多点，不一定就停在那儿。我们公司做肉、蛋、奶，怎么样可溯源安全，我希望做全中国最好的食品公司，可以做到溯源安全，这点做到很了不起。但是慢慢的，一个公司也要有更多的社会价值，从市场价值转到社会价值，没有冲突。我没有想过退休。我在几个月前看望我新加坡的好朋友，他比我大2岁，突然得了帕金森，恶化的速度很快。他在最后的一两年实现他的梦想，他突然买了两部跑车，他很可能是开了3个月就不能开了，这3个月我们去，他把最好的酒打开给我们喝，我感觉他还是很有生命力的，他为自己而活。

我在想，如果我在65岁以后，我现在是57岁，怎么样做一个有机的后患，我请教我朋友，朋友说："你想最想要做的10件。"我最想做的就是节食、变瘦。我希望大家65岁以后，不见得休，但是可能还有一点影响力，我希望好好地做一个社会企业，利润完全用在社会公益上，一种新的模式。

何力：把经验和资源做在这里？

韩家寰：做社会企业就不会讲究效率，这是我很大的想法。

何力：也讲效率，只不过产生的效率不进我的腰包，是给社会。

韩家寰：对，第二件事也许可能对年轻人产生一点影响，我感觉中国好多事大家都做了，像和平的人，美国有很多人，可以申请参加和平人，就像服兵役一样，做2年的义工，我感觉中国可以有几个大企业，合起来一起做这样的事情。他们这些年轻人很优秀，可以去做NGO，做志愿者，也不见得一辈子要做，也许可以要花2年，企业在后面做后盾，给他们一点训练，这两年会对他们加很多分，即便是念书会推荐性地加分。

第三，王石跟我讲，王永庆这么了不起，临了没有交代清楚，后面有一些家庭的事情没有完。我觉得我们家下面就复杂了，我原来一心一意的，不希望我的小孩到公司来上班，就希望有专业的经理人。小孩是股东可以，不要做管理，这样就可以很分开。因为家里我们有很多的第三代，有的人进来以后就想，应该有一个规范。欧洲的公司，美国公司还是青春期，欧洲的公司是100多年，家族企业治理是有一套的，我希望把这套再做好一点。比如说这一代有20个小孩，哪一个人适合到你公司工作，哪一个不适合，因为牵扯比较复杂，可能不是你说了算，可能有兄弟一堆人，我想到第三代、第四代越来越复杂。做股东是比较容易的，但是你要不要进来经营，这有一套制度。我感觉华人的公司做得还不够。华人的公司，大部分早一点的都是二战以后开始的，比如说华侨的公司、台湾的公司等。我们在大陆这边，等于是开始接班，有可能到第二代左右，我感觉都不够，欧洲这方面做得非常的完整；美国公司并不是太好，几个公司经理人就把公司绑架了。这方面的制度希望最近开始做，将来可以带出一些年轻人，大概就这三点。

何力：非常好，谢谢韩总。我对韩总说的两点体会很深，一是两个人生，一个是市场价值的人生，一个是社会价值的人生。硬要补充可能是宗教价值的人生，可能要给自己的生命两部跑车也好，还是信仰也好，还是要留那么一点时间，一点不留也是挺可惜的。

另外韩总给我们讲的未来的三条，一是更多的做社会企业，一是对年轻人产生影响，一是在技术上的传承模式，能不能做得完善。这对我们大陆的企业家还是很有借鉴意义的。请洋河集团杨廷栋先生来说说，洋河集团可能在企业的传承上会有不同的风景。

杨廷栋：在对企业负责的前提下退休

大会的组委会安排我参加这样的论坛，也是对我的生活和工作做了一些了解。我2012年2月8号退下来了，所谓退下来就是从上市公司董事长的位置上退下来，现在是做洋河集团控股母公司的模式。在股份公司我挂了一个党组书记。

我现在的身份什么事情都可以做，但是没有完全退休。刚才陈总讲，"儿子优秀交给儿子，儿子不优秀，交给社会。"韩总讲，"还是交给别人。"我说，我自己不想干，我交给组织。

第一，我没有儿子，只有闺女，交给闺女，我不想闺女那么辛苦。第二，这个企业是控股的企业，我想交给谁也不行，所以要交给组织。我在去年退下来的时候，有很多人质疑。我做了洋河16年的董事长，我退下来的时候，洋河是骨架全国第二，市值成交所第一。从400亿的企业最后做到1500亿的市值，现在是1000多亿，因为开始降了，下降了500亿。许多人很奇怪，这个企业你搞得很成功，而且我今年只有53岁，如果买跑车，我估计要买20辆跑车都可以跑坏，所以可以买跑车、喝酒或者是干什么。为什么要退，我感觉每个人有每个人的境界，每个人有每个人所处不同的位置。我为什么在52岁的时候就自己提出来想退？我感觉有两个问题，我今天一直讲退，我没有讲退休。刚才韩董事长也讲到这个问题，退而不休。为什么会退，从我们自身以及我们中国市场经济的发展，目前应该去思考退的问题。我讲三个观点：

第一，个人的退，其实是为了企业的进。为什么这样讲？我本人是政府公务员出身，做过县

图7-7　杨廷栋

长，做过书记，但是按照现在企业的规则，按照现代企业的治理结构，按照现代企业的理念，我总感觉我把企业做到100多亿的时候，我已经是勉为其难了，如果继续做下去，我是对企业的不负责任，也是对行业的不负责任。

第二，刚才主持人也讲到这个问题了，中国的企业和西方的企业，可能有很大的不一样，我们这代的企业家，我们讲第一代也好，第二代也好，很多实际上都是自学成才的，是在市场经济和计划经济的夹缝中不断地寻求出路，用规则和不规则的方式，有的是与国际惯例接轨的方式，有的是与国际惯例不可以接轨的方式，走到今天，走向成功，这种成功能不能延续，能不能复制得了很难说。刚才为什么大家讲制度建设问题，在目前生活中，实际上我们很难找到很完美的制度上的保障，让我们企业不断地发展。大家也看到了，这两年，许多企业跑路了，自杀，或者是什么，都有。所以我非常幸运的在国家开始控制之前，在这个影响之前退掉了，很多人说我退得恰到好处。

许多不可控的因素，实际看上去是偶然的，但是有一个必然性的东西。整个企业的发展，企业的制度建设，企业的运行规则，企业的治理理念，我们需要更系统化，需要理性化，这是我第一个观点。如果说我们大佬能够自己对自己有一个准确的分析，当然要提出退，肯定是自己主动提出来的退，所有这些人，包括我在内，我自己不说退，肯定是不会退的。但是自己提出来的时候，肯定也是为企业有更好的发展。所以，无论从哪个方面讲，我们的退，对企业的发展，一定是起到积极作用的。

第二，刚才讲到退而不休的问题。虽然退了，但是我们这些人是闲不下来的。实际上这些人在长期工作的过程当中，有自己独到的一些理念。独到的一些智慧，有自己独到的一些本领，有自己汲取的各种资源。这些人如果是退了，实际上既是对企业的不负责任，也是对行业的不负责任，更是对社会的不负责任。如果说从自己身体出发，或者是对企业未来长远出发，在某一个岗位上、某一个位置上退下来是可以的。但是自己整个社会生命、社会价值退下来，把退变成休了，那这是对社会不负责任。

第三，既然讲退，用什么样的路径退，我刚才非常赞成一个观点，你把制度设计好，再退；你把接班人选好，再退；你把整个企业的架构、企业的治理梳理好，再退，这是对整个企业的负责。所以从这一方面讲，我想实际上只有一种方式的退，就是真正的退，那就是颐养天年，什么都不干了，去享受人生，让自己到这个世界上来，没有白白地活一场。其他的，无论是做老板的，还是做顾问的，还是另起炉灶重新开辟天地的，这都不叫退休，只能叫退。在所有的路径当中，我最赞成的实际是做顾问，把你自己所有有益于社会、有益于企业发展的、积极的因素发挥出来。我们想，所谓大佬一定是为企业创业和发展作出巨大的贡献，而且在企业公司工作很长的，才称之为大佬。陈总是这样的，我自己肯定不敢称之为大佬。但是我们是创造过历史的，或者说我们现在还在创造历史，但是我们一定会成为历史，想到这一条，我想我们就需要重新定位自己。谢谢！

何力：谢谢杨总，您刚才讲的几种模式选择中，谈到做顾问最好，那有一个问题，他们不听您的怎么办？再夺回来？

杨廷栋：这就得看心态，实际上顾问最大的心理障碍是什么？

何力：说了不算。

杨廷栋：顾了，问了，然后你做参谋，我想要有好的心态，如果是心态不好，不要做顾问，还是要做董事长。

何力：谢谢杨总，其实我感觉的确退休这个词容易产生歧义。何止是企业家阶层，就是一般人、普通人，我们之所以在工作的时候那么渴望着休假，是因为我们还会回来，对吧？

如果真的是退休了，就是不归路了，其实我们都走在不归路上。刚才大家说了很多，实际上是在说你是什么样的人，或你想成为什么样人。每一个人都有一个最终的训练。

来自广东长青集团的董事长何启强先生，一见我第一句话就是"干吗让我讨论这个话题，我远远不到年龄。"

何启强："创二代"没有竞争压力

我不高兴的是两点。首先，我们的企业跟他们比起来不算大佬；另外，我的年纪也不老。

退休这个问题，对我来讲是一个并不迫切，但是必须考虑的问题，因为过了50以后，这就是一个问题了。退休就必须有人接班，除非你把这个企业卖掉不干了，不然这个企业要存活下去得有人接，到底谁来接呢？虽然咱们是上市公司，但是我们绝对的控股，绝对的第一大股东，在这种情况下，好多人的理解是子承父业，我有一个儿子，一个女儿。我把儿子送新加坡念书，他主动来问这个问题，"你把我送这儿念书，是不是将来让我回来接班？"我狠了一下心讲，"你想都别想，你没有这个本事"，后来为这个问题，我老婆骂了我好几天，她说："你不能让儿子没有责任感，没有希望，人家都是传给儿子，你为什么不考虑这个问题呢？"前天晚上我参加了以陈总为首的一大帮二代，不能叫"富二代"，就是二代的论坛，当时毛主席的儿子也在，毛振华主席。这一大帮，将来有可能接多少亿、多少百亿资产的二代都在里面，我听了大概是一个半小时的时间，主要是肚子饿了，跑到苹果园吃夜宵去了。那时候刚好张维迎和田源在

图7-8 何启强

那儿，一起聊这个问题，我说我本来有一个观点，听完这帮人讲完话我更加有一个观点，我认为如果第二代接班的话，还是搞老行当，超过父辈的几乎没有可能，这么看没有问题。

　　这个话，现在突然我感觉有点问题了，我一问韩总是二代，而且比他父亲搞得大多了，干得很好。他父辈所处的年代，跟我们所处的年代不太一样，现在我们年代的父辈，成功的企业家做得比较大的企业，为什么二代要接班比较难呢？我看那帮小孩子中规中矩，说话谦虚，这恰恰说明什么问题呢？他的孩子是含着金钥匙出生的，没有很大的竞争压力，在比较平和的环境里，相对锐气可能会差一点。所以未来第二代要考虑的问题不是接班，是怎么创业。所以我儿子本科毕业以后，先干了一年多的活，今年考南洋理工大学，院长给了他两个课题考虑。一是市长班，人家和新加坡南洋理工大学第二党校，专门给中国培养政府官员的地方，院长跟我讲，"你看你儿子去了以后，接触的都是市长级的。处级以上的干部，国家培养的，建立了很好的人脉关系，而且有公共管理的课程。"他觉得这个院长本来是一个中国人，后来到美国以后，加入新加坡籍，如果让儿子回来做买卖，这样有帮助，这是一种选择；第二种选择就是创业与创新硕士的专业。琢磨了老半天，我问他："你想考这个吗？"他想了半天，说："我要考创业与创新，我跟市长打交道，那种关系还没有到这种程度。"后来我想想，我说："我本来就不希望你跟那帮市长一

起学，因为市长已经有了当市长的架势。"我感觉基础要好，要适应国内的环境。

创业与创新非常重要，后来我跟我老婆讲："儿子有没有本事接班，我认为你都不要考虑，接班是其中的一个选项。尽可能的创业，我现在有资本可以支持他，亏了可以继续再搞，年轻有本钱，花老子的钱也是有本钱。"在这种情况下，他必须要考虑自己怎么去打拼，不要在我的基础上，我说："你超越我几乎没有可能"，我先打击一下他，"因为你接我的摊子的话，如果做好，人家肯定不认为是你的功劳，是你父辈打下的基础，做坏绝对是你的罪过，本来好好的，到你就下去了，这绝对是罪恶，有一个压力。"第二，作为一个人，他应该有自己选择喜欢干事情的权利，没有必要非要背上接班的包袱。从这个意义上来讲，他自己爱干什么干什么，还有我们的传统产业，搞了二十几年，后面几年是搞环保性的产业，但是作为一种新的经济，如果干得好的话，财富膨胀的速度，会超过我们财富增长的速度。所以我说，"将来你有本事，对长青集团有感情，你来收购我这个企业，收购企业大家都服气，你毕竟是有本事；接班人不见得你有本事了。"我是这样的看法，谢谢。

何力：何总给我们提供了一个新的模式及新的思路，二代可以创新创业，接班不是选项之一。每一代人有每一代人的生活。昨天傍晚，在走廊里碰到武克钢先生和他的公子，武总说是来学习的，武总准备如何做？

武克钢：关于传承，我们还在不断学习

第一，跑到这里开会，感觉很不自在，因为我的年龄是比较大的，而且我们这代企业家，1992年把我烧伤了，陈东升他们做企业是为中国的经济建设腾飞做贡献，我是1992年之后被体制踢出来了，到今天混了一个企业，不大不小挺难受的。

今年到第二代，这本身就体现了企业家的哲学命题——历史和进入历史的两件事情开始出现了。我问了很多孩子是否接班，50%以上给了我肯定地回答，"不接，你的事不关我的事"。有人说，那没有办法也得接啊，这是一种无奈。

反正我自己想两个问题：一是人的传承，就是孩子们的传承；二是所谓企业的传承，第一代企业是在改革开放的特殊情况下，稀里糊涂也好，认真准备也好，或者是像你这样党安排过去也好，最后一下就到了一个坎儿上，企业的事交给儿子，儿子可以拿走。我们对交给儿子就比较难办了。还是两句话，《红楼梦》的两句话："世人都晓神仙好，唯有儿女忘不了，痴心父母古来多，孝顺儿孙谁见了。"

我感觉对企业家退休不退休，别想那么远，你儿子来一次唱红打黑扫黄，一下就给你收了，有的就跑了，你传什么啊？所以有的事情是历史，你说新中国成立前，我们家有很多做生意的人，有的公司一合并就拿走了，拿走就拿走，后来我们家走出了很多科学家和医学家也很好的。所以在这个问题上，我总感觉要淡定一点，特别是第一代人，是很容易想通的，赤条条来无踪影。但是这里有一个社会责任感的问题，我是红酒企业，红酒企业不要紧，关键是

图7-9　武克钢

后面有几万种葡萄的农民，我始终感觉这几万人种葡萄的事情，我明天把酒厂关了无所谓，我老婆的工资也够我们后半生去开跑车的，但是怎么弄呢？很实际。我两次想上市，最大的目标就是想上市，交给社会了，上市又没有搞成。但是我想淡定一点。

前一段国进民退，公司合营，包括牛根生的牛奶出问题了，我说干脆吧，别那么焦虑，主动公私合营，拿着执照和本本，敲锣打鼓，直接送到省政府、县政府，告诉他们不用国进民退了，咱们送你行不行？国进民退，给你了，你们拿走吧，回家了。但是，要淡定一点，社会富不过三代，企业的传承慢慢地会越来越社会化，包括当年的洛克菲特，你说一股独大的传了很多，包括美国的企业，传到最后，都是形成了社会的经理人，形成了社会职业化的团队。民企，应该是管理权和所有权分开，现在说企业家不诚信，你交给职业经理人诚信，会不会明早就把你的企业抵押了。其实我想分享一下各位大佬的想法。马云认为，强迫自己的儿女接班，是很不道德的行为，是摧残自己儿女的行为。他的话讲得让我挺震惊的，我们这帮孩子看一看，基本以欧美留学为主，这道亮丽的风景线。这帮孩子到生命法则比较强的社会来，到生命法则使用比较多的地方来，能适应吗？那你把他绑在这里天天见市长，怎么样，这都是有讲究的，他怎么把握好这个事呢？这不是让人难受吗？

所以淡定一点，我现在在学习，也做一些安排，慢慢的就是爱谁谁了。从另外一个角度讲，我们积累了这些人脉和经验，恐怕这些东西传承更多。我跟我的儿女说，"给了当时条件下最好的教育条件，把你培养到一个起码对社会不是垃圾。"

现在社会上也盯着富二代、官二代看，他们也有很优秀的人，也有很垃圾的人。在这个问题上我给不出答案，也给不出模式，本身我自己的企业在学习，也在思考。

互动环节

何力：武总说的是淡定的模式，爱怎么着，怎么着，顺其自然的模式。我们也留一些时间，在座的诸位朋友有什么问题，可以沟通。

我想就这个话题，几位还有没有补充。因为历史有的时候，还是有某些很微妙的地方。从中国进入近代以来，或者是1895年以后，现代工商业者的产生，从张謇、卢作孚这一代人开始，就这个问题有过实践，也有过约定。那天我看到谁讲了一句话，说《建国大业》这部电影还算公道，其中有工商业者为了民族和国家做事的画面，他说人民英雄纪念碑，其实这一块就是浮雕，少一块工商业者在过去百年为中国社会变化作出的贡献。有一个法国学者写过《中国资产阶级的黄金年代》，很好的一本书，就讲到中国的工商业者给经济社会、国家发展带来的变化，或者说他们那个时候的利益，也不仅是为财富，当时也可能是实业救国。就是为了这样的利益做生意，原来也可能是知识分子，官僚或者是什么。

那改革开放以后的这代企业家，其实大多数，当时是有这样的愿景，无论是1992年，或者是更早。当然在这个过程之中，自身积累了财富，这也是一个结果，于是就面临这个问题。最后，在大家有问题之前，几位企业家有没有什么补充或者是总结？如果没有，底下大家有什么问题？我们用十几分钟的时间，聊一聊，或者是互动一下。

王璞：参加这么多论坛，第一次来参加这样的话题，没有正式谈过大佬的问题。多少个论坛，一年大大小小的、知名的论坛有很多，这次是新的，亚布力是创新之源，名副其实，这个题非常好。这个题好，同时它具有现实意义，因为它不是说你谈很多新的，跟咱们都没有关系，现实意义在哪呢？2012年出现了美的接班，你说过去王石这个不算接班，就是自然而然走过来的；你说刘总的接班也不算一个接班，就是自然而然走过来的，因为我03年搬到荣科，在楼下8年的时间，现在去IBM钱总的楼里。我感觉这两个例子其实不典型，典型是美的的接班，作为大股东交给了经理人。我跟经理人大概在8年前认识，在澳门有一个论坛，他是人力资源总监，人力资源部部长，还不是副总裁，还不是总裁，他就是一步一步成长的。2012年我特意关注了这件事。我感觉这样的一个接班，给我们带来了主动，具有现实意义，原因可能是在于更多的年轻人有能力了，再一个身体上、年龄上到站了，今天大佬坐在台上的远远没有到呢？80岁。刚才国有企业谈得非常好，记下来了，我的交班是交给国有组织。

何力：刚才杨总说了，国有企业的交班就是退为进，意思就是国有企业越早退，退得越早越好，像杨总这样的人都退下来了，就进了。

嘉宾：这样的情况下，民营企业的股份已经很少了，这种交班是自然而然的。现在国有企业排除了，民营企业把股份比较小的也排除了，就单独谈股份比较大的民营企业交班，一股独大，股份份额比较高，超过三分之一，最起码有否决权，这种情况下，交班才有意义。如果说三分之一以下，百分之二十、十几多，如果你想交，其他股东不同意，也不可以交。所以谈一股独大民营企业的交班，才具有更深刻的指导意义，或是很多企业面临这样的问题。这个问题要深入研究，这个交班要分成几种情况。美的交班为什么交给一个没亲没故的人，在这之前，台上坐的一位嘉宾就是这样，其实浙江也早有了，比如说浙江省工商联主席，他就是从他老子手里接了这个班，但是他不当工商联主席了，他年龄比我们还大呢？他也算二代，就跟台上的嘉宾似的，也算二代，他老父亲打下的天下很早就交给他了，这也是一种交班。中国的交班不是说从今天开始交给儿子，他儿子已经当过浙江省工商联主席了，这个交班你说交得多早。所以说今天的交班，过去已经有延续了，今天我认为是一个普遍的了，而且过去他们交班的时候盘子比较小，今天交班盘子比较大。今天东升总裁很有思想，我记住您几句话，如果说儿子要接班，不在这个企业干15年，不可能给他，他想接，也不可能给他，这是其中一句话，还有其他几句话我都记下来了。这就是盘子太大了，太复杂了，驾驭盘子的能力，不仅要有专业的技能，更要有历史和人文深厚的沉淀，通过这种东西治理这个企业。就像国家，要以综合的文化底蕴治国。大企业面临的问题就是盘子太大，小企业接班不接班两可，不接的话，2、3年他儿子再创一个，也折腾出模样了，关键是一股独大的大盘子接有意义，小盘子你不让他接，可能就再创出一个企业了。

包括方太的老板也是接班的，浙江省工商联主席也是接班的，已经很多了，所以我从这个角度跟台上的嘉宾做一点互动。

何力：谢谢，还有哪位有没有什么问题？

嘉宾：一股独大，不能交给儿子，还得交给职业经理人，这个怎么办？我刚才来晚了，请几位大佬帮着指点指点，一股独大了而且还又是一个公众公司，但是交不了儿子。

因为我们公司不是资产型的，就是谁干活给谁，这种怎么弄？因为这个事没有整明白。

陈东升：其实宅急送就是这样，也可以是分享、竞争的结果，也可能是自己的兄弟、家里人经营。这种接班不接班，其实在竞争市场里是一个动态的、全面的结果，没有理论模式。宅急送实际上百分之百是我们家里的，我也给我儿子，给大家，都给出去了，那不是一股独大的问题。接班人在了十几年，小伙子，大学毕业，在首钢工作过，到这里，从一个店经理成长起来。其实这次交班很有意思，还PK，有两个，还有一个完全是司机，开车。就像UBS，就是有一个司机当CEO，而且把这个企业做得很好，你可以两个PK，现在两个都在。我那是花很大精力的，我起码开的会大大小小的会不下几十个，我儿子是坐班董事长，就是把经营权交出来了。宅急送大家都知道这个故事，最早是做得最好的。应该说快递业，宅急送是最快的，8年前是最大的。

现在快递有三个企业，现在最好最有名的是顺丰，它是在深圳起来的。它是怎么起来的？为什么它很低调？大家很多不了解它。低调是有原因的？低调的原因是什么呢？它当年把国际包裹用行箱，每天用行李箱辛辛苦苦的拎过来过关，3毛钱，别的9毛钱，有的国有企业整他，这一整不行了，他就开始做，这样就做大了，珠三角都是他了。当年宅急送为什么花了5年转型，现在我还是很有信心的，它是有一看不见的手在后面的。宅急送最早开设全国网点，现在直营模式全国网点做得最完善的，就是三个，一个是宅急送，一个顺丰，还有一个是马云的淘宝。

宅急送并非没有这个战略意识，宅急送在日本开董事会，那是10年前的事了，我们引进了淘宝，进了淘宝3个月，亏了100多万，你这样的直营模式怎么跟加盟模式比？现在其实已经是这几个，"四通一达"。每天中国快递的单子有1000万票是来自于淘宝，所以马云是神仙，他是超级的市场自然垄断。现在中国是世界第二大快递市场，就是因为淘宝崛起的。四通一运每天是300万票，宅急送高附加价值，折过来就是100万票。所以说商业模式的变化，对行业的颠覆很大。我总分析，为什么深圳产生顺丰，顺丰就是在网上起来的；宅急送，他1992年从日本回来跟我讲，日本有一个宅急送，我们两个兴奋了两天两夜。我记得是星期六、星期天，我们两个无休止的聊，人要有梦想，我们就说我们哪天把这个东西搞成了，满街都是跑的我们家的车，那多牛啊。现在有3000辆车。BTOB，都是宅急送送，那是车水马龙，人家CTOC，我也进去过，但是你这个直营模式，这么大的盘子，你成本扛不住。我讲这些你就明白了，逼着你把这个班交出来，你不交出来急死人了，哪有说理论模式。你在市场的动态中，是不是要把这个企业做好，做不好就死掉，那你交给更好的人做，更好的人做不好，那可能就死掉了。

吴庆斌： 我是北京信托的。我认为退休有两个层面的退休，一个是资产层面的退休，一个是经营层面的退休。资产层面的退休通过美国的信托模式，资产模式，这个有成功的模式。如果说经营方面的退休，大佬有什么不放心的，如果说资产是你的，这个问题解决了。经营上的退休，不就是找一个总经理吗？做好法人治理结构，股东会，董事会，经营层，大家为什么这么想，大家不放心什么？

何力： 总经理不好找。

嘉宾： 总经理不好找，我们可以海选。我的问题是大家不放心什么？

陈东升： 严格讲，没有不放心的，真的是没有不放心的。大家都很明白，有些事情不是你想怎么就怎么的，我刚才说的话，实际就是要顺其自然，顺其自然就是顺应规律。有些事不是你想就怎么样的。刚才他说，我感觉也是，有时候我就是让我儿子责任太大，压力太大，有人说陈老板，别把你儿子压垮了，我的这个压力不是别的，就是给他很多的责任。

嘉宾： 对退休有什么不放心的？

何启强： 不放心，是对我们自己不放心，因为你总得变老，到老了体力精力跟不上了，考虑退休的问题要提前考虑，目前的整个治理制度来讲，我们分事业部，首先不能一下交，得把你公司分成几块，几块有几个经理人上来，看谁搞得好。我看美的就是这个模式，谁优秀把谁提拔上来。实际上分下去的过程，也是一个锻炼人，选拔人的平台。因为它虽然不是最大企业的老总给你干了，但是变成小企业的老总，在运行小企业的过程中，对他来讲就是训练，而且是提拔提高的过程。刚才第一位讲了，关于一股独大，一股独大，还不能交给儿子？这个问题我感觉很好办。由于你一股独大，所以你占的股份就很多，股份就是一种资源，可以吸引优秀的职业经理人接班，如果交给儿子了，儿子就这一两个，说不定还是女儿，计划生育就是这一两个。女儿还好办，女婿还可以选，儿子没得选。所以说养女儿，的确有一定的余地。女婿差点当了特首，跟董建华竞选香港特首。因为治理结构，股权激励的结构，拥有了股权以后，他就是股东，这个企业就跟他自己的一样。所以讲了光考虑传承给儿子，你选择的范围可能是更大，所以从这个意义上来讲，我认为不难解决，没有什么不放心的。

嘉宾：其实今天大佬说都很放心，核心问题就是资产上怎么退休的问题，怎么行使股东权力问题，这有法律层面的问题。其实最近发生一件事情是很大的，就是郭亚军也来了，他的股份是在信托层面，那么大的变化，包括对股份和资本市场没有造成任何的影响，这真的是一个很好的处理手段。

钱大群：IBM的经验

我刚才提的问题，跟做准备有关系，我是前IBM新兴市场首席人才官，退休的问题是我管的。我很快介绍一下IBM是怎么做的，提出一个问题，希望对大家有收获。IBM在最近几年，除了苹果以外，市值是第二，超过了80后的微软，超过了90后的谷歌，为什么？我们有一个政策，每一个董事长CEO只能做10年，而且是60岁必须退休，所以最近30年，摸索出来了。以前不是这样的，以前是家族企业。中组部到IBM说来学习IBM怎么样做的等等。我的问题是这样的，通过这么多年的摸索，找出一个方案叫"继任者计划"。IBM"继任者计划"怎么做，员工中的20%找出来作为高潜质人才，一层一层筛选到最高层5个，然后是50，500，5000，50000这样的层次抓的。长期的培训，包括我在内，送到全国各地，每两年送到一个新的工作和岗位，由各个国家的经验和各个事业部的经验培养出来的。最后我加入了长江商学院，为什么呢？我是中国人，跑到非洲去，人家想一个黄种人出现了，我想还是在中国作一些贡献。培养下一代的企业家，创造中国的下一次商业文明。

我们只有10年，下一个10年又是一个新的商业文明，这个问题，各位大佬，回顾一下你们过去，也许是犯过错误，再看一下在座各位的企业家，以及社会的企业家对将来，就继任问题，你们提一点，能够指导大家做得更好的那一点是什么？

何力：就一点，关于传承也罢，继任也罢，提一点意见或者是指点，指点是什么。

陈东升：其实就大道理和大的概念来说，经验是很重要的，那不是瞎说的，不是编出来的。他们就是把它更技术，制度化。

韩家寰：可能最重要的就是永远要有非常清晰的愿景。我们有一个本事，能把愿景勾画得很鲜活，让大家变成一个信仰，公司会朝着这个愿景走，这样无论是怎么接班还培养继任者，都是很容易做的，这是一个核心价值的东西。

何启强：就是不折腾，不能总换，第二要把赛马场建好，看最后谁可以跑赢。

武克钢：靠自然选择。云南白药共产党拿过来，拿过去，传承得也挺好，你操那心干吗，关键看品牌。

杨廷栋：制度与文化。

何力：好的，谢谢，由于时间的关系，这个环节的讨论就到这里了，谢谢台上的几位企业家，也谢谢台下的分享，谢谢大家！

围炉漫谈E：王石时间——60岁上哈佛

在2012年亚布力中国企业家论坛的理事会上，有人提议年会主题加"新期待"以表明新政治周期的开始，王石说这词缺少现代意识。2012年亚布力夏季高峰会上，他以"底蕴"为题说明对武汉近代史、张之洞纪念馆和中国近代企业史的看法。他在"微博"上说，对日本明治维新历史的阅读是中国人必须补上的一课。哈佛的游

图7-10

学已让王石身上产生变化，他正塑造一种全新的、传统又现代的商业领袖形象。

2013年亚布力年会上，亚布力中国企业家论坛轮值主席、万科企业股份有限公司董事会主席王石先生与大家畅谈了他在哈佛的经历和感受，由哈佛中国论坛主席裴育笙、亚布力中国企业家论坛《亚布力观点》高级编辑陈亚男作为此次"王石时间"的对话主持。

为什么王石60岁上哈佛成为新闻？

陈亚男：欢迎大家来到"王石时间"。王石先生是今年亚布力论坛的轮值主席，他领导企业，又在哈佛游学，还有登山等各种各样的爱好，似乎有用不完的精力。我们想知道您已经60岁了，为什么还要去哈佛求学？

王石：我今年62岁了。实际上这个年纪上哈佛也是不出奇的，为什么到我身上就出奇了？为什么会成为一个标题或新闻点？我自己也很好奇。

嘉宾：因为大家会想，王石商业上已经非常成功，已到达一个顶峰，为什么还要再去哈佛？按照我的理解，到哈佛求学的人都属于在上升阶段的人。

王石：意思就是说，我不应该有这个需求，但为什么却有这个需求。其实60岁上哈佛是一件很普通的事情，不应该成为新闻。这是对我的否定还是肯定？我认为从某种角度上来讲，实际上是一种否定，就是说我不应该去，去了就成为了新闻。

之前很多人也说我登山是一个问题，对此有两种说法。记得我第一次登山的时候，不是珠穆朗玛，就有人说"他做企业做不下去了"，一般来说，做企业这么成功，怎么可能冒险去登山呢？我登山显然不合这个逻辑，因此很多人推论说是做企业做不下去了。第二种说法，"他想出风头，想发疯了"，做企业比王石成功的很多，为什么王石登山？因为他想证明自己与众不同。在西方，登山更多是中产阶级以上的运动，但在中国，登山运动并不普及。

图7-11　陈亚男

记得登珠峰时，就拿我的年龄说事儿，我52岁登顶珠峰，就说我是中国人年龄最大的登顶珠峰的人。其实在2003年时，已登顶珠峰的最大年龄是62岁，那52岁能算新闻吗？就在我52岁登顶珠峰那年，有人破了62岁的登顶记录，是71岁的一位日本人。2008年，为配合北京奥运会，这位71岁登顶珠峰的日本人再次登珠峰，那年他已经76岁了。你们知道现在中国人登顶珠峰的最大

图7-12　王石

年龄是多少吗？这不构成新闻，对吧？2010年，有四个超过52岁的中国男人在尝试突破2003年的纪录，这四个男人分别是黄怒波、汪健、孙冕，第四个就是我，从54-59岁。其中一个和我同一队伍，他对我说：王总，你一定先让我在登顶20分钟之后你再登顶，让我创造一个中国年龄最大的纪录，如果你先上去，那我根本没有机会破纪录了。

我们真正缺乏的是创新

陈亚男：你同意了吗？

王石：我哼哼哈哈，没说同意，也没说不同意。平时训练，他的速度比我慢一小时，如果我让他20分钟，我至少得让他80分钟，要让我待80分钟，那是找死啊，那我不能让你。登珠峰一般是凌晨一两点出发，下午两点钟之前能够登顶。我记得很清楚，我们那次是至少提前3小时出发，一路我就想，只要你跟在我后面，登顶我让你没有问题，但我一看，他连影都没有，我心想肯定不能让了，我就上了。到顶峰我抬头一看，这位老兄在顶上看着我说：我在这儿等了你20分钟，他怎么上去的？我怎么也想不通，因为要扣着保险绳，要想超过谁需要解扣，超过你，再扣上，再往前走，这个非常危险的，但我没有这种他超过我的印象。

后来我问他什么时候超过我的，他回答说：我比你早出发了一个小时，我们10点钟出发时，他已和他的登山向导9点钟就出发了，他实现了破中国人登顶最大

年龄的纪录。讲这个故事想说明什么？就是登珠峰不像你们想象的那么高不可攀，如果和中国人比，可能2003年那年我算是中国人年龄最大的登顶者，但和国际上比，真的感到差距非常大，没有任何自豪可言。只要你想去做，认真准备，所谓登珠峰不是那么难。

我想引发第二个话题。登珠峰怎么登，差别非常之大，路线、季节不同就完全不同。登珠峰的路线可以分北坡和南坡，人类登顶珠峰第一次是从南坡，是新西兰人，北坡第一次登顶珠峰是中国人。一般来讲，当然最初选最容易的，然后选越来越难的，再一个就是选择反季节。80米以上是人类的生命禁区，一定要带氧气瓶登顶峰，20世纪80年代，就更绝了，不带氧了，而且非但不带氧，还一个人登。登珠峰一般都是兵团式的大队伍，有人把各种物资运到那里去，你背着氧气登顶就行了。

我想说，其实我们改革开放，我们杀出了一条血路，搞市场经济，很多东西不是创新的，就是跟着走，更多的是模仿，因此，我们真正缺乏的是创新的东西，如果我们还是这样跟着人家后面上珠峰，有什么意义呢？有一定的意义，但只是寻着别人的路，意义不是很大。

登山后非常珍惜现代文明

陈亚男：您登山的过程当中还是有危险的。

王石：当然有危险，我只是从难不难的角度来讲，但是很多人说危险。第二个问题是，你不怕死吗？我的回答是：我不登山就不死了吗？这是一个对生命的态度，即使你不登山，你如何克服这样惧怕死亡的过程。从对生命的态度来讲，登山是教你如何面对死亡最好的方法之一。因为你进山一个星期可能就出不来了，你必须得想，你的家人、公司、朋友，所以登山的遗嘱一定要写，因为你不知道自己还能否出来。所以，不是怕不怕死的问题，而是你必须面对死亡。死亡是无法回避的，单独登山，必须要将远在天边的事情，用近在咫尺来考虑，这样恰恰会珍惜生命。

当然，登山前后有几个思维：第一，我能活着回去，就绝不再登山了，这太辛苦，太危险了，我这是吃饱了撑的。这就是我的心态。当然这次活着回去了，下次又去登山了。登山环境中一切都稀缺，连空气都是短缺的，登顶珠峰必须要带氧气瓶，所以感觉一切都那么珍贵。下山之后，任何现代城市文明给你带来的好处，你都会感觉好得不得了。平时可能认为这些都是理所当然的，但你只要进山待一个星期，零下30多度，刮着北风——你们知道最难受的是什么吗？是方便。你想想，回到城市，到卫生间坐那个马桶，那是多么舒服。但你平时习以为常。在登山环境中，感觉什么最幸福呢？就是你能方便的时候坐在马桶上，那太美好了。所以登山下来后，就会特别珍惜你曾经熟视无睹的一切，包括亲情等等在内的东西，会非常喜欢并珍惜现代文明。

留学期间曾上信用卡"黑名单"

陈亚男：在您看来是登山难，还是在哈佛留学难？

王石：当然是哈佛。刚邀请我时，我就即可答应了，但是真的要去的时候就开始找各种理由拖延，因为心理没有数，我本身有点哑巴英语的底子，但听和讲完全不行。到真正临行前，拖到不能再拖了。去了之后感觉比登珠峰难多了。

陈亚男：难在哪儿？语言上还是什么？

王石：最难的，语言问题是想到了，但是它那么难是没有想到的。第二，还有很多没有想到的障碍，30—40年前，我独自打理身边事务时，是没有信用卡的。后来主将习惯出门把一切交给别人安排好。真正到了美国之后，首先自己要到银行办卡，用英语跟办卡人交流，用英语还不重要，重要的是他说什么你不懂。之前让秘书给我打了两万美元，但最后比划来比划去，人家说你没有资格办信用卡，我想：我为什么没有资格？我有两万美元在里面呢！最后沟通半天才清楚，因为没有信用记录，只能办借贷卡。我才知道，我到美国有资格办理的不是信用卡，而是借贷卡，有一定记录之后才可以办信用卡。

陈亚男：办这张卡花了多长时间？

王石：一个月，反正到最后借贷卡可以用了，两个月之后告诉我可以办信用卡了。但信用卡用了两个月，我突然发现不能用了。差不多过了半年，我到银行办其他手续，我顺便问信用卡为什么不能用了，他说：你刷了两千美元没有还，你已经是黑户了，已经不能用了。我愣了，我说我那里有钱，我怎么会欠他的钱？我说银行不是应该负责通知我这件事吗？他说银行可以负责，但也要办理委托银行通知和还款的手续，他也很难受，我也很难受。我这么一个堂堂上市公司的老总，这么讲信用的人，怎么可能明明就有两万元钱在那儿，却欠着两千美元？又上了黑名单。我在国内也用了十几年的信用卡，信用记录非常好，最后我在美国却成了信用卡的不良记录者。最后，我第一时间把钱还了，他们把我的坏账卖给另一个公司了。

这个故事说明什么？在美国遇到的障碍，不仅是语言和学习。你就像一个外星人，在那个社会中，你突然发现自己在生活中像一个残废人。万科有很多考察小组，他们要来看看我，我说你们在哪儿，我搭地铁去看你们，我很随意的一句话，但万科的管理团队非常意外。一下子我就从"残废人"转变了——不仅是语言问题、生活环境，在那里光搭地铁还不行，在美国如果没有驾驶证卡，也非常不方便。我当兵时是汽车兵，17岁开车，开到22岁，复员时已驾驶了18万公里，开车技术非常棒。但创业后，基本上有30年不开车，需要考驾驶证。

在美考驾照让我知道什么是文明人

陈亚男： 美国考驾照难吗？

王石： 不难，但考驾驶证让我知道了什么是文明人，什么是野蛮人。在中国考驾照，有各种复杂的刁难，几次考试都可能通不过，但很少教育你如何尊重行人。到美国考驾驶执照，首先是笔试。因为我在哈佛，哈佛是聪明脑袋瓜聚集的地方，哈佛的一位中国留学生告诉我，考驾照有一种聪明方法、一种笨方法。笨的方法是要把规则全背下来，聪明的方法就是ABC选，三分之一概率上是对的，不用想那么多。基本出的题更多考违规时怎么惩罚，是什么标志，这两点要把握住了。笔试不难，按照东方人的头脑应付美国人的考试非常容易。但这并不等于就变成文明人了。还有路考，就是在小区里面，一个路考就有一个红色的标志，左看右看，就考你这个，前后15分钟不到的时间，就开一段路进这个小区了。我才意识到，在美国驾车更多是提醒你如何尊重交通规则，而且即使路人违反交通规则，你也要让步。

就是这样一个短暂的过程，我体会到在一个现代文明的城市，在那里考驾照是教你如何变成文明人，如何对行人的一种尊重，对生命的珍惜。

图7-13　王石

哈佛有一股强大的磁场，让我有强烈的交流欲望

陈亚男： 那您在那里学了哪些东西，都有什么课程？

王石： 首先选择课程，我选择了三个方向，选了一些城市规划课程，到现在还受益匪浅，比如说，对城市的重新认识，哈佛学习的城市定义是从另一个角度来讲，参考美国城市的可持续发展，其中只有三个城市持续70年没有衰退：东部的纽约、波士顿，西部的旧金山。原因有很重要的两条，第一，聪明脑袋瓜的聚集，会形成一种新的生产力；第二，创业家精神，创业家不仅是企业家。我来自深圳，深圳最早发展，很快深圳会被上海取代，深圳是否会衰退？很多人疑惑。我一学课程，就认为深圳不会衰退，真正民营著名品牌的企业在深圳聚集的最多，是聪明脑袋瓜聚集的地方，深圳还是很有希望的。深圳一直是特区建设，这种创业家精神，不仅仅体现在企业，也体现在政府的效率和办事风格上。

我选择的课程，第一是和从事专业有关系的；第二是和从事社会活动有关系的——环境保护、新能源政策；第三是实质性要学习的，就是西方人文、文化的基础课程，比如宗教、历史等等。我最感兴趣的也就是最难的，比如宗教课，一定要说英文，在国内上宗教都有很多词听不懂，更别说英文。到最后，学习美国资本主义思想史，宗教如何影响资本主义思维方式。

哈佛商学院的课程让我受益匪浅，老师在上面讲课，我在下面冒汗。基本上一堂课程，一定让全部的同学，从开始听到结束都是全神贯注，你的神经绷着紧紧的，老师好像三头六臂，他在写板图的时候就在问，你就感觉到老师后面还有两只眼睛，他就提问题，一写完板书，两步已到教室的后面，你还觉得如芒在背，他两步又到前面去了。一堂课下来老师要上卫生间换衬衫，因为他的衬衫都湿透了。我心想，在哈佛当老师首先是体力活。

尽管我语言结结巴巴，但我最欣赏的是前经济学院院长弗里德曼的课，这个老教授70多岁了，整个一课60分钟下来行云流水，没有一个磕巴，没有一个问题，侃侃而谈，没有稿子，就是这样讲，听他的课真是一种享受，讲的是美国的资本主义思想史。还有一种完全就是发问式的老师，一般是研究生的课程，我听过讲城市发展的，他一直是提问式的，比如一个超级市场如何设立，比如大家说了18种回答，他说还有三个，他早已经胸中有数了，就是希望同学能够说出来，最后学生实在说不出来，他就会说出答案。他在讲课时一直都在提问，完全是一种启发式的教

育方式。

哈佛和MIT是很密切联系在一起的，你会发现自己在那儿享受的是两所名牌大学的资源。我觉得在那里好像有一种磁场，到那儿你自然就安定下来了，自然你就想读书，自然你就有交流的欲望。

校园生活

陈亚男：提到哈佛的校园生活，您的校友哈佛中国论坛主席裴玉笙，应该有很多问题希望与您交流，现在我们把话筒交给他。

裴玉笙：王石先生，请问你对跟你一起上课的哈佛学生有怎样的印象？

图7-14　裴玉笙

王石：哈佛学生本科生的情商是比较高的，视野显然也比较开阔，在上课时有各种提问、各种设问，非常活跃。与老师的互动也非常活跃，这让我强烈感觉到他们情商很高，人文情怀的东西也更多一些。

裴玉笙：你上学时是否去过波士顿以外的其他地方？

王石：应该说没有。虽然从我个人习惯来讲，非常喜欢到郊外，我原来周末会到郊外去登山、冬天去滑雪。但在哈佛，总感觉到时间不够用，基本上就是从公寓到校园，两点一线。从人文环境来讲，波士顿是一个风貌多彩的城市，如果你喜欢去博物馆，喜欢听音乐会，或者喜欢到植物园、动物园，那是相当丰富的。我除了第一学期刚开学时看了一些博物馆之外，基本上其他地方都没去。

裴玉笙：对比中美两个国家，你觉得美国人哪些地方应该向中国学，中国人有哪些地方应该向美国学？这个问题可能比较难。

王石：美国是世界民族文化大熔炉

不难。我本身就是去学习美国文化的。我的总体体会是，第一，美国肯定是世界民族的大熔炉。美国人把世界民族融入到一起，他们可以把很多不是美国原创的东西变成一种非常优秀的商业模式。为什么说资本主义在美国发扬光大，从这点上，我体会太深刻了。举个非常简单的例子，中国人喜欢喝茶，改革开放之后喜欢喝咖啡。咖啡很苦，要多难喝有多难喝，但美国人通过星巴克，把咖啡推销到全世界，似乎成为在麦当劳之后的一种快餐饮食，然后又和互联网时代结合起来进行连锁快餐的推广。我想，这也许就是美国人牛的地方。美

图7-15　王石

国人和中国人有什么区别？美国人把有品位的东西变成商业的模式，进行全世界的推广，最好的例子就是星巴克。

在美国，我非常喜欢到一个超级市场去买东西，叫"全食品"，一个城市有几个，离我住的地方必须搭地铁去。全食品推广的是有机食品，是原生态的。美国在2008年经济危机之后，包括沃尔玛在内的超市也受到很大打击，但全食品公司的业务没有受到影响，而且还在增长。但其实搞转基因最厉害的就是美国，比如中国的大豆农业，基本上被打垮了，是因为我们进口转基因大豆出油率、蛋白质含量高。美国宣传这样的食品，并让它商业化，做得最成功。

我认为美国人太厉害了。中国制造速度可能很快，但美国人不跟我们玩速度，在速度上我们也玩不过他。真正到了美国，才感觉我们之间的差距有多大。我们是搞房地产的，在美国纽约、华盛顿一看，楼不如我们高，也不如我们光鲜；美国铁路最快的还没有超过100公里，从波士顿到纽约要3个半小时，我们现在从天津到北京29分钟；但纽约、波士顿，那些楼可能使用了80年或100年，楼梯已吱吱嘎嘎发出声响，但打开水龙头水是可以喝的。而且即使下再大的雨，街道上雨过了不会积水。但北京下场大雨是可以淹死人的，我们的自来水你敢喝吗？

当你真正在美国生活，你才会发现，美国融合了各个民族。一开始我觉得美国的安检，对我有歧视，后来你会发现他对美国老太太也一样，虽然方法很笨，但效率非常高。虽然安检员不是那种精明利落的，但一般不会出差错。这种方法论，

就是美国人的牛之处。比如登月，第一个要把探测器送到火星上。美国把不同智商、不同能力的人有机地组合在一起。从某种角度上来讲，我认为美国是一个经营治理的国家，你可以感觉每个人都可以做决定，如果美国人被动员起来，能量非常之大。美国对我们来说，不是一个挑战，而是要去学习，要更深入的进一步学习，才会知道中国改革开放之后，两国之间的差距究竟在哪，我们要学习什么、哪些可以学、哪些无法学，有哪些方法可借鉴。美国也有很多东西是中国文化无法学的。

我两年半的游学，是准备出一本书的，这本书是谈日本的，因为我本身对日本一直很感兴趣，另外，在哈佛有研究日本的学者，很容易得到他们的帮助和启发。中国是否有研究日本的专家？当然有，社科院专门有日本所，但若要和现在中国的专家谈日本问题，见面首先会说自己是爱国的，如果在专家都不敢正常谈日本问题的氛围下，如何让普通民众、社会主流媒体，来正确认识日本呢？但在美国就没有这样的问题，可以学习到更多跟日本相关的知识，比如日本是如何从传统农耕社会成功转向了现代农业，甚至踏上了资本主义殖民主义的末班车。中美研究日本的氛围差距很大。

反之，美国要向中国学习什么？我感觉美国从未停止过向中国学习，现在华人在美国，已在主流社会有一席之地，比如马友友，美国人非常欣赏他的东方人格魅力。在哈佛毕业典礼上，我领教了哈佛师生对马友友的那种狂热，哈佛大学校长因为要和马友友一起对话，在上台前的那种兴奋很容易让人感觉到。马友友体现出一种东方人的随和与智慧，美国一直在向东方学习。在美国，很多博物馆都以拥有亚洲文物而自豪，更多是对东方过去文明的一种肯定和欣赏。上学期，在哈佛本科学生课中，中国的传统哲学思想课程现在已是非常受欢迎的一门课程。在学术上，美国对中国的传统文化非常正视，不仅是哈佛有东亚研究所，其他很多学校也都有专门研究华夏文明的，很多是对亚洲文明的一种重要肯定。

裴玉笙：在哈佛时，你有很多机会认识来自中国的留学生，你对中国留学生有什么印象？对他们有哪些建议？

王石：哈佛博士上《非诚勿扰》白赚200万广告时间

说到中国留学生，在哈佛给我印象最深刻的，是之前几次到哈佛都忽略了的一座汉白玉的纪念碑，它是早期的中国留学生送给哈佛大学的，这批学生在中国基本都是栋梁之材，但是到1949年，中国大陆输送留学生到美国中断了，直到1980年代又重新开始留学潮，那批留学生已成为现代一些学科的顶级人物。但我2011年去哈佛学习时，已是30年过去了，已有上百万人在海外留学。

我在那里遇到了一个留学生，在万科工作过，现在在美国读博士。将他与前几代留学生比，会发现有很明显的几个变化，第一个变化就是从高平台上走下来了，中国第一代、第二代留学生都是国内学科奠基人，不可或缺的国家栋梁。但现在，中国留学生要开始考虑毕业后要干什么了。过去留学就像潺潺流水，但现在已成江河湖海的趋势。

这个学生有一天找到我说：王总，我想上《非诚勿扰》，我知道这是一个找对象的节目。我很惊讶，一个哈佛博士生居然要上《非诚勿扰》找对象，我说你想干什么？他说博士快毕业了，要找对象了。我说那哪是找对象呀，那是一个娱乐节目，在那儿能找到对象吗？他跟我讲了理由，他说毕业后准备回国创业。但回国创业和上《非诚勿扰》有什么关系？他说自己计算了一下，上《非诚勿扰》一个节目是20分钟，凭借节目的收视率，20分钟的广告费用应该是两百万，也就是说如果上这个节目，相当于能省掉两百万的广告费用，通过这20分钟已经把这个人宣传够了，很多人都会认识他。

听完后我想，哈佛学生考虑问题是不一样，他想的是可以免费做广告宣传了，他说这对让他回国创业减少很多时间成本。这一句话就把我说服了。另外，他说：确实想谈恋爱了，至于20分钟能不能找到对象不重要，通过《非诚勿扰》能向全世界宣告我想谈恋爱，那就不排除与自己在哈佛期间的中国女同学彼此感觉很好，互表衷情。只要一宣传出去，她就明白了我现在想谈恋爱了，更不要说那些没见过的优秀的女同学。

他说希望我当他的亲友团，我说好。那天孟非调侃说，这是做《非诚勿扰》以来档次最高的亲友团，有在哈佛非常资深的一位教授，另外就是万科的董事长。故事很戏剧性，他真的找到一个对象——在一个月内，他收到了1400封电子邮件，都是表示希望建立联系的信息，有60%是女孩子父母来的电子邮件。这个男生在毕业典礼后，在哈佛的大教堂举行了婚礼。之后在香港找到了工作，我一周前得到消息，他们有了双胞胎女儿——这就是哈佛人的速度。从开始做节目到谈恋爱，到结婚，到找工作，再到生小孩，一气呵成。

一周前我在斯坦福商学院，感受到美国东岸和西岸的中国留学生不太相同。在哈佛和MIT，中国留学生更多是一种理性的、匆匆地在读书，但在斯坦福的商学院，即刻就感觉到中国同学的这种受西部阳光的影响，他们热情洋溢，善于表达，在最短时间内推销自己，完全是另一种状态。真的是阳光灿烂，同样是一个中国女孩子，她在中国时可能腼腆，不善表达，但到了斯坦福的商学院，受训一年之后就变得阳光灿烂！这是东部和西部的差异。所以我认为中国人的头脑其实一点都不保守，中国人是聪明的。

但中国人顽固的是他的胃。为什么呢？中国人的胃是暖胃，是食草动物，不太适合吃奶酪和冷的东西。饮食文化是中国文明中重要的一环，之所以《舌尖上的中国》那么受欢迎，因为我们在饮食上太讲究了，在饮食上太耽误时间、太浪费了。十八大之后，新任领导的第一个改革就是不要再大吃大喝了。中国真正的改革是，我们要提高效率，从吃上就真的要反思一下。我们回忆一下，为什么中国的地沟油屡禁不止？应该先来探讨为什么有这么多地沟油，它本身就是大量的浪费。

陈亚男：非常感谢王石先生今天的分享，因为我们的时间已经超出预计，还请朋友们进行最后的提问。

提问：王总您好，刚才都是在说您的留学生活，还请谈一些涉及您专业的，比如对刚出的新国5条和房价的看法

王石：房地产政策一定会发生变化

房价将怎样？它牵扯到国民经济，牵扯到国家政策，是非常大的问题，万科当然会考虑这些问题。但对一个企业来讲，万科更多的考虑是自己的核心竞争力在什么地方，当然这有点答非所问。第一，对于新一届的政府来说，保持原来政策不变，是可以理解的，因为有对担心一线城市价格的反弹；第二，原来宏观调控的政策会有一定的延续性，所以政策发生很大变化的可能性比较小。但是最终是否会变化？一定会变化。这是我们的第一个判断。

第二个判断，变化有多大？有待观察。作为企业来讲，它有一定的不确定性。但企业不能做不确定的事情，企业必须要确定。哪些是确定的？万科作为房地产的主流开发商，这是确定不变的；政策上不时向保障房转化的趋势是不会变的，在这种趋势下，作为主流开发商，万科怎样能扮演一个重要的角色，这是万科要解决的课题。尤其是保障房，万科怎么做？第一，万科要搞质量高的保障房，保障房更适合大规模推广；第二，绿色建筑，面对环境破坏、空气污染，我们做绿色建筑的策略不但不会变，更会加强；第三，过去搞保障房是政府投资，我们支持重建，今后可能变成政府出政策、部分出地，由发展商来出资，因此就有保障房融资的问题，这是一个新局面，万科如何来做？如果能把新的融资渠道解决，坚持绿色建

筑，这就会成为一个非常大的市场，这就是我们在不变中要解决变的问题。

由于时间关系，我不展开讲了。房地产政策有一定的延续性，未来变化有待观察。

提问：王先生你好！我感觉你的人生在不断挑战自己，不管是做企业、登珠峰、上哈佛，你的动力是什么？在这个过程中是否有坚持不下去，或遇到困难的时候，后来又继续支持你走下去的力量或信念是什么？谢谢。

王石：寻找生命的意义

人生一直是不断挑战自我的过程。所不同的是，我作为一个企业家，我的人生轨迹在社会上引起反响，这是我想不到的。举一个例子，我们股权改造时也引人注目了，1988年中国电影制片厂拍纪录片到深圳来采访我，当时是用胶片的。采访我不要紧，但我根本无法面对镜头，一面对镜头我就憋得说不出话，一遍、两遍、三遍，还是拍不成。后来导演说，你这么紧张，那我就开机，没装胶片。然后我不紧张了。但这是他骗我，其实装了胶片。我就这样被推到公众视野上来了。我一紧张就冒汗，讲着讲着可能大汗淋漓，怎么办？很简单，采访前三天，我几乎不喝水，让他没汗可出——面对公众是很痛苦的事情。

当初我把总经理职务辞去，开始做我想做的事情，我并没有想出人头地或与众不同。我的野心是，我在的时候万科好，我离开的时候万科也一样很好。有很多企业往往在接班的时候，在一把手一离开，企业就垮了。我希望我离开万科之后还非常好，因此培养接班人，让接班人更早的管理公司事务。但我还是创始人，是董事长，在公司时，我会情不自禁的进入管理，如果我不在，我也不会干涉他们了。我离开公司总要有一点选择，我选择了登山，实现儿时的一个梦想。

后来所有这些东西完全不是自己想象的。那你想不想出名呢？我当然想出名——比如在我之前，如果全人类登顶珠峰最大的年龄都不超过50岁，那我52岁尝试登珠峰，我当然很自豪，当然觉得自己了不起——但我不是，我登顶之前人家年龄比我大的登顶者已经上去了，我还有什么资格认为我很牛呢？同样，去哈佛也是，在座很多早已经完成了你们的留学梦，我个人只不过是去补自己那一块。在哈佛做访问学者，超过60岁的人很多，我隔壁办公室就是日本前自卫队的海军上将，60多岁，跟我一个办公室的，是前孟加拉的副总统，年纪也比我大，一见面跟我感觉特别好，他谈怎么见我们的国家领导人，他感觉我好像是一个小孩儿似的。我本身土生土长，不是留学人士，60岁去哈佛。大家会想，这个事儿挺好玩儿，都把这件事当成一个新鲜的、好奇的事儿了。那这对我是肯定，还是否定啊？我是一直到现在有机会才去哈佛的啊。

我50岁的时候，无意中上了中央电视台的一个节目。我一看，前面坐的全是老头老太太，至少60岁以上。我就特别不平衡，我跟栏目组讲，我说有一天会成为老人，但我现在不是，按照中国传统观念，得60岁才是啊，怎么我50岁你们就把我请来了？制片人跟我解释，说没把我当成老年人，他说你看清了三个嘉宾，一个是65岁的中国登山协会的前主席，一个是45岁的前北大山鹰社的社长，你是中年人。这么解释我就心安了。我当年50岁，今年62岁，我现在还不承认我老年，但已接近了。按照中国传统的60岁退休，那已经进入老年了，所以我觉得到现在不要回避再见老头老太太了。

但你们不要以为60岁了就要上老年大学，不一定，你也可以和年轻人一块上大学，跟他们去较劲，尽管较劲时一定比不过他们，但他们的青春和活力会影响你。你会发现几乎不动脑筋，那些生锈了的机器也会开动起来。当然，我要警告你，也许弄不好就全碎了，但只要不碎，就还不错，真的不错！你和年轻人在一块，你就会发现，他激励着你，带动着你，你就去把自己的各个脑细胞零件开动起来。现在让我看11位数字的电话号码，我看完了就记住了，这就是到哈佛之后的事。把你整个开动起来，挖掘你的潜力。

现在医学发达，人们比过去更长寿了。但你一定要非常警惕，从物种生命来讲，长寿未必是好事。因为你的长寿，就会阻碍年轻一代人的健康成长，因为你把年轻人需要的社会资源占用在你的医疗费用上了。所以长寿除了有亲情上的意义外，如果你对知识的贡献没有意义来讲，那你已经没有意义了。就像大马哈鱼，为什么逆流直上？因为它要完成生命的意义，它们交配产生后代之后，产生出很多健康的大马哈鱼，它的死亡基因就会启动，因为它再生存已没有意义。如果说人类和一般的生命物种不同的话，就因为他是文明的社会，是有知识积累的，除了基因遗传的积累之外，还必须有一个基因之外遗传的积累。在长寿方面，如果你是一名大学教授，你反而不会因为年纪大而变得没有意义，你的生命意义还在。

我60岁去哈佛的意义在什么地方？就在于到了这个年纪，还在进行新的知识积累，你会总结过去的经验来进行提升，这种提升对年轻一代是有好处的，也是有意义的。从生命意义上来讲，我非常赞同西方人所说的，你活着本身是痛苦的时候，在对社会造成一种负担的时候，这样活着还有什么意义？没有意义。所以我非常赞成西方人对生命的看法。

陈亚男： 由于时间关系，今天漫谈到此结束。大家意犹未尽的话，可以私下与王石先生再进行交流，非常感谢王石先生的精彩分享，谢谢！

王石： 按照围炉漫谈的安排，应该更多是一种交流互动，互动就能让双方获益，谢谢各位。

创想发源地A：永不消停的对峙——资本家vs创业家

雷士照明的纷争，是近半年来最重要的商业事件之一，故事的主角还是资本家和创业家。资本家和创业家的依存和掣肘是商业故事里的永恒主题。他们之间永不消退的对峙，是商业的原动力之一。邀请当事人以及同行业参与这一讨论。

在2013亚布力年会上，由创业家杂志社社长牛文文主持，邀请爱佑慈善基金会理事长王兵、中泽嘉盟投资基金董事长吴鹰、信中利资本集团创始人及董事长汪潮涌、北京宅急送快运股份有限公司董事长陈显宝、亚商集团董事长陈琦伟、高瓴资本董事长张磊、北京鑫根投资管理有限公司创始合伙人曾强、北京点击科技有限公司董事长兼总裁王志东、德同（北京）投资管理有限公司董事长邵俊、TPG德太投资全球合伙人孙燕军等一同探讨了资本家与创业家之间的故事。

牛文文： 创投本身是一个硬币的两个方面，中国30年来早期的创业基本上是叫无资本创业、无资化创业，大家都是在银行贷点钱，或者是国有事业单位给一点支持，所以基本上是改制，不断改制，就是没有投资的创业，可以说没有资本化的创业，从1999年开始到现在，基本上没有票友的创业。今天参与讨论的嘉宾，实际上也是改革开放30年来创业投资的代表人物，老中青三代都有。

2012年基本上是投资创业热的一年，创投关系特别融洽，但每逢经济转冷，

图7-16　牛文文

或者是某一个大领域出现问题的时候，往往创投关系就比较紧张。去年电商关系比较紧张，所以就出了很多创始人落跑，或者是投资人打起来的事情，所以我们今天讨论分两部分来，第一部分，大家将讲一讲彼此在职业生涯中的故事，如果你是一个创业家，讲一讲让你感动的哪个投资人的故事，如果你是一个投资家，请讲一讲你职业生涯中让你比较感动的哪个创业人的故事。第二部分我们来讨论一下现在存在的一些问题，讲一讲创业者不好接受的一些投资行为，把真话说一说。

　　陈琦伟：给大家抛砖引玉。我主要结合故事讲，借着故事讲一个主题，这个主题是什么呢？就是资本家和创业家之间的关系。我们亚商本身是创业型企业，到现在为止大概投了80多家，但是我们投的第一家企业就失败了，那是11年前，投了一家做纳米材料的高科技企业，创业者本人是中科院院士，技术成分没有任何的疑问，所以我们投了他第一笔钱。钱投进去以后，我们就占了他60%的股份，他是40%，结果运作以后，问题马上就出来了，一个原因是院士科研是很优秀的，但是一碰到财务问题跟普通人就一样了，他一看到这么多钱进来了，就决定一定要让他老婆来管财，当时这里面的很多游戏规则我们也不懂，就尊重他了。第二，在运作中间，他就突然意识到，他花的每一元钱都是100%是他的权利花掉了，但是如果产生出利润以后有60%是这一家投资机构的，他的是40%，因此他对费用的开支就非常在乎。这个故事给我们最大的教训，就是这种早期企业进去以后，哪怕这么早期的企业也应该跟他谈一个游戏规则，跟他谈建立好的公司治理构架。

　　第二个案例，大概在2004年的时候，我们投了一家企业，那家企业是做精细化工医药中间体的，成长非常快，当时这个董事长创办人跟我们关系很熟，跟我个人关系也很熟，所以当时他也很豪爽地说，"你是第一家进来的投资人，你占40%"，但是等券商进来以后，其他投资机构也想进来，大家都跟他讲一个道理，说，"你这家公司要是上市成功的话，亚商掌握40%的股份可以翻多少倍"，然后他下面那个团队就产生想法了，他们在外面自己就做老鼠仓，育同样的产品。

这两个案例给我们一个很大的教训，就是自主加工要有一个游戏规则。第一，哪怕是再早期的企业，VC的阶段，就要跟他谈公司治理构架这个理念了，因为很多创业家在一开始不会想到公司治理的问题，但是这个理念要树立起来，而且要实质性地帮他逐步建立起来。第二，从此以后，我们从来不投超过20%，原因是什么呢？我们认为成长型的企业，成长的利益主要应该让创业团队来享受，有人说他创业企业家一开始不是太懂，他觉得给到钱，比例也可以，但是以后会产生想法的，这是人性的问题，不要说人家的想法不对，我们这个道理一讲，在安排股权结构方面都比较有帮助。

牛文文：一般大家很少投超过20%，投进去的时候一定要帮他做做结构，这个基本上都是这样，我也知道有一些著名的一种投资风格，进去的时候总是夫妻两个人一人一半持股。

陈琦伟：这里补充一点，事实上哪怕是20%、15%也好，因为这里还涉及资本家和创业家之间的关系，其实最核心的问题还是企业的估值，你一开始投的时候，不要单纯把估值压到一定程度，因为估值压到太低的话，就会产生问题。但是问题是压低也是对，因为一开始投的时候有风险，所以哪怕一开始估值谈好了，但是作为投资人，我们会加一个机制，如果超过你的增长幅度，我们会在总比例里面给你奖励，这对跟被投企业的关系来说还是比较有帮助的。

牛文文：谢谢，下面请王志东讲一讲。

王志东：这是个老话题了，创业家和企业家永不消停的对峙，我觉得这就把这个对立起来了，一般搞媒体的人喜欢玩对立，因为媒体一般都喜欢把简单问题复杂化，把复杂问题简单化，原来谈中国的政治都是改革派和保守派，什么都会往这里面去套，公司问题好像都是往资本家和创业家之间这种关系去套，这是一种比较简单化的问题。你看所有的案例，包括我自己亲身经历过的案例，每个案例都有它的特殊性。

资本家和创业家其实是一种共生关系，就是说互相依赖、互相发展。为什么依赖？其实有一句话我好多年前就说过，叫"钱不是万能的，没钱是万万不能的"。钱不是万能的，这是说资本家的，资本家缺什么就不缺钱，但是如果钱是万能的话他谁都不用找，但是光有钱不行，所以他得找人帮他的资本去增值。还有一句，没钱是万万不能的，是说创业者，你要没有钱，不管技术怎么好，什么也干不成，所以我觉得这两个互相配合，能够做成一件大事儿，这就是一种共生关系。如果说矛盾的话，一个公司里面的矛盾多得很，夫妻之间还能打架呢，所以我比较反对标签化，标签化会引起对立，这样反而不利于投资人和管理团队之间的合作。

第二个概念，我非常同意刚才陈总讲的这一点，其实在现代商业社会里面，最重要的还是规则。在一个公司里面有三类人，一类是投资人，一类是创业者，还有一类是职业经理人。这三类人在一个公司里面，形成一种共生的系统，在这个系统里面，大家都要有自己的规则，我相信只要按照规则，大家都能够去接受。

牛文文： 京东的融资是很奇怪的，它很早就定了规则，每次都能融到。

张磊： 我们属于人傻钱多的一类，我们基本上算是京东最大的投资人之一，说到这儿，我们前几大股东没有一个退出过一分钱，实际上我们都在追加钱，外面传的都是瞎传。实际上说到京东的事情，当然跟我们的风格有关系，我们投很少的企业，但每个企业我们会投很多钱。他们当时找到我们的时候，要7000万，我说如果这个生意只能融7000万我就不投了，我要投就投3亿美元，当时这在中国是初创企业投资中最大的单一投资，因为这个生意本身就是需要烧钱的生意，不烧20亿美元是看不出来核心竞争力的。对我们来讲3亿美元在我们基金中也不是大数字，所以我愿意承担这个风险，我也非常喜欢跟京东的这种投资者和创业者之间的关系，为什么呢？我觉得就是用人不疑，疑人不用，我们一共没有几个人，管理90亿美元，正经做这个的没有几个人，所以说对我们来讲，希望找的这个创业者就是一个他知道他想干什么，我知道我想干什么，这就很像结婚，投资人和创业者接触的时候，能不能开诚布公，先把双方的缺点优点、生活习惯都搞清楚了，也别指望着说谁能改变对方。所以说我们很多投资者说我们自己就是人傻钱多，我们也不增加什么价值，就准备投钱，后面的事情我觉得最主要的是商业模式，是大家共同理解的商业模式，大家都愿意把供应链做起来，然后去改变。

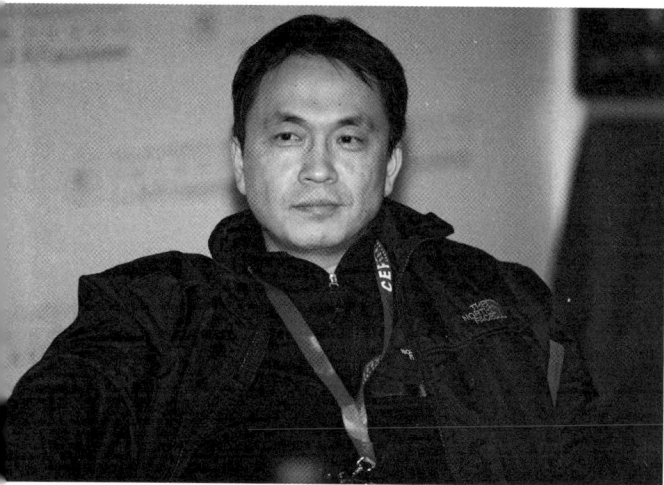

图7-19　张磊

所以说我觉得京东很好的一个原因，是因为大家说话，刚开始双方可能都非常严厉，但是说的都是实话，把所有的东西都晾在桌面上。

第二点，我也很喜欢京东其他的投资人，我可以告诉大家前几大投资人，每一个人都在追加投资，我们真的很相信这个事儿能影响和改变中国。亚马逊的创始人说，他最遗憾的是亚马逊成立的时候UPS已经很大了，他永远没法做整合供应链的管理给消费者了，京东今天没有UPS，能把这一套全部做下来，我们就愿意出钱做这件事儿。当然做电商生意，能有100万种方法可以让我们死得很惨，所以我们就赔掉3亿美元，对我们来讲整个基金赔掉两三个点是微不足道的，但是我们要赌自己最值得相信的事情。我们很注意选择，后进来的投资者是谁，我的邻居是谁，有很多人是我们介绍的，或者是我们带来的投资人。说实在的，大家都是缘分，出于一个共同的信任，但我不希望有任何的邻居风险，我不希望在我们拼命地想把公司的护城河做得更深的时候，有人耐不住性子准备退出，那我们就要变相施加压力，说公司下季度要盈利了，其实我非常讨厌过早改变公司的战略和思路，我觉得要有很长的路要走。

大环境在这儿，讨论是不是盈利，我的观点是最好晚几年盈利，我觉得关键是你的护城河到底能挖多深，至于最后你应该赚多少钱或者你这个生意模式赚多少钱，不是由你来决定的，最终取决于你给这个社会、给消费者创造了多少价值。所以，我希望大家开诚布公，能创造价值就创造价值，不能创造价值就不能创造价值，这是我的风格，谢谢。

牛文文：刘强东也是我们创业界最大的一个惊喜，去年这一年里面，京东的确给大家带来非常多的刺激，这个过程中经常打价格战，感觉他底气很足。

张磊：他也是非常真实的，我希望创业者更多的是真实，我就是烧钱的，真实地表达自己。

王兵：就像张磊刚才讲的，资本、钱，都有不同味道的，不同味道的人，有不同的偏好。我就讲一个案例和京东的这个例子相结合，出事儿这家企业以前有三家股东，因为经营理念的不同后来分家了，然后又找了新一轮投资人，因为有税务问题，就把这个公司注销重新建了公司，然后上市，最终又出问题。所以我说的意思还是基因的问题，是创业者本身基因的问题和投资家本身的基因问题。比如说电子商务里面有三种模式，一种是干脏活儿的，另外一种是从传统转向电商的，还有一种是做数字地产的，做数字地产的阿里巴巴马云，是因为有了雅虎10亿美元

图7-20　王兵

图7-21　吴鹰

以后，开始从B2B起家的，他的模式是数字金融，所以能体现出这家公司的基因是有梦想的基因的，而且公司布局比较合理，公司执行力比较强，公司的文化非常独特，这样才能逐渐把这个平台做大。还可以看看腾讯公司，腾讯公司的创始人是一个产品经理的一个基因，QQ和微信以社交为基础的平台，他就是做得最牛的，而且做产品就他做得最好。移动互联网时代，说百度为什么PC转型了，百度开始做的时候也不是要做竞价排名，从1999年的时候，门户没有网络的运营模式，全是赔钱，慢慢的增值业务来了，所以作为投资人来讲，你要给他机会。最后，我觉得创业家和资本家，实际上就像夫妻关系一样，如果没有这个默契，其他的什么关于战术性的东西都不是真的。

吴鹰：张磊，你刚才讲的这些都很好，但是我对你讲的这些话，还是有点怀疑，万一你是说谎呢，所以我觉得核心还是一个企业家最终的诚信的问题很重要。其实你有很大的赌的成分，当时赌马云，你最终也是赌对了。

汪潮涌：创业者和资本方是一个相互选择的过程，创业者你的商业模式是什么样，就注定你将来会和什么样的资本对接，你是平台型的，你就要烧十几亿美元。从资本回报角度来讲，我们做VC，我们追求的是回报，另外还有一种大VC和大PE，他们追求的是规模，他可能几亿美元，有10倍20倍就非常了不得，VC可能就是50倍、100倍。

中国三大互联网公司，从投资人的回报倍数来讲肯定是百度、腾讯、阿里巴巴，但是第一批的投资人没有赚多少钱就出去了，去年这一批投资人进来，不管350亿还是420亿美元进去，从回报率上来讲，倍数并不高，所以我们做资本的人很清楚，如果资本规模很雄厚，找上百亿美元投，会更关注这个倍数，在商业模式上，也会找这种扩容性比较强的模式。

曾强：对资本家和创业家的理解，我觉得在今天的中国有这么几个阶段性的误区：第一，作为投资者、资本家来讲，心胸不够宽大，不具备允许创业家犯错误的心胸；第二，企业的发展在不同的阶段，资本家应该派不同的管理团队，实际上在企业的不同发展阶段，创业阶段、成长阶段、未来爆炸式发展阶段，它的商业模型都是不一样的。

另外就是说我们能不能容忍创业者犯错误，如果在硅谷，作为资本家来说，我更希望那些犯了错误的风险创业者作为我的投资家，而在中国如果你要犯了错误，恨不得将你打死。

邵俊：刚才前面发言的企业家也好，资本家也好，大家都是从北京来的，都是北派的代表人物，一说起来，都考虑30年之后的战略，都是考虑颠覆性的。我跟陈教授是从上海过来的，虽然都做同样的事情，但风格有所不同。我一直认为，企业家其实就是大资本家，因为刚才说了，最多占20%，可能出资的方式不同，我们都是现金出资，

图7-22　汪潮涌

图7-23　曾强

图7-24　邵俊

大资本家他用一个技术，或者是他这张脸他就占大股，所以，大家都是资本家，我们是一个小资本家。

第二，尤其是在中国的法律框架体系下，作为一个小资本家是很可怜的，受保护的东西非常少。我2000年搞第一个基金，美元基金，到2010年开始搞人民币基金，我感觉做法很不一样，以前美元的基金，我们作为小股东有很多的保护条款，而且优先权一大堆，但跑到中国来做小的资本家之后，发现所有写得再好的协议其实都没有压制的。

咱们小资本家，在中国法律框架里面，几乎是没有什么保护的，我想第一是要投人，第二，就是把自己的定位要定准了，因为大多数人，被叫资本家以后，都以为自己真的是资本家了，其实我一直在内部，一直说我们其实就是一个金融服务的中介，大多数人还是做中介的事情，这里面大多数还是一个职业经理人。

孙燕军： 我接着邵俊这个话，我有一些不同意见，因为我们和张磊认识比较早了，我们一起创过业，12年前我们是合作伙伴，邵俊认为张磊是职业经理人是不对的，但是我觉得今天张磊有很多误导，可能张磊是最大的误导者，他讲了很多有问题的话，比如说没给京东做傻钱，没有给京东做任何的价值增加，我觉得他最大的帮助就是帮助京东忽悠来钱了。其实张磊很成功，张磊的成功，是一个小概率事件，张磊不是一个资本家的成功，而是一个企业家的成功、一个创业者的成功。我和张磊是同学，我们还是创业合作伙伴，过去几年我一直琢磨，为什么现在张磊做这么大、这么成功呢？最近才琢磨出来，张磊的成功是不可复制的，但是张磊的言论是很误导的，因为什么呢？比如说他说他拿3亿美元砸一个老刘，其实我同意吴鹰的观点，京东到现在还是一个实验，能不能成功大家不知道。但是我觉得张磊讲他用3亿美元赌一个公司，一直在烧钱，而且不知道要烧到什么时候，承担这么大的风险，我想他3亿美元不只是想赚两倍，假如说赚五倍的话，假如有20%的股份，你想想这个公司有多大，中国互联网公司现在超过10亿美元的并没有几个。如果你要按照张磊的模式投资的话，我觉得你必定是失

图7-25　孙燕军

败的，所以我才说他讲的很多东西有误导性。

王志东：在中国的商业环境下，大家肯定会感受到，创业家从20多岁开始创业、30多岁开始创业，随着年龄的增长、事业的成功，这种对峙的情况永远都会发生。20岁找你去要钱的时候，跟30岁把事业做到10倍以后，他的心态肯定是不一样的，随着两个人的地位不一样。这个心态肯定也会不一样，所以我觉得这个对峙永远都会存在，从我们做中介的角度来讲。我们希望在制度上能够有一些很好的规则和保障，然后留下充足的灵活性。

陈显宝：刚才讲到资本家VS创业家，一看创业家好像是弱势，通过这个现象，亚布力最早的时候实业家比较多一些，企业家比较多一些，这几年投资家比较多一些，富二代多一些，所以这也可以反映经济的发展，一个就是说你过去的老企业要做大，也需要资本，现在很多创业热情，都是这样一个现象发展下去，汪总说的企业少了，企业家少了，投资家这么多怎么办。这是我说的一点感受。

图7-26　陈显宝

第二，刚才讲到企业家和投资家这个关系，作为企业家，可能有两种，就是大家找到合适的，一个是老板型的，一个是职业经理创业型的，发展的模式和观点都是不一样的，还有一个叫投资，大投资、小投资追求高回报的，企业家和投资家之间，可能跟谈恋爱一样，就是找到自己最合适的，我觉得这就是成功的。

第三，作为企业家来讲，过去的创业者野蛮增长比较多一点，像宅急送，其实，投资家进来有很多的好处：规范企业，让企业做得更长远。在规范当中有一些冲突，这也是很正常的。目标一致，这种冲突会得到解决的。

牛文文：这是一个永恒的主题，创投关系体现了生命多样性，动物越来越多了，原先我们认为创业家和资本家就两种人，现在VC、PE太多了，普通人认为投行就代表了所有的资本，认为创业者和企业家就是一种人，其实根本不是这样的。最后，希望我们明年还能有机会在这儿接着聊。

企业家重在创造价值

到底什么是企业家？什么是企业家精神？到底我们要弘扬什么样的企业家精神？我觉得企业家精神很重要的一条是为社会带来更多的价值，能够创造价值。

尊敬的东升老哥、尊敬的王石主席，感谢东升大哥多年的邀请，今年我是第一次参加亚布力企业家论坛。

今天上午在雪场摔跟头的时候接到通知，问我下午愿不愿意发言，我很忐忑，但答应了。这个机会很难得，因为这几天的发言都是企业界的大佬，都是大企业，但是中小企业特别是制造业很少有机会发出我们的声音。

我是学印刷的，大学的时候非常喜欢这个行业，后来我在合资企业锻炼了7年，1993年成立了雅昌，到今天我可以很自豪地说，我为老祖宗争了光。能在印刷这个非常传统的行业里面，特别是传统制造业领域中做成领先者很不容易。我觉得中国企业的国际化还是在一边学一边做。

有很多印刷行业的同仁想把企业卖给我，甚至送给我，大部分制造业的企业家差不多都移民了。这两天我们听到最多的词都是改革、责任、环保、国际化，还有投资。我现在收到名片大概10张里面7张都是投行的，制造业的名片越来越少了。很多制造业的朋友都转去做投行了，把企业都卖了，移民了。制造业是本土企业，但是他们用辛勤的劳动来打造中国自己的事业，实际上他们的力量很单薄。

现在社会上有一种心态，认为只有投行才是最高尚的企业。到底什么是企业家？什么是企业家精神？到底我们要弘扬什么样的企业家精神？我觉得企业家精神很重要的一条是为社会带来更多的价值，能够创造价值。

刘明康主席和张维迎教授代表官员和经济学家们，一直为中国式的经济发展焦虑，一直为企业、为企业家、为环境呼吁，实际上他们都是硬骨头。但是企业家非常无奈，企业家不敢提出社会的不公平，不敢提出他们的意见。我们企业每年大概有20%～30%的增长，实际上我们用科技的手段，通过创新已把我们这个行业变成了一个新的产业，我们把印刷和IT、文化艺术的内容有机地结合，变成了一个新的文化产业。但是我周围的企业几乎都是惨淡经营，每年营业额在增加，价格在降低，成本在增加，利润在不断地减少。

对于中国制造业的发展，我们说要转型，实际上IBM钱总讲得比较好，制造业传统行业的提升，如何使用科技帮助提升，这是传统制造业要去思考的很重要的一个问题。像亚布力这样高端的一个论坛，像我们很多大企业是从小变大的，很多企业也是坚持专业化，到了今天的规模的。所以对于我们小企业来说，特别是制造业的企业来说，可以借鉴这个经验。也希望亚布力这样的一个论坛能给我们小企业提供一些经验的东西。刚才我拿到了《中国企业家生存环境指数》这个报告，我觉得非常好，里面很多数字反映了我们小企业特别是民营企业的现状。

另外一个，我觉得社会肯定是不公平的。我在政协两会的时候我那个组是新闻出版组，他们都不是做企业的，但是我总是用最简单的道理跟他们说我们企业有多艰难。我们没花国家的钱，我们创业办了一个企业，每年给国家交税，然后国家用这些税收办了一个跟我们一样的企业来跟我们竞争。你们觉得这个公平吗？他们所有人都愤慨，不公平。

但是这样的不公平可能还在出现，特别是文化产业大发展大繁荣的时候，很多企业都借机会拼命地发展。制造业大部分都是民营企业，因为这里面的市场化程度比较普遍，所以在民营企业里面，我们遇到的竞争，我觉得还是小的。

实际上，很多中小企业的企业家对社会责任很有积极性和热情。8年前王石给我打电话说，"你入阿拉善吧。"我不知道阿拉善是什么。他

图7-27 万捷

跟我讲，是晓光发起的一个组织，现在，阿拉善已经变成了我在企业之外最重要的一个工作之一了。

20年，我们把客户所有的艺术数据保存起来，2000多万张艺术的图片。我们越做越觉得责任重大，因为这个数据不是我们一个企业的，也不是一个民族的，更不单是一个国家的，它是人类的财富。我们要尽到这个社会责任，每个企业应该用不同的方式承担社会责任。到了阿拉善，中小企业被大企业带动着参与环保，这对我们实际上是思想上的一个升华。

另外，我觉得我们应该把我们自己的工作也作为一个公益活动，我告诉我们的员工要承担公益的责任，因为把文化资源保护好是每一位员工的责任。在阿拉善，我们通过跟政府有效的合作，比如说政府想说的、不好说的我们来帮他说，想做而不好做的我们来帮他做。我们看到亚布力的报告里面，有很多非常精彩的、对国家的经济政策、产业政策非常有帮助的建议，我觉得也应该用我们的渠道，比如政协的渠道、人大的渠道，跟政府有效地沟通，使政府在这种产业政策和经济政策上，能够达成一个共同的目标。

再次感谢东升理事长，感谢田源主席，还有王石主席，感谢各位企业家。

万捷　雅昌企业（集团）有限公司董事长

企业家NGO的历史价值

今天我想讲一下"企业家NGO"这个题目，为什么会讲到这个题目呢？我突然发现过去10年当中，我不经意间，深度地卷入四个有影响的企业家组织。东升喜欢说"亚布力"是企业家的NGO之母，这有一定的道理，为什么呢？因为很多其他企业家NGO和我们有非常多的重叠，但我们是第一个，所以使得我们对后来的

NGO有很大影响。

在亚布力的理事当中，可能我干活是最少的，但是有一点是我值得骄傲的，除了东升理事长之外，我是所有理事里面唯一一个连续13年参加这个会的。其他的三个组织，包括欧美同学会、数字中国和阿拉善，我都算是最早的创始人或者是创始会员，也稀里糊涂就成了干活儿的人。

因为我干了很多活儿，有一些体会跟大家分享一下。目前的企业家NGO，分类无非地域、行业、经历或者是社会议题。我们亚布力论坛，既不是行业，更不是经历，也不是社会议题，我们更多是价值观。

如果分析它的形态，大概有这么两个维度：一是为了个体的利益，为了自己或者是自己的企业，甚至为了行业。二是为了公共利益。从治理结构的角度来讲，有一类属于比较松散或者是灵活型的组织，另一类属于治理比较严密型的。通常来讲你会发现，由少数个人主导的组织，它的治理结构相对来说会比较灵活，或者说由少数熟人在一起的，就会用灵活的结构，因为不需要太多繁琐的章程。但如果是由彼此陌生的人组织起来的，并且组织人又比较多的，只能采取比较严密的结构。

如果我们用两个轴来表示，其中横轴代表治理结构，左侧是灵活，右侧是严密，纵轴代表利益诉求，上边是公用利益，下边是个人利益。再把现在所知道的这些组织放在图上就能看得出来，阿拉善SEF就是一个相对来说完全关注公共利益的组织，因为它是为了环保。它的治理结构，是我所了解的中国企业家NGO里面最严谨的，它对章程的执行最严谨。如果把亚布力论坛放在图上，会发现我们也是非常有公益性的组织，但是毕竟我们关心的是民营企业，所以还有一点自利的需求，所以没有阿拉善SEE那么"公共"。相对来讲，因为我们是一帮朋友，所以治理结构上面是比较灵活的。

数字中国，吴鹰是主席，他代表IT互联网业的利益诉求，从诉求上来讲，不纯粹是为了个体，但是它毕竟是为了我们行业的发展在做事情。相对来讲，也是因为由几个比较熟的朋友创建的，所以也是比较灵活的治理结构。

欧美同学会、2005委员会过去是一个娱乐性比较强的组织，在座的各位可能不太熟悉，我是现任理事长，大概有200个在中国比较有影响力的"海归"，现在都在我们的理事会里面。相对来讲，它有比较明确的章程，有明文章程的组织，我放在纵轴的右边，如果没有章程，大家是一种默契的，我就放在左边。

我想商会更多是各个企业的利益，当然有一些商会治理结构还是比较严密的，但是很多商会都是比较熟悉的人组织在一起的。

目前中国还有一些私人的基金会，基金会是公共的，如果是私人基金会的话，基本上是按照捐助人的意愿进行的，所以它没有严密的组织结构。另外还有小的NGO，阿拉善一直在资助中国的很多环保组织。过去两年我在负责基金的资助，发现很多小的NGO，他们绝对是公共的诉求，但是没有特别严密的治理结构。

除此之外还有很多圈子，比如红酒俱乐部、高尔夫俱乐部，那就纯粹是个人的诉求。

我觉得用这两个维度，基本上可以把中国企业家NGO都画在上面。

那么我们这些NGO的诉求是哪些呢？我想是不是可以从三个层次来讲：

第一，自保，就是我们要生存。

第二，要获得社会的认可，那就是自治。

第三，我们对社会负有责任。

自保，最重要的是基本的生命权和财产权。前天冯仑做了一个比喻，我觉得蛮恰当的。他描述了在封建社会被权力欺负的妇女的地位。如果我是妇女，凭什么丈夫出去，我就要穿着长衣长褂在门口等着，我为什么不能在家等。丈夫又不赚钱，在外边吃喝嫖赌，为什么我不能管你？我想冯仑说的更多的是一种恪守妇道。其实我们应该是恪守问责权力。

最近发生的一件大事就是重庆的事情。上海的童志伟教授在研究"重庆打黑"后，发现大概有上百名企业家因为各种各样的原因被判刑，财产被没收，大概涉及两千亿的财产，我就不一一举这些例子了。

实际上重庆的问题已经过去，但是我们还是想为什么会发生。实际上，这个就要研究制度背景了，为了这件事情，我又专门看了一下《宪法》。《宪法》第六条仍然明确写着：中国是社会主义公有制，消灭人剥削人的制度。最有意思的是十二条、十三条，它讲，社会主义的公共财产神圣不可侵犯，公民合法的私有财产不受侵犯。公有和私有财产是分别对待的。为什么私有财产前一定要加一个"合法"的限定词呢？我说你财产不合法，不合法就可以侵犯了吗？实际上重庆发生的就是这样的事情，由于法律裁量有非常大的自由度，当我宣布你的财产不是合法的时候，我就可以侵犯。我如果是地委书记或者是公安局长，我可以非常方便地把一个企业家弄到五个罪名之上。目前这样一种法律背景，我觉得是发生重庆这件事情最重要的一个原因。

今天重庆模式的基础变化了吗？我觉得没有。其实重庆出这样的事纯属偶然，因为出这样的事情有点史无前例。按道理来说，有非常大的可能性，重庆的模式会继续演化，甚至复制到全国。但是由于一些很偶然的个人性格问题，发生了一些偶然的事件，使得重庆出了事。但是，这种制度的基础、思想的基础没有发生变化。实际上，今天在各地仍然有其他的企业家在被剥夺财产。

去年"九一八"，这是青岛丰田4S店，大概两亿多的资产被毁之一炬，在西安，人们把一个日产车的车主打伤在地上，在30个城市同时出现了很多标语。

前几天，我们从一个陕北"房姐"的质疑，变成现在对潘石屹和任志强的质疑。不管是仇富也好，或者是义和团思维也好，我看网上一个很有意思的质问，"凭什么潘石屹把你的财产转到张欣名下？"这件事碍着你了吗？只要是他们夫妻拥有，愿意转到谁的名下就转到谁的名下，这种个人权力是神圣不可侵犯的。他们两口子之间财产怎么分配是神圣不可侵犯的，是不可质疑的。

柳总去年写了一篇非常有影响的文章，如果中国一人一票的话，因为穷人多，结果一定会是投票把富人的财产分了。

其实我觉得这个问题的核心是，私有财产是不是神圣不可侵犯的。这些基本的人权不是说有100个人，其中99个投票说我不喜欢那个人，要把他杀死，把他财产分掉，就可以做的，私有财产是不可以被任何形式剥夺的。

我们回顾一下权利发展历史。西方国家18世纪已经基本上解决了基本人权，包括生命权、财产权、言论自由和信仰自由；19世纪主要解决的是政治权力，普遍选举，妇女可以参加选举，没有财产的人也可以参加选举；20世纪主要是社会平等的权力。

第二个问题是自治。为什么要自治呢？这是从社会的长治久安角度来考虑的。中国其实是一个有自治传统的国家，唐朝的时候大概有3万的官员统治着9000万的老百姓，1比3000。清朝大概是20～40万的官员，清末的时候老百姓大概有4亿，所以是1比1000。现在由纳税人养活的各种公务员和非公务员加起来应该是七千万，当然我这个数据可能有误差，但是数量级是不会错的，而人口是十三亿，大家可以算算这个比例。

在中国过去的传统社会里，这么少的官员在管理地方，民国有一个县只有12个官员，怎么管理20万的老百姓呢？依靠几百万个志愿者，几百万个志愿者就是信奉孔孟的官绅，他们拿出钱来修路、修桥、办教育，解决乡邻纠纷。当我们把这个社会变成一个原子化的社会的时候，我们管理需要一竿子插到底，我们需要把所有的社会有机联系全部打散，这样的话，我们社会管理成本必然增加，而且当这种一竿子插到底的管理模式出现危机的时候，社会一定会乱。

传统的自治和现代的自治有什么区别呢？我想传统的自治主要是一个熟人的自治，依赖于宗族或者地域，以往主要靠的是士绅阶层。他们的价值观和皇权官府是一致的，这个价值观就是孔孟之道。今天由于社会的流动性，我们组织形式基本上更像一个陌生人组成的，基于契约的NGO。社会的中坚力量，如果过去几千年是士绅阶层，今天毫无疑问是企业家。因为中国的企业家对经济发展作出了重要贡献，他们的社会位置和过去士绅的位置类似。今天在全球社会，我想可能更多的是普适价值。

图7-28 王维嘉

NGO内部治理为什么重要呢？因为NGO的内部治理是我们自治的基本资格。如果你连你自己的小组织都管不好，你凭什么说你有能力担负更大的社会责任？同时也是一个实践。我想今天在中国，像我们阿拉善的经历，真的是包括海归，包括我们2005委员会，这个团体的自治是要从头学起的。因为我们从小没有这样的训练。

我想今天更重要的是这样一种实践训练和学习，比如说阿拉善一直很头疼，媒体一报道就是选举章程，我们做了很多环保的事，媒体却对它的选举兴趣很大。举个例子，阿拉善成立大会那一天，60多个陌生人在一起，当时，我还不认识刘晓光，我去的时候，我也交了10万元钱。如果当时刘晓光掏出一张纸说他要让这些人做常务理事，我就问凭什么？如果当时是一个熟人的圈子，大家给晓光面子，可能也就过去了，或者大家没有什么承诺，也没交钱，就是捧个场也就过去了。但是，我们那些人，第一，有承诺，第二，当时开会有60多个人，已经超出熟人圈子，所以吵成一锅粥，最后只能用投票的方法来解决问题。媒体为什么这么感兴趣？因为这样的学习实践是社会最需要的。

除了我们内部治理之外，我也喜欢对公共事务的参与，我觉得企业家最重要的一个责任，就是要探索出一条透明的博弈机制。因为今天在中国利益多元化的情况下，我们企业有的时候会抱怨政府不做这个不做那个。我花了一点时间了解了《劳动合同法》。《劳动合同法》在建立过程中，企业或者企业家的组织几乎没有参与。其实政府给了足够的空间，希望企业来参与这样重要的法律法规制定的过程。所以说，这样一个对企业有重大影响的法律，基本上在没有企业参与的过程中就形成了。而一旦形成以后，企业的第一反应是什么呢？如何规避。像华为跟所有的员工重签协议。这是中国企业家一个基本的思维方式，制定法律的过程我不关心，我也不知道怎么参与，制定完了以后，我看看如何去躲避，或者我搞定哪个官员让这个法律不对我实行。我们需要改变这种方式，以公开、透明、积极的姿态跟政府沟通，立法立规之前就去参与。政府其实也希望定出一个非常合理的法律法规，因为他也不希望定出一个法律以后，所有的舆论都骂，所有的媒体都骂，最后他的领导会说，"你怎么这么不会办事？"

由于有这样一个责任，阿拉善做了一件实事。两年前在阿拉善的支持下，我们提出关于垃圾分类的立法。你就会发现，立法提出了以后，其实和政府有很多沟通的空间，而且通过这样的一个渠道，我们是能够起到非常大的作用的，而且这也是未来中国社会应该走的一个理性的、透明的路，建立一套有规则的博弈模式。

自律，更多的意思是说，我要付出个人权力之外的责任，比如说纳税。纳税应该是无代表不纳税。但是今天我们如果这样做的话，那整个社会就会乱。所以即使我们今天没有代表，我们也应该纳税，甚至在不知情的情况下我们也应该纳税。但是这并不等于我们同意这样一个法律永远持续下去，我们希望纳税，但是我希望首先争得知情权，然后逐渐再争得代表权。这样的一个过程，我觉得叫"先尽义务再争权力"，这才是真正流淌着道德的血液。

实际上为什么我们要自治呢？人类真正的自然情感和自然联系是保证这个社会长治久安最重要的基础。NGO正是基于这种自然情感、自然联系形成的组织，所以它一定是正能量组织。大家可以想一下，如果这个社会可以基于各种兴趣、各种利益、各种方式组成大大小小的NGO的话，就相当于在这个社会中织了很多很多网，

图7-29　王维嘉

任何一个个人都可能被织到这个网里，这时极端的人就会减少。一个社会组织越多，其实这个组织的观念一定代表这个组织的大多数，它一定是温和、中庸、理性的。所以一个社会自治程度越高，它就不依赖了外力，人的尊严化程度越高。

那天有一个论坛是"企业家和知识分子"。我一直在想企业家和知识分子的区别在哪里，我想知识分子或者是学者就是研究理论启蒙，建立理论基础，企业家就是探索理性的规则。

我们对比一下过去30年中，中国市场经济成功的要素有哪些：

第一，政府从默许到认可，再到今天鼓励市场经济。过去差点把"傻子瓜子"抓起来，但是邓小平说"我们要看一看"，那时候是默许。共产党每一次代表大会对于民营经济都是越来越支持，越来越鼓励。

第二，大家说的企业家和企业家精神。

第三，从改革开放之初，大批的跨国企业进入中国，和后来大批的管理学为中国经济发展培养了大批的管理人才，包括今天成功的企业。我们今天中国企业管理水平已经不输于世界。

第四，我们加入世界贸易体系。

未来30年中国面临社会转型，转型到法制社会。我们有哪些重要的社会要素呢？我觉得可以类比。

第一，政府从默许到认可，再到鼓励公民社会。今天我觉得已经从默许到认可，从过去NGO组织要挂靠单位到现在改成备案制。如果政府反对这个东西根本不会存在。

第二，有一批社会企业家发扬企业家的精神，在不确定的情况下去探索去冒险。今天企业也好，成熟的NGO也好，要对新创草根NGO做培训。我们要参与国际事务，与一流的NGO交流经验，王石那天提到我们参加哥本哈根会议。这件事的意义与30年前到海外做第一单生意同样重要，回过头去看，中国的NGO组织融入了世界的潮流。

中国企业家在过去30年当中为经济高速发展作出了巨大的贡献。我们这批人是最具有契约精神的一批人，也是最具有契约训练的一批人，今后30年，中国社会转型的关键期，我们最重要的责任是推动社会和平稳定的转型，我们要减少混乱的情况出现，我们要一寸一寸的摸索出一个理性的、规则化的博弈方式。

王维嘉　美通无线公司董事长

围炉漫谈C："两个条例"的历史价值——探寻"92派"的成因

1992年，国家体改委出台文件《股份有限公司规范意见》和《有限责任公司规范意见》，这是公司法和合同法的雏形，而现代企业制度的基础正是这两个法律。在现代企业制度成为一种常识的当下，追忆这两个条例出台的背景和其对1992年前后下海的企业家们的深刻影响，对我们今后的改革有着一定的指导意义。

在2013年亚布力中国企业家论坛年会上，中国上市公司协会副监事长张新文、泰康人寿保险股份有限公司董事长兼CEO陈东升就这两方面在"围炉漫谈C：'两个条例'的历史价值——探寻'92派'的成因"中发表了精彩讲话。零点研究咨询集团董事长袁岳主持了这场论坛的讨论。

两个规范意见是企业的护身符

袁岳：1992年前后，一大批受过良好教育的体制内青年干部集中下海，这些人后来被统称为"92派"。究其下海的原因，邓小平讲话是其一，其二是《股份有限公司规范意见》和《有限责任公司规范意见》两个规范意见的出台，可后者与推动体制内青年下海有什么密切的关系呢？张维迎教授曾讲到，在资本主义国家，当公司由特权制转变成为注册制之后，公司才大规模地呈现，市场机制和市场化也才进一步完善，平民创业也才成为一种常态。咱们的情况是否与之类似？

陈东升：很简单，有了这两个文件之后，筹钱办企业就不算非法集资了，也可以有股东了，可以做大事了。当时，我们筹了2000万资本，而一般的企业在创办时只有5万～8万资本。而我们当时下海，原因有很多，其一是整个社会价值观的转变，都认为下海是件好事；其二是邓小平南行的触动；其三是你上面提到的这两个文件的出台。它是我们的护身符，我们的发起文件、合同、章程都是根据这个起草与制订的。

袁岳：我发现，"92派"中，曾经在机关内从事政策研究和改革设计的人特别多。所以我有这样一个假设，这群人由于长期从事政策研究，有的还是政策法规研究，所以他们下意识地觉得，没有与之相关的政策法规的事情就不能做，因为这没有保障。第二个假设是，这些从事政策研究、改革设计的人，由于看得多，所以有很多设想，但将这些设想转变成政策是一件比较艰难的事情。可如果下海，就可以将自己的某些设想转变成现实。

陈东升：我们这批人中，曾经从事政策研究、改革设计的人确实比较多。我最开始在经贸部任职，后来被调到国务院发展中心做副总编。我总说，如果一直在经贸部，我可能不会下海，可思想活跃、交际又广的杂志平台无疑为我后来的下海打下了基础。另外，我们也有出国考察的机会。1991年，外运集团组织一批人去美国和加拿大考察，我也在其中。这一趟考察，我们有很大的收获，一是在看到美国价格俱乐部之后，张文中回国创办了物美集团；二是在温哥华看到滑雪场之后，卢健回国两年之后成立了亚布力滑雪场。创新就是率先模仿，这不是随便说的。当时，我们任职于咨询部门或宏观经济部门，视野开阔，还

图7-30　袁岳

有机会出国学习访问，在看到新鲜的东西之后，就会想着能否将它们搬到中国来。

袁岳：可当初为什么会出台这样两份文件呢？是预料到有这么多青年干部会下海，从而给他们提供护身符？还是按照国家发改委的规划推出来的？

张新文：中国的企业改革是在摸索中寻找改革图像，因此你说的规划是不存在的。对于1992年规范意见的颁布，虽然对机关内青年干部下海起到了加速器的作用，但当初我们并没有从这个比较窄的角度来考虑问题。当时的企业改革是在寻找一种适合中国企业发展的模式，一开始是想解决国企的问题，因为无论是扩大自主权、利改税，还是后来的机制改革等等，都很难解决企业的所有制问题，也就是产权问题，但我们希望企业科学的管理决策和效率能够使这一情况得到一定的改善。这是一个考虑的角度。

再一个考虑的角度是什么？当时，企业有国有企业和个体工商户两种形式，个体工商户虽然允许社会人员从事企业经营活动，但还是不够方便，因为个体工商户一方面当时的社会地位比较低，另一方面它需承担无限责任，风险比较大，再一方面它通常是以一家一户的自有资金来投资，资金量太少，做不了太大的事。所以，就从增加企业组织形式以适应更多投资人需求的角度

图7-31 张新文

来考虑。而股份有限公司和有限责任公司在当时有两个特点可供我们借用：第一，它们用股份制方式进行合资，这样可以解决注册资本金的要求，能够解决产业化项目的出资要求，能够解决社会资金密集型项目的要求。这种合资性比较符合当时经济发展阶段的需求。第二，责任的有限性，一块儿入资，不承担责任，风险可控。这两个特性在实践上对很多人出资组建企业起到了积极的促进作用。新的组织形式的创立，既满足了新的国企改革的需要，也适应当时中国经济的发展阶段，同时在比较窄的范围内思考，也可能促使了一批人下海。

没有小平讲话就没有两个规范意见的迅速出台

陈东升：那么当年这两个文件出台时有没有争论？出台后有没有风险？

张新文：作为起草人，我首先将这两个规范意见出台的始末简要地说一下，接着再说它在社会上产生的影响。实际上，规范意见的出台有三步：第一步，在规范意见之前，《股份制暂行条例》出台；第二步，两个规范意见出台；第三步，配套文件的完善。

《股份制暂行条例》出台，有它的背景。约在1986年12月下旬，国务院总理召集国家有关部委开会，研究企业横向联合，发展企业集团的问题。国家经委主任吕东、企业体改局副总经济师孙树义出席了会议。会上，总理问用何种手段推进企业横向联合时，孙树义提出股份制的办法。会后，总理留下吕东和孙树义同志，提出为国务院起草一份关于推进股份制改革的文件，这份文件的名称叫《股份制暂行条例》（国务院代拟稿）。此项工作的分工是国家经委主办，国家体改委协办。

国家经委领任务后，就把任务交给了企业体制改革局，也就是我所在的局。因为公司制对我国而言是一个新事，没有现成的人员和机构，所以就组成了一个起草工作小组。在进入国家经委之前，我是从事经济史研究工作的，调到国家经委企业体制改革局后，从研究习惯出发，本人分析了中国企业改革的现状，认为企业扩权、利改税、承包制、发展企业集团都不能从根本上解决中国企业的问题，只有涉及产权制度的企业股份制，也就是公司制，才是解决中国企业效率和发展问题的最佳改革方向，并开始学习和研究。当时我在行业管理处工作，起草任务下达后，在专业人员缺乏的情况下，局领导发现我有一些准备和积累，因此安排我参加了起草工作小组。

袁岳：这份初稿主要是参照哪个国家来拟定的？

张新文：我们搜集了30多个

图7-32 陈东升

国家有关公司的文件，在分析中，我们还参考了中国历史上曾经有过的文件。最后，我们选择了三会一层的治理框架，而这个框架也一直没有改变。关于这份初稿，当时各种讨论会大概举办了10余场。此外，还专访了一些社会学者，厉以宁、江平、蒋一苇、吴树青、董辅礽、王钰等，这些人对股份制改革多数是支持的，少数人持不同意见。出席讨论会的人员主要是对外国公司法和对民商法、经济法比较熟悉的专家，也请一些经济理论学家、企业管理学家，同时还请一些做过股份制探索的企业人员和部门工作人员、法制办人员及地方经委的同志和地方体改委的同志。内部讨论小修小改的稿不算，仅上报经委领导的大致有7稿。

大约在1987年11月下旬，国家经委召开党组会，讨论国务院代拟稿《股份制暂行条例》。参会的经委领导有主任吕东、正主任级的副主任袁宝华，还有副主任朱镕基、张彦宁等。企业体改局的领导和起草小组工作人员出席或列席了会议。起草小组副组长孙树义同志作了起草说明。经过热烈地讨论，在吕东、袁宝华、朱镕基等同志提出一些技术性问题并得到满意的答复后，他们分别对审议稿给予了充分的肯定，最后代拟稿《股份制暂行条例》获国家经委党组会议通过并同意上报国务院。大约在1987年12月中上旬，该稿报送国务院，起草任务完成。上报国务院后，事情并没有想象得那么顺利，虽然几次通知要上国务院常务会议讨论，但最终没有落实。个人分析主要有两个原因：一是无论社会舆论，还是专家学者、领导层内部，对企业股份制姓"社"处"资"还有一些疑虑，还有一些争议；二是1987年中共十三大后，国务院领导人面临换届，国家经委撤销，政府机构改革，工作重点转移。因此条例讨论的事情就搁下了。

袁岳： 跟国务院领导换届有关系？

张新文： 有关系。当时我们也起草了一些稿件，也开了一些会，但由于整个形势并不乐观，特别是1989年以后，经济形势不好，所以从1988年到1991年，这段时间基本上没有太多推进，《股份制暂行条例》的设计也就到这儿了。

第二个阶段，两个规范意见的出台。大约在1991年底，主持过《股份制暂行条例》的孙树义同志出任国家体改委经济管理司司长，加大了股份制改革的推进力度。1992年初，在孙树义主持、李小雪等人参与下，结合过去的工作成果，经济管理部门起草了《股份制企业组建和试点工作暂行办法》。在经过讨论、修改，并基本上有一定的意向以后，大约在1992年2月，在深圳召开股份制座谈会，中央13个部委，14个省市的体改委（办）、经（计）委、金融、国资管理机构，21个股份制试点企业，共130余人出席了会议。会议期间，恰逢邓小平同志南行谈话在全国传达。这个重要谈话，对会议具有十分重大的指导意义，给予与会同志极大鼓舞。会议结束之后，立即向国务院副总理朱镕基做了汇报，朱镕基马上指示说，"尽快搞一套规范性意见，在目前体改委汇报材料的基础上修改，以体改委、计委、生产办等单位的名义下发"。在这一指示下，他们把文件作了进一步修改。大约在5月初，召开国务院13个部门的有关司局长参加的会议，传达国务院领导关于股份制企业试点问题的指示；接着又召开国务院13个综合部门的领导出席，讨论研究，并提出了修改意见。会后，国家体改委将《股份制企业试点意见》更名为《股份制企业试点办法》，还有一个就是《股份有限公司规范意见》。

陈东升：是哪一天？

张新文：5月15号。

袁岳：对这两个规范意见，我一直认为它与小平南行讲话有着一定的关系。虽然之前我们也在推进改革，但小平南行讲话是临门一脚，是关键。

张新文：小平同志的讲话非常重要。前面我有提到，在1988～1991年期间，我们也开过几次讨论会，但成效不大。所以，如果没有小平讲话，这两个规范意见出台的速度可能没有这么快。

"中国"字头有很强的影响力

袁岳：很多体制内的人借着这个东风就下海了，那你有没有想过下海？

张新文：从来没有想过。我认为，他们之所以下海，原因有二：第一，有这样的价值取向，我当时想得更多的是多为国家做一点事；第二，在体制内发展得不是很顺利，如果国家不让我发挥作用，那我可能也下海了。

袁岳：陈董下海了，这是不是说，你那时在体制内发展得不太顺利？

陈东升：倒也没有不顺，只是我那时候的价值取向是实业救国。当时，我发起了500家企业评价，这个过程中我发现，国家经济的强弱和该国跨国公司的数量成正比，这对我震撼很大，我也就认为，国家要崛起，要致力于世界民族之林，就必须发展跨国企业。

袁岳：我也注意到一个现象，那就是"92派"创造的行业都比较新，比如你做的宅急送、拍卖，还有保险。

陈东升：滑雪、超市，那个时候也都没有。嘉德成立的时候，我们的注册资本金是2000万元，可那时在朝阳区注册一个拍卖行，50万元就够了，为什么要2000万元呢？他们说要拿中国字头，注册资本就一定要2000万元。

袁岳：这个挺有意思。有些人的"中国"字头情节很强，认为只要抢到中国字头就占山为王了。

张新文：对企业来说，"中国"字头还是有很强的影响力的，它对于提高企业在社会上的信用度以及潜在的商誉都有一些正面的影响。

袁岳：在起草这两个规范意见的时候，对于新产业的推动不在你们的考虑范围之内吧？

张新文：我们不考虑这些，但是这两个规范意见出台以后，很多人开始进行经营活动，比如知识分子、机关干部，他们所带来的资源和普通百姓所掌握的经营资源很不一样。他们有信息，因此可能提出现代服务业；他们有技术，可能会发展现代加工业；他们也可能曾在国外留学，对一些新事物、新模式有所掌握，比如网络，从而将其带进来。因此，在那段时间里，技术型企业、现代服务型企业比较多。

袁岳："92派"们都是从体制内出来的，想请问陈董，你觉得我们这种经历对他们有借鉴或者参考作用吗？

陈东升：当然有，但是情况又不一样。我们下海的时候，社会正处于计划经济向市场经济转型的时期，整个市场一片空白，所以机会完全跟现在不一样。当然，现在也不是没有机会，只是成功创造一个大公司的概率少了一些。

袁岳：如果将时间拉长到1992年前后，那么王中军也可以称为"92派"。

王中军：我曾经在国家物资总局任职，但我辞职比较早，1985年就出来了。随后做了好多年的自由艺术家，1994年从美国回来后开始创业。

袁岳：你下海后，物资部的资源没有起到太大的作用吧？

王中军：没有什么资源，因为我是搞艺术的。东升提到企业青睐中字头，我觉得那是一个年代的问题。而且，在我们这一类创业者中，每个人的想法非常多，但是最终成功的人非常少，直到今天还生存下来的比例就更低了。

互动环节

提问1：在目前这个新的政治周期已经开始的情况下，我们有没有可能产生"2013派"呢？

袁岳：我认为不可能。为什么？有两个理由：第一，"92派"有一个特点，干什么都是鼻祖。那么现在的年轻人有没有可能也成为鼻祖？有，但前提是不能进体制。现在，技术日新月异，如果在机关里待几年，那绝对不是更先进，而是更落后。以前在机关里有什么好处呢？能掌握外面掌握不了的信息，但现在情况完全反过来了，群众看到的信息比领导看到的还多。第二，创业在本质上是要担当风险的，但是现在人们进机关往往寻求的是安稳，而我们以前进机关是希望能改变中国。两者所追求的根本是不同的东西。所以，从公务员这个群体来说，不可能产生"2013派"。

提问2：那么对于没有进入体制内的年轻人来说，在现有行业都比较成熟的情况下，他们如何才能脱颖而出？

袁岳：我先请陈董来回答一个问题，因为我前一段时间发现他儿子在贵州当村官。这个小孩毕业于哈佛大学，在校期间发起举办的"哈佛中国论坛"也非常不错。那么他想脱颖而出的路径是什么？

陈东升：他今后会走哪条路，我现在不知道，但我知道，这一段经历会对他有很大的帮助，因为这是一段接地气的经历。这对我来说，就够了。

袁岳：我为什么要东升大哥讲一讲这个例子，因为我认为，在一个普遍追求安稳的时代，一个年轻人懂得做这样的事情就会脱颖而出。这是第一。第二，现在做鼻祖的机会比我们那个时代多多了。大家知道，美国股市上大概一共有近80个表现还不错的电子商务公司，其中有六七家是综合电子商务，还有七八十家都是纵向电子商务。纵向电子商务中一家的主要业务就是通过计算你每天摄入食物的热量来计算每天的运动量，现在它已有39亿美元市值。其实，我们现在都希望有一个东西给我们提供警示，因为人只有在看到警示的时候才会有改变行为模式的动力。从这个角度来说，大家的机会还是有很多。

提问3：主持人刚才讲到了美国年轻人的创业，但我们知道，美国有创业的制度基础、经济基础和文化基础，那么对我们今天创业的年轻人来说，是不是需要一个类似两个规范意见的文件来作为基础？

袁岳：你理解的事实其实不是这样的，第一，中国每年的创业总量是美国的4倍；第二，今天我们所面临的大部分的创业失败，不是由制度机制导致的，而是由一个庞大的政府所带来的权力引起的。

提问4：与非"92派"相比，"92派"身上具有哪些不一样的精神或特质？

陈东升：每个时代都有每个时代的文化烙印，所以我经常说，我是毛主席的好孩子、邓小平的好学生、江泽民的好战士，也就是说，我们有着很强的家国情怀。而就企业经营上来说，市场化、专业化、规范化、国际化是我坚定的四个原则，只有这样才能让企业走下去。

提问5：现在的大学生之所以青睐于报考公务员，那是因为他们在社会中缺乏安全感，所以他们要寻求一些稳定感。那么，如何让这些年轻人对于脱离体制从不敢到敢？

袁岳：我认为不可能。"92派"实际上是一伙什么样的人？他们是一伙试图进入机关，从而驾驭机关去改变社会的人。而我们现在的年轻人却很少有这种想法。我想请问张先生，在我们这个时代，更加具有生命力、更加具有整合资源能力的企业应该具备哪些特点？

张新文：我来说不够权威，因为我本身并没有搞经营。企业要想持续发展，还是那么几句话：一是要有比较睿智的眼光来发现代表经济发展前景，并且有市场机会的项目；二是要考虑是否具备项目落地的技术、管理、人脉关系等等；三是考虑到法律方面的风险和可行性。只有做到这三点，企业才能不断往前推进。

袁岳：我总结一下：第一，经济也有周期，"92派"只是在某一个周期中间得到了一个很好的机会。不同的时期有不同的周期，不同的周期会产生不同的机会，"92派"的成功不是因为依靠了那个时候的资源，而是因为他们超越了若干个周期的限制，获得了若干个周期的资源。第二，创业有多种形态，一种是亲自操练，还有一种是和创业者为伍。在今天这个时代，只要在某个岗位上做得够好，够棒，完全有可能被赋予股权。现在，很多公司把股权激励作为一种常规的激励形态，所以有一种人他既是员工，也是股东。第三，任何时代都有江湖。刚才张先生说到了人脉，而今天的人脉通过江湖和圈子的方式存在。因此，江湖不仅是要守着，还要打通，要扩大，这种资源扩充的模式是"92派"那个时代所没有的。而我们身在江湖，就要学会混江湖，学会走江湖。

午夜漫谈2：《陈可辛镜头中的中国式合伙人》

　　陈可辛导演的创业传奇巨制《中国合伙人》（原名《中国先生》），讲述了"土鳖"黄晓明、"海龟"邓超、"愤青"佟大为从1980年代到21世纪，30年的大变革背景下，三兄弟为了改变自身命运，创办英语培训学校，最终实现"中国式梦想"的"屌丝逆袭故事"。

　　片中三兄弟合办英语培训学校的经历，让不少人联想起"新东方"三驾马车的创业传奇，对此，陈可辛表示，"不可否认，我们在创作阶段，借鉴了很多新东方的故事，但在《中国合伙人》之中，不仅能看到俞敏洪、徐小平和王强，还能看到王石、马云、冯仑等一批中国企业家的创业传奇。"

　　2013亚布力年会上，陈可辛导演向我们讲述了他镜头中的中国式合伙人。本场由创业家杂志社社长牛文文主持。

　　牛文文：今天午夜我们来聊一下电影，有这么多人来听陈可辛导演讲电影的故事，我们非常感动。

　　陈可辛：我也先说两句，王石邀请我来的时候，我压力挺大的，我想了很久，我又不懂企业，能说什么呢？一些比较企业化的电影的东西，报纸上面每天都在讲。我希望今天讲的不会把你们闷到，希望讲得比较有趣一点。

　　主持人：我先做一个小调查，大家都看过陈导演的哪部电影？

　　嘉宾：《如果爱》、《投名状》。

　　牛文文：中国有很灿烂的商业史，但是如此灿烂的商业史里面没有企业的电影，所以不知道为什么陈导演有这么大的勇气来拍一部关于中国企业的故事？

陈可辛：其实我很早就想拍中国企业家，中国企业家不仅代表企业，而且还代表改革开放这几十年来千奇百怪的故事，我也觉得这30年一定有很多的故事，但找不到一个模型来拍，想了很多不同的企业家，但是又太专业，对于观众来讲是很难看懂的，结果去年有一个剧本，就是讲英语教育的，是八九十年代，大学同学做一个英语教育的企业，但是还没有成形，我就觉得这个剧本，或者这个题材包含了很多内容，例如友情的考验，其实也包含了很多我以前拍过的东西，最重要是一个集体回忆。

我一向喜欢拍集体回忆题材的电影，但是因为改革开放时间还不够长，很多时候一回忆可能就回忆到文革了，那些东西第五代、第六代导演都拍了，所以我就喜欢拍美好的回忆、拍怀旧的东西。近些年，大家开始富起来了，开始有了中产阶级，大家开始有了怀旧情怀，喜欢买古董，喜欢老东西。这个电影其实是我最习惯的，也是最喜欢拍的，再加上这个题材本身借鉴了新东方的一些原形，如那个年代的人对命运改变的渴望，希望出国，然后几个年轻人把一些美国的价值观教育给年轻的中国人。中国价值观与美国价值观的冲突，美国的那种自信跟中国人本性的缺乏自信，这些东西我都觉得很有趣，而且在观众的层面它又比很多的IT行业或者低产行业更容易懂。因为你在教英文的时候，其实会有很多笑话，我都觉得它充满了商业电影的元素，但是它还是企业的故事。90年代我来过北京两次，我也把我来的一些经验或

图7-33 陈可辛

图7-34 牛文文

者一些记忆放在了戏里面，但是拍的时候确实有一定的恐惧，我不是内地人，去拍一个表达内地类型的题材，这需要很大的勇气。

牛文文：有些观众看过《中国合伙人》，他们觉得不一定是新东方的故事，好像更像您本人的一个映射，我们知道很多的企业家都有自己背后的故事，这种故事呈现成电影，其中的真实性和再造性如何把握，您觉得这是一部新东方的电影吗？

陈可辛：我不能说这个灵感不是从新东方而来的，但是我更不能说这个电影是新东方的一个传记。因为确实是拿了这个灵感之后写的一个剧本，而且电影不是我个人的作品，因为有编剧，有演员，每个人都是一个个体，这就像是一个小孩儿，每个小孩儿出去他会受学校、老师、朋友的影响，尽管他在你的价值观的影响下成长，但是他变成一个个体之后，他会有选择。你写剧本，很多时候已经设定了最后的结局，但是当你写到一半这些人就有血有肉了，所以你得顺应它去改变那个结局。

所以，在创作的过程里面要使一个电影好看，人物就要有戏剧冲突。这个电影里面不能说谁是徐小平，或者谁是王强，有很多不同的东西加进去了，我个人也放了很多。其实，我最想拍这个戏的理念就是讲中国人想去美国，我从小就有很强烈的美国梦，我就把我这个美国梦，包括对美国的爱、对美国的失望等等都放进了其中一个角色里，那个原形有人觉得是徐小平，其实这个东西已经不属于任何一个人了，也不属于我，也不属于他们。所以最后这个电影它既有新东方的影子，但是它确实又不是新东方的故事。

其实我到现在也没有见过俞敏洪，俞敏洪在微博上说他不认识这些演员，是对的，他这样讲对我的戏帮了很大的忙，因为这部戏我们做了很大规模的调整，用了好莱坞的一些方法，我们要保证一个电影就要像一个商品一样，要保证客户会喜欢。好莱坞有一种方法，就是拿这个电影给特定的观众评分，你喜欢不喜欢，或者再问一些更尖锐的问题，包括哪里觉得闷、哪里觉得好笑、最喜欢哪个角色等等，等拿了这些资料回来再剪片，剪到你喜欢为止。我们做了很大规模的试片，也用了不同的年龄层，有70后的，有75后的，我们发觉这些年龄层喜欢跟不喜欢的地方都非常一致。其实，在我们的问题中最重要的问题是，第一，你喜不喜欢这部戏，90%的人说喜欢或非常喜欢，3%的人说一般，3%的人说不喜欢。第二，你会不会去看，很多人告诉我们最大的卖点就是新东方的学生很多，我叫了大概100个人留下来聊天，起码70%的人的举手说都上过新东方，但是他们的第一个反应就是这个电影要是因为新东方而拍的，或者是新东方的宣传片他们就不看了。所以俞敏洪的那个微博就把我们这个嫌疑拿掉了。第一，不是他投资的，第二，他也不赞成拍这个电影。

牛文文： 我们做企业的人，总是希望到一定阶段的时候，自己的故事能够影响别人，陈导演选择了新东方的故事，他有他的道理。比如说王石王总，假使陈可辛导演拍你们的故事，以你们为蓝本来讲，你们是希望接受更真实的创业的故事，还是更艺术的故事？

王石： 它又不是纪录片，既然是电影，当然是更艺术，因为你是拍给观众看的，观众喜欢，你喜欢。陈导把那个时代的回忆，香港回归之前，香港人的那种纠结以及和大陆的关系都拍下来了，给我的印象还非常深刻。

牛文文： 你对这部片子有什么感受？

王石： 因为我本身是企业家，我看了之后，很是激动，这个太值得拍了，因为它反映了这一代人的场景，陈导演选择的美国梦，实际上反映的也是一个中国梦。

陈可辛： 这个名字我还在做一些工作，因为这个名字电影局还没有批，就是在中国发的美国梦，中国梦在美国这个饱和的社会已经发不了了，尤其是现在发美国梦是非常困难的。当然这个电影不可能在美国市场大规模放映，因为这毕竟是一个中国故事，但是他们会很好奇，这30年中国发生了什么事情。以前，我们都在拍魔幻、古装、历史等题材的，这次回归到我自己喜欢的题材，虽然发生地不是香港，但是我当时也说过，在香港我也不是新移民，所以《甜蜜蜜》的生活也不是我的生活。其实我觉得很多小人物的故事是共通的，无论你是哪里的人。

王石： 很赶巧，我看完剧本的时候是在美国，去年4月份在那儿接待亚布力的企业家代表团，开完会在一家中餐馆吃饭，其中就有俞敏洪，吃饭当中，很多在那里的学生都跟俞敏洪说，"我是你的学生，我们在新东方学过"，包括到了耶鲁、到了哈佛。剧本这个题材选的非常好，大家都是为了出国，实际上当年的清华大学堂就是现在的新东方，就是要过英语关之后拿签证。整个这个过程让我想到了20世纪90年代后期，我们曾经拍过《北京人在纽约》《上海人在东京》，拍那批年轻人的梦都是苦兮兮的，但是这个片子让你感觉到和那一代的辛酸完全不一样，这个是反映改革的，时代已经变了，我们看到了中国的希望。

牛文文： 这个电影我看的时候也是非常激动，前半截是80年代的北京的大学生活，后面是几个人创办一个公司的故事，并且大家相互之间有很多争议的过程。

其实改革开放这30年，不管你是一个学生，还是一个工人、一个农民，都有可能变成一个企业家。我们感觉好像在全世界任何一个地方，一个人变成企业家或者创业者是很容易的事情，但是在中国的确是两个反差的年代。这个故事给我最大的感受是，它真实地反映了我们这30年的不容易。我看前半截是很温情的一个校园故事，三个兄弟，一个女孩子，就如同你的那部电影《投名状》，说到后半截，是三个人变成一个企业家集团的故事，这个故事有一个名字叫作合伙人，中国人一起做企业。早期大家做企业都是用江湖的方式，后来有了土办法，后来又有了洋办法，中国现代意义上的公司是很难合伙的，所以这个故事中这三个人在一起做一个公司，最后大家意见不一样，非常痛苦。您拍《投名状》的时候，那三个兄弟去当兵，抢女人，好像很自如，当然最后大家也分了，分得很惨痛，都死掉了。

陈可辛：其实这就是《投名状》的续集，我当时看到这个题材非常想拍，也知道最后他们三个人的冲突，确实它有《投名状》的东西在里面。导演有很多种，有天马行空的，像徐克导演就能够拍出很多幻想的东西。斯皮尔伯格讲过，"电影就是梦"，我觉得电影一种是梦，一种是共鸣，两种都是商业电影，因为共鸣很多时候也是贩卖，贩卖情怀，无论拍什么电影，我必须回到生活里面去。

我早期确实没有创业的理想，我一路做电影，一路经营这几个公司，最近在内地学了一个字，就是"被"，被创业。其实说到这个"被"字，可能我们选择了黄晓明演的这个角色，也是一个被成功的角色，也可能是因为被成功，所以俞敏洪看了不是那么喜欢。回到我们刚才讲的话题，我一路在做电影的时候，为了得到一定的话语权，很多时候我会跟我的一些伙伴组织一个公司，或者一个集团，使得我的话语权或者我的影响力更大一些，因为我个人是不够的。早期在香港，就是我们五六个人做一个公司，从《金枝玉叶》到《甜蜜蜜》等。其实在戏里面的分股权这些东西，我们都经历过，当然那是非常幼稚的一些分股权，没有资本运作，也没有资本市场。我们的合作就跟普通的公司一样，这个戏谁的功劳比较大，其实是很难衡量的。

五个导演，谁的戏更卖钱，谁就是最成功的，因为我们不是五个人一起拍一部电影，是每个人都借助这个平台拍想拍的电影，有一个人不停地亏本，有一个人不停地赚钱，所以就不平等，其实这些也是后来我拍很多戏会想到的一些个人的投射，包括拍《投名状》，因此这种东西就延续在很多电影里面。这个电影预告片里面有一句话，就是"究竟是我们改变了世界，还是世界改变了我们"。其实人生不就是这样吗？年轻的时候觉得我一定能改变世界，90%的人可能当你成功的时候，其实你就妥协了，你回头想，其实我原来被世界改变了。很多记者问我："你为什么要拍一个北京的故事？"我说："这个故事里面有所有我喜欢的东西。"

牛文文：中国企业界关于合伙的故事要比这个电影残忍得多，那个时候我们不知道怎么做企业，所以好多人一起做，然后又做不好。合伙我认为是一个商业的契约，大家在一起做，能够按照股份的方式合在一起，都有股份，如果做不下去了可以变成股东，这个电影里面就是这么一种现代的契约，你合也可以，分也可以，如何处理合伙的艺术和分手的艺术是创业的一个难题。我们在《投名状》里面看到的是能合，但是分不了，必须用生命的代价来分，所以它不是一种现代的契约，但是在这个电影里面，还是分了，最后新东方也是分了。

陈可辛：但是我的戏里面没有选择拍它分，拍《投名状》的时候，我刚踏入中年阶段，对很多人生的想法特别纠结，然后到了这个阶段，我觉得其实纠结是解决不了问题的，人生就是这样，不如选择看一些比较美好的事情，比较美好也不一定是骗别人或者骗自己。电影里有一个东西叫定格，你选择什么时候定格，什么时候淡出，每一部爱情片，都是选择在最美好的时候定格，其实你不知道它最后会发生什么事情。去到美国，很多人问我《甜蜜蜜》，我做了一个擦边球，因为我不相信，当然这样讲很不公平，因为可能你们都不喜欢这个结局，我觉得他们碰到了，因为邓丽君的死碰到了，回头一看，把这个东西挂上去，像一幅油画一样，因为你再下去在一起生活又怎么样呢，其实这是我个人的观点，当然投资方不会给我这样拍，所以我就选择在那里定格了。到现在这个戏又是另外一种，我们把他们兄弟的矛盾用一场喜酒解决了，其实这些矛盾是不可能解决的，但是有一个更大的危机，就是美国人告他们侵权，他们要对付这帮美国人。里面有一场戏，就是中国人用非常好的英文跟美国人打官司，而且打赢了美国人，这个是我亲身的经历。我年轻的时候，还没有做导演的时候，曾经有一个美国导演，他的要求很不合理，他要求五六百人做一件不可能做到的事情，我就用扬声器、用英文骂他，骂完之后，我就把扬声器扔了继续做我的工作，结果他跟我道歉了，这是美国人的好处，其实是应该我道歉的，因为我不应该发脾气。但是那件事情过了很多年之后，我碰到一些当年的助手，跟我说："你知道我们那次有多开心吗，你帮我们出了这口气。"所以我就觉得中国人用英文骂美国人确实是一个很商业的结局，稍微有点民族主义的感觉，三个演员就安排了这样一场戏，这个官司打赢了之后，这个戏就完了，这就是一个完美的结局。老实讲，你觉得他们的问题能解决吗？肯定还没解决，到头来还是得分的，但是我不选择再拍下去了，其实这个就是我现在拍这个电影的心态，也是觉得让观众看电影的时候，看得快乐一点。

牛文文：刚才导演说这个电影的名字叫《中国合伙人》，还有一个叫美国梦在中国，或者中国梦，大家觉得哪个名字会喜欢一些呢？

观众：合伙人这个名字，一般年轻的大学生是不会看的，我觉得美国梦稍微通俗一点，但是最终最卖座的不是我们这个阶层的观众，可能是大学生，要是大学生的话，美国梦已经不是潮流了。

陈可辛：原先有一个名字叫做《中国先生》，因为那个名字已经有一个电影，已经登记了，所以就没有用了。

观众：我是农村出来的，上北大的时候，俞敏洪给我们上公共英语课，刚才宣传片我一下子看到了学校的楼道，这个名字能不能改成"三角地"，刚好三个朋友，三个角色。

陈可辛：我怕这个"三角地"是过不了审批的。这个三角地在北大都没有了，已经完全不一样了。

观众：三角地的话体现了三个人的角色，同时又体现了一个动荡的时代。

陈可辛：谢谢你的意见，这个提议是非常有创意的，因为确实三个兄弟，三角地，如果完全是一个怀旧的戏是非常好的，但是我们也希望这个戏能去到未来，不只局限在一个怀旧的层面。

观众：首先要感谢陈可辛导演，作为一个香港人来为大陆的中国企业家拍这样一部好的电影，改革开放30年以来，好像还没有关于企业家的类似于创业、又类似于文艺片的影片。我觉得影片的意义是反映一个时代，像我们在座的大都创业20年了，也反映了这个时代。这部电影歌颂改革开放的年代，是一种很好的现实题材，但是我觉得对于我们企业家真实地反映，肯定会引起共鸣，对将来的年轻人也是一个教导。大学生创业是一种新的模式，不可能一个人打天下。所以说怎么样去合伙，怎么样去做，我觉得既有过去的意义，又有现实的意义，还有未来的意义。

陈可辛：确实，拍这30年的创业企业家是非常好的，我觉得这是电影题材的一个金矿。这个戏之后，希望会有一些不同的导演、不同的公司继续拍这类题材的电影。因为我觉得这30年确实是回不来的，无论中国以后怎么发展，最有趣的30年绝对是这30年。这30年有非常多的故事，而以前的审批是很严的，有很多故事过不了，这个故事有很多地方可能也过不了，他们给我的时候其实还非常主旋律的，都是对这30年的歌颂等。我改的时候，其实也很忐忑。

观众：我想了一个名字《海那边》，非常深刻，也很形象，到那边实现美国的梦。

陈可辛：比较文艺一点，挺深刻。

王石：我想谈一点感受，我看剧本什么感受呢？美国炸我们南斯拉夫大使馆，这个镜头很快地闪过去，我马上就想到了《阿甘正传》，在那个期间很多的大事件，包括尼克松的水门事件，都是一闪而过，陈可辛导演的片子就是有点这个意思。

陈可辛：这其实也是一些手段，把观众的情绪拉进来，你是在看你自己，所以使得观众充满无限的想象力，觉得你在戏里面，有这些大事件，包括戏里面用了很多的老歌，都是使得观众能回到当天你听这首歌的时候的情景，当时你在干吗，你就会带入到角色，这是牵动观众情绪的一种手段，谢谢。

观众：我上过新东方两天的课，我有一个想法，就是说借用歌词光辉岁月，能不能用这个名字，或者叫作《黄金岁月》，或者还有一个更文艺一点的叫《那些年那些人》。

陈可辛：《那些年》影响力太大了，《光辉岁月》、《黄金岁月》这些也是不错的，但是有一点不够特别。其实现在我们的宣传也启动了，能不能改名，这还是一个问号。我跟我的团队讲，其实看电影的时候，现在的观众不会只听四个字就决定要不要看这部电影，观众一定会等看到更多的信息之后才决定。因为这个戏不是针对普通老百姓的戏，其实看了是没有问题的，但是你要营销是不容易的，所以我们必须要做很多的大量实验。

牛文文：好，谢谢陈导演。今天非常好的一个分享。我们每个人都有精彩的创业故事，我们也希望中国的创业故事能够被国际大导演放在历史上，放在国际上，谢谢大家！

企业如何回馈社会

各位贵宾，今天我非常荣幸能够在亚布力这样一个盛会上针对"创新转型"作一个新的报告。我是第二次来到亚布力，过去的两天，对这次大会的主题"改革开新局——企业家精神与中国未来"听了很多，也学到很多。

下面我想跟各位分享一下我的心得：

IBM在不久之前才过了100岁，我们是一个科技为先的百年老店。100周年的时候，IBM决定不要有任何的庆祝仪式，无论是买鲜花还是请客。不如检讨一下过去一百年我们有哪些不足，更重要的是未来一百年如何做才会更成功。我们在纽约邀请了800位嘉宾共同探讨如何引领未来一百年，使得一个企业继续更成功这样一个话题。

在亚布力年会过去这两天里，我也感同身受，很多经济学家谈到，全世界经济正在重新布局跟重组，新兴市场的兴起，新的国家或经济突飞猛进，也谈了很多科技的影响。大格局的改变对我们企业的冲击是什么？过去我们打造了一个我认为很骄傲的全世界供应链，从很多产地拿原料，然后行销到全世界去。但是在展望未来的岁月里，随着经济的发展，原料地将会变成今天以及未来的销售对象，所以原来我们的供应链是买制造、组装、行销全世

图7-35 钱大群

界，实际上我今天碰到的是几乎要重新塑造整个集团的核心竞争力。

第一天开幕演讲时，不管是王石主席还是郭广昌董事长，或者是马云董事长，他们都谈到，即便我们在谈改革开新局的时候，企业家也应该很专注地做好分内的事情，打造更好的竞争力。

昨天我参加了一个分论坛，毛振华主持的"2020年经济会不会翻一番？"，与会经济学家得到的结论是"会"，但是如何做得到？胡祖六说未来做到这件事情是要靠生产力的提升、竞争力的提升，而透过科技的手段可以帮企业大幅度提升竞争力和生产力。IBM一年做60亿美元的研究发展，每一年我们针对未来五年的信息技术以及未来五年认为最重要的趋势做一次发表，这是去年发表的五个重点。（PPT1）

但是在未来的发展里面，有各式各样领域的科技，我们这里谈的是信息科技。刚才牛行长已经谈到，科技在互联网、物联网上的影响。在自然资源领域，不管是电力还是能源，透过科技手段都大幅度提升了生产力。微博、微信等社交媒体的技术会大幅度影响一个企业的发展。

我今天的分享是另外两个方面，第一个是大数据，第二个是自己学习的电脑。刚才谈到的社交媒体，现在有很多资讯和信息可以去处理或者变成我们竞争的武器。有人预估到2020年不久的将来，我们现在的数据量会有40倍以上的增长，因为不只是在智慧的终端——一台电脑或者一部手机会有信息进来，任何芯片带动的信息都会进来。这是大数据时代的来临，当有那么大量的数据进来以后，科技可以用新的方式去提炼你要的信息，可以大幅度帮助你去预估并进一步解决你以前解决不了的问题。这是很重要的一个大趋势。

在IBM过去这一百年，刚开始像人类用算盘一样，后来它的基本形态是拿到数据，了解作业的流程，写成应用的程序，然后做出结果来。因为这么大量的数据进来的时候，传统的电脑已经不能满足人类的需求，今天电脑有点像看科幻片一样，它自己可以开始学习了，它可以吸收各式各样完整的资讯，文字化的资讯、图形的资讯、残缺的资讯等。

大数据时代，每个人都可以自己学习，各行各业都可以提升生产力和竞争力。

IBM每两年会针对上千位全世界一把手做一次调研，这个调研不是一个问卷调研，而是真正坐下来一个半小时一对一的访谈。去年针对1700位一把手，包括中国内地的、香港和台湾地区的。这些绩优企业的一把手花的时间在哪里，他们思考的是什么？我把这个论点跟各位分享一下。

追溯这10年，1700位一把手基于下面三件事情花了特别的心思：

第一，人才很重要。但是他们谈到的是说在今天的世界，我的员工不管是年轻的，还是年长的，用微博、微信沟通越来越多了，所以我要做到的事情是运用这样新的方式去了解我们员工在想什么，倒过来用新的方式帮他们塑造一个认同的价值观，透过新的媒体方式传达、建议或者帮助他们，使得一线所员工感受到更大的鼓舞。

第二，透过新的方式了解今天以及未来客户可能的需求。接下来把自己在做的事情，不管是金融服务、物流服务，还是制造业服务，变成个性化的服务，把客户牢牢抓住，让客户有一个最好的体验。

第三，如何创新，甚至是跨行业的创新。什么样的外界因素影响你的企业做大做强？在1700位被访问的企业家里面，都认为科技的影响比重在提升。

2004年企业家会认为员工的技能问题、市场因素、宏观监管会影响一个企业的成功，而科技的因素、技术的因素只排名第6。到2006年的时候，科技和技术因素已排名第3，2008年排名第3，2010年排名第2。2012年是第一次大家一致认为如果我不抓住科技和技术，可能对我企业的发展影响很大。

当王石主席、田源主席提到企业家精神，我们对投资者要有回馈，要让我们的客户有更好的体验，要对我们的员工照顾、让他有发展，更重要的甚至要对我们的社会、国家、世界有贡献。

由于科技的发展，假如我们做得对的话，可以给企业创造新的价值。

图7-36　钱大群

即便是传统的企业，比如钢铁业，今天都非常艰难。但是我们做了一个调研，钢铁公司收到一个订单以后一般要花很长的时间研究他配备生产排成，以及生产成本是多少，今天钢铁公司可以用这样的信息手段，仅用1-2天就可预估出来我这个钢铁公司可不可以生产排成，而且收费是多少，24-48小时就可以把这个订单付出去。对于这件事情的价值我们做了一个统计，一个钢厂每一吨钢将有额外30元人民币的收益，所以即便在传统的产业，都可以创造价值。

像今天辜胜阻老师谈到城乡建设，我们有小城市，也有大城市。纽约市长参加我们一个研讨会的时候谈到，他说当我可以把交通预估更好，交通疏导更好的时候，显然碳排放量降下来了；当我有更好的防范犯罪中心的时候，犯罪率会降下来；当我整个医疗设备基础做得更好的时候，同样的，医疗资源就可以照顾更多的人群。这位纽约市长举了一个例子，他说我只要做到一件事情，这是一个系统工程，我告诉我们纽约市民在我任期内他平均寿命延长了18个月。所以各位，当城乡建设在中国会变成一个领头羊在创造奇迹的时候，用这样一个新的观念我们可以有多大的红利出来。

昨天更多的企业家谈到流程怎么样？IBM建造新的流程，我们不断检讨有没有流程可以梳理改进。在过去5年用新的科技，每一年可以节省10亿美元，连续5年了，每一年节省10亿美元的成本。因为这个做对的时候，自然而然你就回馈了你的投资者。

IBM过去，5年做了一件事情，价值做高的时候，每一股给投资者的获利就应该提升。IBM过去连续14个季度，即便有金融危机的时候，每一个季度的获利，每一股获利的能力没有一个季度是掉下来的。在过去10年，我们对所有投资者回馈的整个公司的价值增加了,1000亿美元。但是重点不是谈过去，而是谈未来。所以我们说，假如我们把这几件事做对的话，我们希望从未来做到20元，看到更大投资的获利。

作为一个成功的企业，如何回馈社会，如何为建立一个更智慧、更美丽的一个社会或者一个国家或者一个世界而努力？

人才很重要，每一个企业都应该用他核心的能力去回馈社会。今天即便是学艺术的、学理工的、学管理的，都会变成一个基本的知识，用大量的数据把你的工作做好。

数十年前IBM总裁来中国的时候，针对高校捐赠了设备，那时候想跟中国一起提升高校教育。我认为今天的高校不需要再去买硬件了，可以跟MIT、哈佛合作，在中国的高校去设计课程，建立新的部门，甚至新的硕士学位、新的博士学位。我也认为通过这样一种教育合作的方式，可以很有价值的回馈给中国社会。

最后，谢谢给我这个机会。我们重新布局的时候，企业家扮演很重要的角色。在中国产业起飞的时候，要考虑用科技以及人才的手段，提升我们的竞争力。

让我们一起协同来创造一个美丽的未来！

钱大群　IBM大中华区董事长、首席执行总裁

互联网金融业态下的银企共赢之道

互联网与金融的融合，将使得金融服务方式发生彻底的变革。认清互联网技术变革方向，发挥引起互补的优势，为客户带来更为优质高效的金融服务，从而实现银行、企业、客户的互利共赢。

近年来，"互联网金融"成为非常热门的词汇。此前发布的诸多论著，更多地聚焦在互联网对传统金融业的挑战，或者说"替代"效应。在这里，我想以商业银行从业者的视角，围绕互联网金融业态下的银企共赢问题，重点谈谈互联网金融带给银行业的机遇。我认为，互联网与金融的融合，代表着未来银行业的发展方向，也必将为企业带来更为广阔的业务空间，为客户带来更加优质高效的金融服务。

一、互联网金融将彻底改变未来商业银行的经营模式

目前，以互联网为代表的现代信息技术已经给多个传统行业重组洗牌，磁带、胶片、唱片陆续消亡，传统零售百货面临巨大挑战。同样，互联网也直接推动金融业发生深刻变革，给现有银行体系带来巨大挑战。在支付结算领域，第三方支付公司已经成为网络支付的重要力量；在信贷领域，人人贷、众筹融资等新模式异军突起。必须承认，商业银行已经不再是客户办理"存、贷、汇"业务的唯一渠道，互联网金融已经成为一种新的金融业态。从金融发展史看，金融的本质是资金融通，在金本位时代，这种融通的中介是传统商业银行；在纸币流通时代，是包括银行、证券、保险等机构在内的金融体系；而在数字化金融时代，又扩大到了第三

方支付公司——人人贷、众筹融资等互联网金融。可以说，互联网金融并不简单是技术和渠道的革新，而是颠覆商业银行传统经营模式的全新业态。

比尔·盖茨先生有一个著名预言："商业银行将成为21世纪灭绝的恐龙。"很多人对此耳熟能详，但却不知道盖茨先生这句话还有一个作为前提的上半句，那就是"如果传统商业银行不能对电子化作出改变。"时至今日，所有的商业银行都在电子化方面做出了重大改变。事实上，电子渠道已经成为商业银行服务的主渠道。例如交通银行的电子银行分流率就已超过73%，通过人工处理的业务已经不到30%，而三年前的这一比例还在50%以上。

现在的问题是，在商业银行积极做出改变的同时，互联网金融还能否在21世纪让商业银行成为灭绝的恐龙？我的观点是，在数字化金融时代，基于IT技术的发展，互联网金融完全可以取代商业银行的功能，但这仅是针对技术层面而言。事实上，互联网金融要真正取代商业银行还受制于诸多因素。

首先，银行体系作为现代市场经济的核心，在市场调节和政策传导方面发挥着重要的基础性作用。金融是经济的核心，经济稳定离不开金融稳定。只要中央银行体系没有改变，中央银行发行货币、控制通胀的职能继续存在，银行体系作为调节市场经济、传导宏观政策的主渠道功能也就继续存在。但与此同时，互联网金融改变了货币发行创造、资金价格决定等一系列金融运作机制，有可能带来金融风险的放大和传播。无论是从行业自身可持续发展，还是从国家经济金融安全的角度，如何推动互联网金融在有效监管前提下的有序发展，都是需要认真研究的重要课题。

其次，银行体系作为建立健全社会信用体系的中枢，在保障社会资金高效融通的安全性方面发挥着关键性作用。借贷关系的产生以信用为基石，而目前纯粹意义上的"自金融"身份仍处于灰色地带，在行业监管、业务规则等方面都近乎空白。尽管互联网金融在提高信息透明度、降低交易成本方面有其独有优势，但由于其身份认定的不

图7-37　牛锡明

确定性，出于监管对客户信息安全的保护，目前仍无法与社会信用体系形成有效对接。在资金融通过程中，互联网金融对于信用体系的完整性和有效性要求更高。以人人贷为例，实施平台担保将加大借贷资金的成本，而不进行担保则将大大增加风险隐患和损失概率。有研究数据显示，人人贷鼻祖 Prosper 2008年之前的贷款平均违约率达30%，平均收益率−7%，即便是采用严格借贷者准入的Lending Club，贷款违约率也高达24%，收益不到1%。银行体系作为最传统的融资中介，一是拥有完整的客户评级体系和成熟的风险识别监控技术，二是可以通过自身信用对客户信用进行升级，三是在社会信用体系核心信息提供和应用方面的实践比较成熟，因而在信用风险识别、资金安全保障方面的优势仍然要远大于纯互联网金融模式。

第三，在大额信贷业务、集成式金融解决方案方面，银行体系仍然拥有互联网金融模式难以企及的优势。专业化分工是现代经济的重要特征。大额的、复杂的金融交易的开展，需要高程度的专业知识背景，以及法律顾问、会计审计、评估评级等专业团队的共同支持。在目前的信用环境下，仅仅依靠平台数据与信息来替代专业团队的工作，仍然存在难以逾越的障碍。另一方面，在最基本的贷款之外，商业银行还能提供银行承兑汇票、信用证等多种融资工具的组合，包括信贷、投行、租赁、信托等在内的立体融资解决方案，有效降低企业的融资成本。

二、互联网金融时代的银企合作将拥有更为广阔的空间

互联网金融并非互联网对传统金融的简单取代，而是技术与金融的深度融合。作为银行从业者，我倾向于将银行对互联网技术的应用理解为"自金融"之外，另一种形式的"互联网金融"，那就是基于互联网技术的"全平台金融"：商业银行基于现代信息技术与互联网络，构建起"人工网点＋电子银行＋客户经理"的"三位一体"全新服务模式，为客户提供"一键式"的全方位金融服务。2011年5月，交通银行已与阿里巴巴签约，共同致力于形成金融服务支持并推动互联网经济发展、互联网经济促进并提升金融创新进程的良性互动关系。未来我们将抱着更加开放的心态，加强与各类机构的合作创新，通过金融业务与互联网新兴业务的捆绑整合，为客户提供优质、高效、全面的互联网金融服务体验。以下几点应成为商业银行的变革方向：

第一，零距离银行。

金融是一个几乎没有物流成本的特殊行业，未来的银行服务完全有可能、也应该以互联网为主要载体。目前交通银行的绝大多数业务已经实现电子化，把各类业务搬上电脑、手机与平板，并通过价格、服务、营销等方面策略，鼓励客户只来一次网点，主要通过电子银行和手机银行来办理金融业务。3年前，交通银行在业内首推专用的手机银行客户端"e动交行"已成为具有较大市场影响力的银行手机支付品牌。去年，交行又推出全国首台"远程智能柜员机"（ITM），将自助设备与客服中心相结合，使客户在自助办理业务的基础上，借助远程视频坐席的协助，实现"无人银行，有人服务"。未来3年，银行的电子银行分流率可以达到80%以上。

第二，智慧银行。

商业银行的传统角色是提供资金服务，但通过借力现代信息技术，银行即可实现对客户物流、资金流、信息流的三流合一管理，从而帮助企业打通供应链各个环节，成为企业的全能财务管家。比如说，我们与全国主要大型汽车厂商开展深度合作，推出汽车供应链金融解决方案。该方案具有全产业链、全资金流的特点，贯穿汽车"生产——流通——消费"全过程，全面整合产业链中的上游零部件供应商、中游汽车制造主机厂、下游汽车经销商和终端汽车用户，以及汽车金融公司或财务公司等协作方的信息流、资金流和物流信息，为各参与方不同时间节点上的金融需求提供解决方案。通过金融服务与产业流程的紧密耦合，实现企业金融、个人信贷、信用卡服务的全方位跟进。

第三，全功能银行。

未来银行在金融服务中的角色，我想应该近似于信息行业中的系统集成商。就是说，银行的主要职能应该是联合各类第三方机构，整合各种不同的产品，为客户提供全方位的财富管理服务方案。例如，通过与第三方支付公司的合作，为电子商户提供融资、现金管理、供应链管理等服务；通过与电信运营商的合作，为客户提供移动商务综合化解决方案；通过与管理软件提供商合作，为客户提供财务管理、企业管理等增值服务；通过与教育咨询行业合作，为客户提供出国金融、留学汇款等一揽子服务。

互联网与金融的融合，将使得金融服务方式发生彻底变革。认清互联网技术的变革方向、发挥银企互补优势，为客户带来更为优质高效的金融服务，从而实现银行、企业、客户的互利共赢，需要我们的一致行动和协同努力。我诚挚希望，在互联网金融的乐章中，大象也能插上信息技术的翅膀，翩翩起舞。

牛锡明　交通银行行长

创想发源地B：再议中国企业国际化

华为、中兴、三一的美国市场阻击战，不论是华为、中兴在美国国会山举行听证会，还是三一重工状告奥巴马，都体现了中美贸易过程中的种种不透明和不信任。这不仅是政治作秀。美国议员从未改变看法也可能从没有打算改变看法，中国企业尝试改变，但仍未进入符合美国政治生态的叙事语境。适合中国企业的对策是什么？中国企业"国际化"遭遇美国阻击战怎么办？

在2013亚布力年会上，由亚布力中国企业家论坛主席田源主持，邀请复星集团董事长郭广昌、华谊兄弟传媒股份有限公司董事长兼CEO王中军、万盟投资管

图7-38

理有限公司董事长王巍、雅昌企业（集团）有限公司董事长万捷、苏州广大投资集团有限公司董事长朱昌宁、爱国者数码科技有限公司董事长兼总裁冯军、日兴资产管理有限公司亚洲区总裁裴布雷、香港科技大学工商管理学院院长郑国汉、香港科技大学副校长翁以登、美国并购公司总经理大卫、上海国际瑞力基金董事长成保良、中国国际金融有限公司投资银行部董事总经理王东、万华实业董事、合成国际执行董事赵兵共同探讨中国企业国际化之路。

田源：国际化的成果，大家都享受到了，我们也感觉到国际化已经在我们的门外边了。今天参与讨论的好几位朋友都走在国际化的前面，他们是先行试水者，而且已经取得了很大的成就，今天，我们就分享一下他们的成绩和看法。

挑战与机遇并存，机遇大于挑战

王东：对于中国企业国际化，我感觉有这么四个方面：

第一，挑战与机遇并存，机遇大于挑战。挑战主要是中资企业发展速度和变化是比较突然的，对于整个国际并购市场来讲，冲击比较明显，因此在原有的格局里面，一定会遇到很多抵触。但机遇也是不容错过的，尤其是欧美市场并购的机会和价值不断提升。

第二，企业的国际化需要有政府的支持。在矿业领域，中国政府给了很多支持。如果未来在制造业、服务业、消费品业，政府也能提供支持，这对企业的国际化将有很大的帮助。

第三，国际化需要一个开阔的心态和合作的态度，这也是中资企业在海外并购中需要进一步加强和注意的问题。

第四，从增长的前景来讲，根据过去几年的数字来看，在国际化的过程中，民营企业、中小企业有很多的机会。首先，增长的速度非常快，无论并购交易的宗数，还是交易的金额，都在成倍地增长。其

图7-39　万捷

次，交易行业的结构发生了重大的变化，这种结构变化对未来企业和中国经济结构性调整有着重大的支持作用。第三，我们非常欣喜地看到民营企业越来越成为国际化主要的力量，民营企业在过去发生了很多经典性的交易，这些交易对于拓展将来交易的空间，对于企业并购国际化的层次发挥了重要的作用。

国际化要注意政府关系

翁以登：我在美国政府工作了二十多年，所以我对美国的一些情况比较了解。其实这个走出去，已经谈了很多年了。我记得十几年前一个商务部的副部长在海南岛的一个会议上鼓励中国企业走出去，特别是金融风暴2008年、2009年，有很多人非常想出去并购。的确像王总讲的，这个趋势是往上走。可是我给你一些简单的数据，其实这些统计是非常小的一些统计。比方说这么多年，中国在美国的直接投资是200亿左右，大概200亿的项目，我不知道它以前翻跟头翻了多少，翻到现在

图7-40　翁以登

5%都不到，所以对美国就业影响是3万亿以下，这是很重要的一个数据。另外一个数据值得讨论，2/3的投资者跟中国的政府有关系，民营企业是1/3都不到。

现在到美国投资要特别注意政治情况，以前在美国做生意不需要的，你到那儿开一个店就开一个店，现在中国公司要过去的话，尤其一些敏感的行业，用一个能在美国制造政府关系的人是很重要的。这是最近三五年的一个转变，要在美国走出去，不管是上市、投资，还是并购，都需要注意政府关系。

为什么你还没有国际化？

王巍：从我们公司的情况来看，近四五年的业务是外贸业务，我们在美国、日本、香港地区有三个分会。因此，我的一个观点是，现在我们面临的问题不是中国是否要国际化的问题，而是每个企业都要考虑为什么你还没有国际化。

第二，我们过去的很多成功经验在国际领域上要重新来一遍。心态规则、行为模式等统统改变，因此我们要重新学习。在中国成功，不意味着在国外成功。很多很牛的企业延伸到国外后结果一败涂地。

第三，全球市场和中国市场一样，它有经济周期、商业周期，也有政治方面的原因。因此，国际化过程中成功和失败都是正常的，所以没有什么大惊小怪的。

图7-41　王巍

国际化的瓶颈或阻碍

郑国汉：过去这10年，我们在海外的投资是异军突起，突飞猛进。但是看整个中国在海外投资的存量，实际上是一个很小的数目，2011年量值3600多亿美元，占全世界的1.73%，跟美国的21.3%还有相当大的距离。我们可以想象到，还有很大的空间，中国海外投资还可以继续发展。

中国未来两年的发展，估计会出现一些瓶颈或者阻碍，东道国接受中国投资的程度，这里既有政治因素，也有中国企业在境外的形象问题，除赚钱之外还会关心什么？是否只是把矿产挖走？现在，无论是在非洲还是美洲，这种投资都很难被接受。中国企业在境外受到不同人的批评，我觉得有几个原因：

第一，只因为我们是中国人。是否国际化就不分人种？实际上还是分人种的。很简单，举一个例子，美国最大的外资方是英国，比第二大的日本还大很多，可我们就从来没有听到

图 7-42　郑国汉

美国人怀疑英国人到美投资的消息，但是美国对日本就出现过反抗的情绪。

第二，因为我们更多的是国有企业，虽然民营企业到海外投资的比例越来越大，但是最大部分还是国有企业。国有企业会引起更大的议论，因为他们认为这是中国政府能指挥的商业机构。

第三，过去几年，大部分投资不是我们所谓的绿地投资，都是通过兼并来进行的。

第四，在美国投资的领域，我们可能在伊朗或者其他地方也有投资，这令美国不满，因为他要制裁伊朗或者以前的利比亚。所以，中国国企到国外投资的时候，最好不要说你代表中国政府，免得引起人家的怀疑。

民企在国际并购中的作用很重要

王东：感谢香港科技大学的教授。刚才两位教授提到的数字我稍微解释一下，他们提到的数字是没有错的，我们从另外角度看存量问题，中资企业对海外并购累计资金3000万左右，其中2/3发生在过去的10年，其中一半发生在过去的5年，从投入增长的速度来讲是非常快的，当然，达到几万亿是个远景，但是增长的前景还是有很大空间的。

第二，讲到比例，10年前中资海外并购占全部份额0.5%都不到，现在对中资并购份额达到5%，这个份额增长还是很快的。

谈到美国份额的问题，我们看了一下，过去10年中资在美国大概300个自动交易，240个完成了，失败的几率并不像大家想象的那么高。从全球来看，公告的交易中完成的比例大概是90%，这是过去10年的一个比例。中资在全球公告的交易和完成的交易大概是80%，我们比那个比例低一点，但是也没有想象的那么悲观。

另外，我们对民企在将来国际并购中的作用非常关注，也非常重视。因为中国角色基本上是国企，50%、60%投在油气，15%、20%投入到资源，消费品领域占总投资份额只有百分之十几。民企是倒

图7-43　王东

过来的，主要在制造业，在能矿投资领域相对有限。

为什么要国际化？

赵兵：为什么要国际化？第一，避险；第二，投资回报；第三，我作为一个企业经营者去买，发展的空间不够，技术不够，市场不够。这样子大家就清楚了，而不要说我们现在资金流动比较泛滥，我有点钱了，盲目地就出去了。

打造国际化品牌

冯军：关于国际化，我们的观点其实还是老祖先留下来的那六个字：天时，地利，人和。查查历史，日本东京奥运会之后第四年第五年正好是索尼、丰田、松下欧洲的成立日。日本当时一些中型企业，当时并不大，68年索尼并不是什么大企业，但是68年成立的巴黎分公司开始国际化，那是第一个。一个普通员工被派过去，结果彻底改变了索尼的命运，也改变整个民族的命运。

2013年3月23日，在三亚进行国货精品元年，都是中国最好的品牌，红孩儿、李宁等等各行各业中国最好的品牌。原来做品牌国际化很难，但是我觉得现在应该开始了。奥运会第四年第五年走出去都是品牌，品牌能拉动整个国家形象的改变，挣了全世界的钱大家还夸他，何乐而不为呢。

图7-44　赵兵

图7- 45　冯军

走出去与带回来

朱昌宁：国际化的目的到底是什么？发达国家的跨国公司之所以走向国际

图7-46 朱昌宁

化，是因为在国内非常成熟，这方面做得非常精，他们国内的市场饱和了，而国际上还有大块的地域可以去扫一扫。我想问一下，我们中国的这些企业，有没有这样的能力，或者又要问一问，我们中国的市场是不是都已经很饱和很充分，已经没有发展空间了？我觉得恐怕在很大程度上都没有解决。其实刚才大家都已经讲到了，我们有没有团队，有没有国际规则这方面的意识。

实际上在我们走出去过程中，更多的是要带回来。我们通过走出去参股，乃至于想办法能够控股他们一部分，让他们走到中国来，跟我们在国内的这些企业结合起来，把他们一些先进的管理方式、运作模式和一些团队拉到中国来，跟我们开拓中国的市场，同时提升我们自身企业国际化的程度，这一点是近一段时间，我们一些不太大的公司，走出去更主要的一个目的。

田源：朱总讲的是很有意思的观点。目前这个阶段企业走出去的目标不是把资产放出去，在国外发展壮大，确确实实国外还有很多好东西，通过走出去，通过投资，通过参股，你有机会跟他学，然后把其带回国内。这个跟日本过去走出去有根本性的不同。

美国并购空间大

大卫：美国2012年整体并购和融资的数字是10亿美元，但是令人吃惊的是2012年中国这个数字是180亿美元。并购过程越来越成熟了，我们的模式被英国和欧洲的其他市场所借鉴。历史的数字表明，从美国到中国投资数量中国是美国投资数量的六倍。中国对美国对外直接投资在增长十分迅速的同时也存在一些挑战和机遇，这是我今天主要讲的中国企业国际化的议题。

我主要先谈一下中国对外直接投资的挑战。中国对美国对外直接投资占中国所有对外直接投资的1%或者不到2%这个数字，这些挑战主要来自于美国对国家安全的一些妨碍，基于国家安全，对这些并购的案例进行阻挠。中国企业对于美国并购的过程并不是特别熟悉，而且也缺少一些并购方面专家的帮助，所以对于获取一些比较高质量的并购机会十分少。

2012年有一个非常成功的案例，就是工商银行成功收购东亚银行，过程中他们用了两个十分优秀的律师，

图7-47　大卫·A·弗格林

帮助他们成功地完成了这宗交易。2012年中国对美直接投资达到了64.5亿美元，从2010年到2012年，总的投资数字是110亿美元，2012年的数字是64.5亿美元。

这几年，美国的农业能源、娱乐、房地产、汽车、IT、金融和公共交通这些产业，来自中国的投资都有很大的成长。中国现在正面临着对美直接投资的一个非常好的机遇。主要是基于两个原因。第一，中国市场对于美国资产的收购有着很大的成长空间；第二，中国相对于其他国家来说，经济上处于一个更好的位置，资产方面更加充足。

我们与中国并购工会的王巍先生、中国商会的秘书长Reacher.Wang和企业家论坛创始人田源先生在中国形成了并购的联盟。为了能够与来自中国和其他各地并购方面的专业人才共享信息，以及一些投资的机会，我们在中国和美国都举办了像这样的会议，能更好连接各方的关系。我们十分欢迎在座的各位能够参加我们在座举行的会议。

在过去的三天时间里，我与一些媒体、一些学术领域，以及一些商界领域的一些人见面，进行一些谈话，我们讨论的内容主要是中国与美国之间商业关系的发展空间。以前我们中美双方的关系，主要是中国能够帮助美国制造一些成本比较低的产品，但是今后我认为这种趋势将会改变，中国对于国外直接投资的扩张，将会对中美双方的金融和治理资本方面有很大的促进作用。

田源：谢谢大卫。最近三年我做两件事情，一件事情是把亚布力论坛推到海外，中美商业领袖圆桌会议，郭总、陈总、中军、冯仑都非常支持。每年一次，四月

图7-48 田源

份和美国大概30位商业领袖一起召开这样的会议，讨论中美之间合作问题，也发现了很多的商机。王石已经战略性进入美国，但是一个试水项目，在旧金山。去年在圆桌会议的时候，他带领一个房地产商的小组，六七个人，跟美国最大的房地产商——也是冯总的一个好朋友——好几千亿的一个地产商去拜访学习，促成他们的合作，在旧金山宣布他们第一个好项目，20年来没有这么好的项目。这是一个新阶段的开始，但是这个项目本身赚多少钱不重要，重要的在于万科为国际化做了一些准备，王石这两年除了在美国学习，也推动生意的发展。

亚布力年会在冬天召开，每年夏天的时候亚布力论坛也会在一个省举办高峰会，今年会在安徽合肥和安徽省政府联合举办，四月份在美国有一个圆桌会议，这都是非常好的交流平台，这是我这两年做的工作。

另外我自己的一个投资咨询公司，我们在美国这两年也尝试试水投资，包括为中国企业国际化提供服务，所以也有很多体会。我的感觉来讲，美国这样一个比较大的市场经济国家，西方国家最大的一个经济体，对中国有着非常大的需求。中国也在这个地方有很大的空间来利用这个国家的资产资源，来为我们企业自己做大，或者说产业升级服务。中国公司到海外进行发展投资，现在进入了全面的、多样化的新时代。

本土能力是实现国际化的基础

郭广昌：第一，国际化绝对不仅是海外投资或者去买一点什么东西。我理解的国际化应该是全球范围之内组织资源，这个资源包括市场、技术、人才和网络这样的能力，从而提升自己的竞争力，更好地为企业为社会创造价值。这样过程是我理解国际化的一个过程。所以在这样一个国际化过程中，应该是在被动压抑情况下的一种主动选择，为了企业更具备竞争力。

第二，本土能力是实现国际化的基础。所以复星为什么做国际化投资型企业。很简单，全球投资型的企业都到中国来了。我们碰到一些项目竞争的话，人家为什么让一个国际企业投，原因很简单，它可以为我们带来国际资源。反过来想，我们去投资海外企业，他们问为什么给我投资，很简单，我可以给你带去中国的成长。因为这种原因，使得他愿意跟我进行战略伙伴的合作。

图7-49 郭广昌

第三，不管我们怎么发展，都要尊重国际规则，尊重人家的政治游戏规则，尊重当地的文化，我们要的不是抱怨，不是说别人做得不够，我们要的是更多的理解、更多的合作。好的文化、好的规则都是相同的，越是中国的东西，往往也是全球的。

第四，具体的做法上，我们也看到一些案例，比如说地中海俱乐部，2013年是复星加快投资的一年，我们投资10亿美元以上，不少的项目最近一个个在公布。但是我还想讲一些别的例子。比如说对复星医药的研究网络，我们完全是跟美国嫁接在一起的。同样的机构一部分设在美国，我们投资美国当地的一些研发企业，另外一部分放在中国，放在上海，放在重庆，技术上我们充分做到国际化。所以说，从自身需要出发，从市场技术人才网络全球这种眼光去组合资源，为自己创造价值。

最后一点，复星非常愿意投资中国企业，帮助这些中国企业能够嫁接全球资源。复兴也非常愿意投资更多的海外企业，能够把中国的资源嫁接进去。我们要做的不是一个中介，我们以资本的纽带为基础，把人、文化、资源、网络放在一起，更重要的是后边这些东西，而不仅是钱。我也跟大家非常坦率地说，我们刚刚开始，更多向大家学习，但是不断地探索。

王中军：每回来的参会朋友都是万能的，放在哪桌上说哪一桌的话。每一个企业家每一个企业的领导者国际化都是从自己的角度。刚才广昌说的我非常接受，你走向国际化其实主要的优势还是本土优势，你有什么资源给别人，你跟他能合

图7-50　王中军

作，你对他有什么吸引力，我们也能接受。我们华谊兄弟，要说国际化有点大，其实就是跟国外很多机构合作的形势，我大概想了一下无非是境外市场的合作、境外管理的合作，还有国外的东西拿回来自己进行合作。有一些东西，比如冯小刚的《不见不散》到国外就不行。我们的电影主要是跟美国合作，最大的国际化是学习他们的治理结构和对某一部产品的分析与绿灯的经验。我们公司跟哥伦比亚、跟华纳、跟迪士尼、跟福克斯都有单系的合作，每个电影都是不一样的。这个过程中我觉得学习是非常重要的，包括我每次参加亚布力也好，参加我们其他经济类型的论坛也好，我绝对是说得少，听的多的。听到一两句好的言论，可能就是一次非常大的收获。你去好莱坞，跟几家公司老板进行几次对话交流，如果有某一句话启发了你，你这一次走出去就是值得的。更想强调的是，特别像我这样的企业，最大的优势还是本土优势，现在不管是华纳还是迪士尼，跟华谊兄弟合作看好的是最好的发行商。现在在国内单系过两亿，以前不敢想象，现在分分钟就会出。不管你跟美国公司，还是跟国外电影公司合作，你把他的经验和他的产品带进中国，做另外一片天地，我觉得本土企业家要抓住这个优势想想自己的国际化。

冯仑： 在20年以前，很少人认为不动产是一个全球性的生意，Teachmen打破了这个规则，把生意做到了迪拜、南美，做到了纽约以外的地方，把这做成全球性的生意。

我们看到，国际上投资不动产的大多以VC、PE的方式去投。很有趣的是，从前年开始，Teachmen

图7-51　冯仑

用在美国投资的方式在中国进行投资，而且也成功了。美国的方式是什么呢？就是拿到一块地以后成立一个基金，让基金去买地，然后自己管理这个基金，建筑施工的同时也做物业，物业做起来后再做资产管理。他进入中国的时候，很多人认为这种模式在中国行不通，结果他第一个项目在苏州做起来了，现在用同样的方式又在北京做起来了。

在不动产上怎样做国际性的生意，依靠的是什么？我们也做了一些尝试，比如在建立中国中心，然后又和一个家族一起开发公寓项目，最近做了一个健康住宅的项目。在这个过程中，我发现不动产要国际化有几个东西非常重要：一是资本在全球的流动要按一个标准来走；二是一定要有特别专业的水准，使其能够在另一个市场凸显出来。

提高企业核心竞争力

成保良： 中国企业国际化直接往国外投资不一定是最佳的一个方式，因为它走的是西方的经济周期。我觉得重要的是并购，并购和整合可能会成为将来中国企业国际化一个非常重要的途径。中国在未来并购市场上可能会占有非常重要的地位，甚至是主导性的地位。我们有这种自信心，能面对下一次的全球并购的浪潮。

从中国目前的产业结构调整来看，我觉得迫切需要在全球收购技术、资源和品牌，来提升优化我们的经济结构。我们也靠我们自身的力量去积累去发展，但是可能时间、速度和品质都不一定能达到。实际上我们现在面临的机遇中有一个很好的机遇，就是在全球去并购这些比较优质的资产。

另外一点，现在我们的企业都面临着瓶颈，以后要提高企业的核心竞争力。很多人讲我们并购的目标是什么？实际上我们并购的目标很简单，目前这个阶段最现实或者最可行的是提高我们自身的核心竞争力，这是根本，是我们的优势点，也是可行的。从现在市场反映的情况来看，我们企业持续的核心竞争能力不够。要使这个企业核心竞争力提升，最快捷有效的方法就是并购。

我们在整个全球运作过程当中要金融先行，金融要发挥很重要的作用。我们现在就是要全球并购，而且以中国整合作为我们的基本点。

裴布雷： 当一个中国企业在考虑走出去的时候，有一个简简单单的建议，就是不要忘记公司文化的重要性。我们总公司在日本东京，已经有53年的历史，现在

图7-52　裴布雷

是亚太地区最大的基金管理公司之一，所管理的资产超过1600亿美元。但是在短短的8年间，我们公司很弱，可以说是一个传统的日本公司，员工都是日本人。虽然在伦敦、新加坡、纽约有办公室，而且办公室有接近20年的历史，但这些办公室都赔钱，公司的很多股东觉得非常尴尬，后来他们觉得只有一条路可以走，就是国际化。

成保良： 我来自一个实业。我们才刚成立20年，我觉得国际化现在阶段还是我们中小企业学习的阶段。30年改革开放，我们30年前没经验，没钱，没市场，没管理，我们凭什么有这么多资金去投资外国？难道外国公司都不进步，只有我们进步吗？国际化只是给我们创造一个学习的机会，中国企业现在还是学习的阶段，这是第一点。

第二点，我们还是学习的机会。我们用20年把印刷行业的一个夕阳产业做成一个朝阳产业，就是利用互联网，利用现在的IT产业。我们现在在国际上也是有一个特色的，包括通过这样一个创新的模式，使我们在传统行业上也变成国际第一的水平。比如说10年前我在美国印刷质量评比上得到一个奖，但是去年我在美国已经是第三次得奖总数第一名了。美国的企业、欧洲的企业都对你有敬佩。为什么能在这样一个夕阳行业得到这样的一个名次，实际上我通过国际化的学习，把所有国际上最好的技术、最好的设备、最好的人才、引进过来，包括我的人，我已经送出去300多人，到现在我还有10个人在欧洲、8个人在日本学习，利用春节的时间学习国际化实际上给我们提供了很多的机会。我觉得刚才说的各种国际化的概念都有，但是作为一个实业，因为搞实业在这里并不多，大家说投十几亿美元容易，其实更难。我们过去说战胜金融危机，实际上你没下场比赛你怎么知道你是输是赢呢？实际上我们没比赛，不能说我们赢了，或者说我们没输。

第三点，创造机会就是利用资源。我们现在搞文化产业，中国人的艺术欣赏水平和品位比较差，中国人没接受过这个教育，我没接受过，我爸爸没接受过，我儿子也没接受过。艺术馆教育是成熟的教育，它可以承担着几代人的教育，几百年的教育，在中国是一个大的市场。结合这个市场，艺术的书籍就是一个工具。随着电子化、无纸化的采用，艺术书籍又是奢侈品，我们知道，过去爱马仕、LV是奢侈品，但是书这种奢侈品被大家都忽略了。我们把意大利上百年的工艺引进过来，希望引导出书的奢侈品化，因为将来书一定是奢侈品。

田源：今天大家讨论的话题大概有这么几个方面：第一，中国企业国际化已经进入减速阶段，这是大家共同的判断。第二，什么叫国际化？广昌认为是在全球创造价值，马云说是思想战略、组织文化的国际化。第三，国际化的方式多种多样。

新旧媒体之争

新媒体的出现逐渐打破了以电视、报纸和户外为主的媒体格局，变为电视、互联网、报纸、户外并存的新格局。传统媒体面临着受众流失、成本压力大、盈利能力下降等诸多不利状况。如何在新媒体多样化传播手段的挑战下突围，在传媒业新格局中为传统媒体赢得重要地位，是迫切要思考的问题。

在2013亚布力年会上，由共识传媒总裁周志兴主持，邀请著名主持人敬一丹，北京大学教授、艺术学院副院长俞虹，正和岛创始人兼首席架构师刘东华，《中国企业家》杂志社社长何振红，《全球商业经典》杂志总编辑何力，台湾《天下杂志》副总编辑吴婉瑜，凤凰新媒体COO李亚一起参加讨论了新旧媒体之争。

周志兴：今天这场讨论，叫"新旧媒体之争"，什么是新媒体？比如说互联算不算新媒体，还是移动互联网算新媒体，微博、微信算不算？这个定义还没有搞清楚，新媒体的概念也并不是很准确。这个"争"有很多的争，比如说现在它的表现形式，它的技术手段，甚至包括资金和人才，很多传统媒体的人都纷纷流向新

图7-53 周志兴

媒体。但是在争的过程中，我们媒体人承担什么样的责任？今天我们只有一个小时的时间，我们请在座的每一位，简单介绍自己，然后谈自己的观点，最多5分钟，我们从李亚开始，因为我们说的是新旧媒体之争，李亚的公司叫"凤凰新媒体"。

新媒体"根正苗红"

李亚：大家好，我是凤凰新媒体的李亚，凤凰网是凤凰卫视控股在纽约上市的一个企业，我们既是一个媒体，也是一个企业。如果说新媒体跟旧媒体有什么最主要的区别，我感觉大部分的新媒体，从诞生第一天起就是根正苗红，因为它们很多是在市场机制下成立的，比如说靠风险资金的投资，用人也好，未来的发展也好，完全是市场化的，虽然跟传统媒体一样有监管部门的约束，但是是企业化的运作，在吸引人才和管理上的优势是非常大的。传媒在现代社会中所扮演的角色，特别是今天中国的社会依然是非常需要的，像环境监视，议程设置，我们经常会看到，不管是一些贪官，还是"表哥"的案例，都是从新兴媒体上被我们第一次看到，被挖掘，被放大出来。实际上很多的传统媒体在选题的时候，也是从新媒体或者是新兴媒体的报道中进行选题，这些选题就是媒体议程设置功能的一部分。实际上特别在中国的媒体生态环境中，由于监管约束，由于自媒体本身的自由度，所以在议程设置方面，反而扮演起了一个更大的作用。

何振红：听李亚说完，我感觉有一定的道理。李亚是凤凰新媒体，我

图7-54 李亚

来自中国企业家杂志社，这是一本有28年历史的杂志，在目前杂志界，也够传统的了。从我们杂志社这两年发生的事情可以看出来，新旧媒体的变化。东华曾经跟我也是一个单位，他曾经是我们中国企业家杂志社的社长，后来从中国企业家平台出来，拥抱了互联网。这样来看，我们处于一个什么样的状态呢？一个有28年历史的杂志，其实处在变革中，这个变革是怎么发生的？最大的发生点，还是信息技术变化。人们接触信息的方式变了。比如我在讲的时候，下

图7-55　何振红

面有很多人拿手机看信息，你不再是通过杂志，报纸，甚至是电视去看信息了，这是一个最大的变化。我们原来是记者，找到一个人采访，经过多少素材的积累，经过加工，形成一篇文章交给你看，现在这种方式发生了非常大的变化，我们怎么在生产方式上适应这个变化？这就是我们现在面临的挑战。还有一个挑战，我们现在的媒体性质跟李亚不太一样，《中国企业家杂志》是《经济日报》属下的一本杂志，所以在性质上，我们一直是事业单位，不是一个企业。去年我们完成了形态上的变化，变成了企业法人，还是一个很少有的企业形态，叫全民所有制企业。全民所有制企业只是在注册的形式上发生了一个变化。接下来，我们能不能实现全民所有制企业向真正企业的变革，对我们来说也是一个考验。

　　周志兴：我们台上一共8个人，你跟东华原来在一个单位，我跟李亚在一个单位，我原来也在凤凰网待过。东华你来讲。

新媒体自由、平等，绿色、节能

　　刘东华：我做了30年的媒体，从经济日报到中国企业家杂志，到中国企业家俱乐部，到现在的正和岛，都是为企业家服务，我这个人非常的专一，也是喜新不厌旧。刚才说正和岛是什么？它是一个混合体，既有传统媒体的因子，也有互联网，尤其是移动互联网的这种特性。新旧媒体之争，这个题目确实太老了，在十几年前，我跟张朝阳就争过，我说中国如果媒体体制、管理体制早一点放开的话，我

图7-56 刘东华

有信心，用内容整合渠道。现在新旧媒体之争，新和旧到底是什么？你要泛指的话，新旧是时时刻刻都在发生的。但是从本质的角度，尤其从中国来说，传统媒体或者是旧媒体，它是垄断性的，它是只有个别机构才拥有的特殊权力，而媒体是自由的，是谁都可以的，每个人都有一个话筒。传统媒体或者是上对下，或者是单项，我说你听；而新媒体是互动的、平等的。

传统媒体成本是非常高的，哪怕是一本杂志，一个记者从采访到编辑，到印刷到出版，到发行等，非常繁琐；而新媒体是非常简单的，微博，谁都可以，拿过来就说，也不用会拍照，拿着手机随便一拍，就可以实现。今年亚布力论坛，实现了无纸化的会议，新旧媒体另外一个重要的差别就是，传统媒体都是耗能的、耗资源的，而新媒体是节能的、绿色的。

周志兴： 今天在座的有一些是做纸媒的，还有的是做电视的，敬一丹大家都认识，请敬一丹来讲讲电视台现在是怎么样的，电视媒体在新旧媒体之争中处在什么位置上。

新旧媒体之变

敬一丹： 我坐在这不是很踏实，大家现在还看电视吗？早年间还看，现在不大看，现在可能是看看《非诚勿扰》、《中国好声音》。我跟大家说个事，前两天北京持续的雾霾，我偶然间走过中央电视台东门的十字路口，看到很多行人戴着口罩，警察没戴，非常年轻的一个警察，我说："你们不可以戴口罩吗？"警察说："不让戴。"我说："要是我们大家呼吁呢？"那个警察说："网上现在有人呼吁。"我回去就发了一个微博，这个微博是晚上6点半左右发的，我就很客观、特别平静地说了这件事。第二天，我一开微博吓了我一跳，一两万的转发量，第三天下午就有了转机，济南率先允许交警戴口罩，当天的傍晚，公安部交管局有了说法，允许全国的警察在需要的时候戴口罩。这个时候微博的转发是3万多，评论是5000多。

这件我偶然间做的事，为什么最后有这样一个结果？它形成了某种舆论，翘动了某种规律，改变了某种现状。如果没有微博，我尽管干了20多年的电视，干了20多年的媒体，也没有想到能用这样一种力量，带来一些改变。这个改变给我带来了很多的启发，就是媒体要干什么？媒体不光是记录，媒体还要改变，这个题目我感觉要斟酌一下，我自己更喜欢叫"新旧媒体之

图7-57 敬一丹

变"，其实新媒体出现以后，媒体的格局、媒体的生态都在变化，媒体人也在变化。原来20年的时间里，在电视媒体处于强势的位置之下，我没有太多的安全感。而有了新媒体以后，我觉得我们首先要问自己，我们真的能那么安然地去面对我们的受众吗？那个时代已经过去了。

周志兴：尽管敬一丹说得非常好，但是时间到了，我还是要打断他。如果你没有20多年电视从业的经历，没有那么多年积累的名气，你发的微博不会有那么多转发，所以说这也是旧媒体和新媒体融合的一个例子。我们还接着说电视，打破一男一女的界限了，俞红来说。

俞红：大家好，我对于大家来讲，肯定是一个新面孔。我来自北京大学，主要从事影视教学和媒介文化与媒介影响的研究。在亚布力论坛当中，我看到了企业家们所呈现的，对于话题阐述的前沿性、开放性、批判性以及建设性。论坛的这种有效意义，是非常值得我汲取和获得启示的。因此，我在想，就这个论题而言，企业家在这样的问题当中，应该期待得到什么呢？从媒体的角度来讲，我希望我们的企业家，在今天媒体引领推动社会这样的一个背景下，在新媒体，或者是媒体生态环境变化的情况下，我们如何深刻地、清晰地认识媒体，以至于我们有效地运用好媒体，来宣传自己、传播自己，把自己的企业精神传递出去，而更重要的是，我们如何有效地利用媒体，把我们对于这个社会的责任与担当传播出去。因为责任与担当，也是我在昨天、今天听会的过程中，让我觉得非常值得放大的，是对于企业家精神的一种认识。

我们拥有我们的资源，拥有我们的权利，拥有我们的影响力，我们如何真正

有效地利用这样的媒介环境的背景，讨论这样的话题是非常有益的。

周志兴：下一位有请何力。

媒体是我们身体的延伸

何力：大家晚上好，我叫何力。谈到新旧媒体之争的命题时，这里面涉及一个最根本的问题，关于媒体的定义问题。我们在当下关于媒体的定义，把媒体理解成为报纸、电视、广播、电影、杂志等等，我们习以为常的表达方式，或者是一个平台。其实大家如果看过麦克卢汉《理解媒体》这本书的话，大家就会发现媒体的定义已经发生了很大的变革，虽然有争议，但是趋势是不可避免的。比如说麦克卢汉说"媒体即是我们身体的延伸"，请看各位身体延伸的是什么，是手机，是你们形影不离的、比你自己太太还要更亲密的一个产品和设备。最近，谷歌发布了一个眼镜，我认为这是一个非常大的产品，真的是我们身体的延伸。如果我们在麦克罗汉关于媒体的定义下去理解的话，我们再回过头看今天所谓的新媒体和旧媒体，你们会发现，技术的改变使我们身体的延伸变得越来越快速，越来越便捷，越来越多项化，越来越互动。为什么会有身体延伸？因为人是希望群居的，人是具有社会性的。所以，如果从这个意义上讲，我倒愿意从社会学的角度，对新媒体做一个诠释，就是说那些创造了人与人之间新的互动关系的媒体，不管它采取的是电子介质还是纸质介质，可能都是新媒体。我更想强调的是，今天的传播从技术上，或者是从本质上，能不能推动人与人之间建立某种新的联系。我们刚才举了很多的例子，包括一丹举的例子，包括微博和微信，微信为什么是一个很好的产品，微信非常好的平衡了熟人和陌生人的关系。中国人过去是熟人社会，而观察一个社会是不是民主和正义的、有前途的社会，要看这个社会中陌生人是什么关系，熟人之间，搀扶、礼让、客气，见到陌生人呢？所以随着传播技术和媒体的发展，如果能够在我们中国人陌生人关系的改善上迈出一点，这个事真的是很了不起的事情。当然，技术的改变使我们传统的媒体从业者面临很大的困境，美国有十几万的广告从业人员失业，或者是转行，我相信中国越来越多的电视、报纸、广播的从业者会转移到很多新媒体之中去。

内容为王

吴婉瑜：我是台湾《天下杂志》副总编辑吴婉瑜。大家可能不知道这个杂志，它在台湾是双周刊的杂志，在财经界还是很有影响的。为什么来这里，因为我们邀请的泰康人寿的周董事长到台湾演讲，他说中国有一个非常好的论坛，每年元宵节大家都会聚集在一起思考中国企业和社会的未来。我对这个题目的想法，新旧媒体之争，最重要的还是"媒体"这两个字，媒体的本质最重要的是要发挥影响力，所以说无论技术如何改变，以前你是看电视或者听广播、或者是阅读纸本，到现在用iphone、ipad看很多的东西，内容为王的事情还是最重要的。

图7-58　吴婉瑜

从台湾的观点来说，因为它是一个竞争的社会。我个人到哥伦比亚大学专门研究过数位媒体的变化，我举一个非常简单的例子，这3年来，我们的记者增加的人数不是那么多，但是我们数位媒体的人才增加得非常多。以前媒体都不太会招募的科系就到了媒体，比如说计算机部门招了一些对科技非常了解的人来，现在杂志有互动图表，在网络上有多元的呈现，可以充分显示新媒体工具技术的应用，对它有更深的了解，比如说你想知道台湾的财政非常的糟糕，台湾是全世界税收最低的地方，我们要比较全世界的国家。但是以前阅读是很平面的东西，现在可以有各种参数，在网络上和ipad上有各种变化。所以它对我们来讲，是一个很大的实验，就是说你怎么样了解在不同族群当中不同的受众媒体，在谈一个话题的时候，怎么发挥他们的影响力。身为媒体的同仁，要发挥影响力，技术会与时俱进地改变，它是一种革命，我们要针对技术革命做出改变，好的内容还是会受欢迎的，还是非常重要的，谢谢！

周志兴：我也说几句，其实说到之争，我更想按照一丹说的，之辩，辩论的辩。我感觉有很多东西是互相变化，互相推动的，比如说新媒体对传统媒体会产生一些冲击，传统媒体也会随着新媒体的节奏而发生一些变化。比如说"表叔"的问题，"今天最新的消息，杨达才查出来有1600万的存款，今天被抓起来了。"这完全是新媒体发挥的作用。在这种情况下，其实很多传统媒体是跟着转变的，它也在随着节奏走。当然，可能因为各种各样的限制，它转变得不是那么快，或者不是那么彻底，但是多多少少还是在转变的。再者，很多传统媒体的从业人员，很多东西在本报是发不出来的，在本刊是发不出来的，但是它通过新媒体和次媒体发出来，这也是新旧媒体融合的一种。所以我想，新旧媒体的融合，也会是下一步的一个方向。

下面还有一点时间，请在座的人补充一下。

李亚：我想分享一个看法，不知道大家有没有这种感觉，网络给你带来的是幸福感增加了，还是减少了？这个词可能是问得老掉牙了。大家听到过一本书吗？《网络致死》，大家都有这种经历，几年前你可能半夜还在偷菜，可能一年以前，你也是马不停蹄地发电子邮件、短信、微博、微信，这些加在一起，真的是人不用干别的事情了。在这种情况下，我们的注意力、原创力、思维力和想象力都受到非常大的伤害。新媒体是人身体的一个延伸，但是实际上这种延伸有时候让我们目不暇接，让我们忘记真正重要的东西。

我们自己身处变化快速的行业中，我们惊喜地发现，凤凰网每年都保持了60%以上的用户增长，现在凤凰网每天的反馈量在中国所有的互联网企业中排在第10名。这样一想的话，实际上凤凰网是非常传统的一个新媒体，可以说是新媒体里面的旧媒体。但是凭什么它能做到这样，让我们自己解读就是，在这样一个纷繁变换的时代、转轨的时代，我们每天收到碎片化的信息、海量的信息，需要一种整合，需要一种解读。在这种解读中，一起去探寻意义，并且去传播价值，这种探寻意义和传播价值，让我们回到媒体的职能，发展身份异同，或者是一种认识，这种职能可以很好地把数字媒体的特性和传统媒体在社会中的角色结合起来，这点是我们在持续演变的新媒体发展过程中，自身的一个体会。

企业家要善用媒体

敬一丹：我一直在想，新旧媒体之争，之辩，对各位来说有什么意义呢？对各位企业家来说有意义的就是，今后如何利用它。用媒体，是企业家面对的一个课题。我一直感觉，如果现在企业家不善用媒体，尤其是不善用新旧融合阶段的媒体的话，那就算一种能力的缺失。而善用媒体的，是企业家应有的一种能力。但是可惜的是，我们经常会看到企业家、官员、社会各个层面都有一些人，对媒体还相当的陌生。媒体都这样了，新媒体都这样了，如果还陌生的话，那会出现多少被动？我们看看现在的新闻，有了新媒体以后，各种各样的新闻是层出不穷的，刚刚发生的事情，马上就成为旧闻，这样的传播力量，如果还不主动接近媒体、运用媒体的话，那就成被动的了。

说起善用媒体，我们国家的高级官员、高级领导人中，最善用媒体的就是朱镕基总理，那时候还没有新媒体。朱镕基总理是把《焦点访谈》当成一种工作方法用的，大家看到朱镕基总理300多篇讲话实录中，有60多篇谈到了《焦点访谈》。《焦点访谈》只不过是电视机的一个栏目而已，为什么作为一个国务院的总理会这么看重，其实他在非常主动、非常智慧地运用它、运用媒体的特殊力量去做一些快刀斩乱麻的事情。我现在特别希望，在媒体已经出现这样变局的情况下，我们看到更新锐的领导人，更智慧地运用媒体。放着媒体不用，这不是浪费吗？让媒体传播更有价值的声音，这是我们的愿望。

理念有多远，才能走多远

俞红：一个人的理念能够走多远，你后面的行动才有可能往那里走。乔布斯在他创业初期，他的理想是"要让电脑改变世界"；比尔·盖茨创业的理想是"让世界每一个人拥有电脑"。这两个理念，实际上引导他们都走到了一个很高的高峰。但是，谁后来走得更远，谁后来走得更高，这取决于"让电脑改变世界"使得它更多的研发和创造，对电脑本身的深度开发给予了人们。事实上，人们现在更平民化地拥有了苹果。

企业家有多种手段利用媒体。美国的地产大商唐纳德，做了学徒真人秀的节目，当时在美国整个收视率是非常之高的，他自己不仅做制片人、投资人，同时做这个栏目的主持人，主控着这个栏目的思想和创造，把职场中的企业家的职业道德、职业技巧，以及企业家精神，全部贯穿在节目当中了，这不仅是唐纳德公司本身的追求，实际上是企业家精神的综合体现，甚至包括了他们对这个社会的责任与担当。由此而言，新旧媒体之争、之辩，最终是之和。所谓新媒体，只是在一个历史节点当中，相对于报纸、广播、电视而言的媒体来说的，而且媒介的融合是一个大趋势，我们如何利用好他，也是我们需要积极去选择的。

何振红：刚才讨论说"新旧媒体之争跟企业家有什么关系？"我讲一下我的观察，媒体在发生变化，回过头来看，这个变化是怎么发生的？微博是媒体创造出来的吗？媒体的转型，我开始说是技术带来的，其实到今天也不是媒体自身的事情。靠做内容见长的人要完全靠自身完成转型其实是不容易的，那么怎么样来完成，企业这时候就有力量出来了，和媒体加在一起，我们共同来完成这个转型，这是我要补充的一点，谢谢！

何力：我很简单，三句话。一是政府对媒体的应用，不用也罢，因为新闻自由是民主社会一个必然的基础，也是今天《宪法》所规定的公民的权利。二是关于内容产业，我感觉内容的确是很重要的，但是大家要注意到，内容也分层次，一部分内容将来是永远被替代掉的，基于技术，原有内容生产的成本被大幅度地降低了，比如说车祸，一些社会突发新闻，相对的内容被替代掉了，所以说内容从业者，要对自己的内容生产方式进行思考；三是刚才李亚讲到信息焦虑、碎片化所带来的东西，这可能是这代人的宿命，英王跟天主教分庭抗礼之后，人的欲望就被激发出来了，于是资本主义就被带到了今天，这是我们要面临的代价。但是在这样的潮流之中，作为一个个体，依然可以使自己的生命变得更丰富，当然也可以借助很多的手段，我相信今天，实际上很多人正在寻找这样的手段。

刘东华：昨天马云说互联网是一场革命，革命是表现在各个方面的。但是我感觉从媒体的角度，这个世界发生什么引起了这场革命。原来是越老的越厉害，大家想想，在传统的世界里，总是越老的越厉害。但是现在，越新的越可怕，新的可以非常轻松颠覆老的。刚才一丹说得太客气了，说你不用的话，是能力的缺失，是一种浪费。它不是这样的，它会要你的命，它会让年轻人提前老去，它会让今天的成功者迅速被摧毁，这话一点都不过分。

图7-59　刘东华

敬一丹：我太客气了。

刘东华：一丹太客气了。同时我还想表达我最近经常说的一个观点，我说在微博时代，在座很多都是企业家，微博真的把全世界的消费者联合起来了，一个消费者只要发现了你做了对消费者不利的事，一句话，整个世界的消费者成为你的敌人，然后摧毁你。当然包括一些不检点的政客，原来做一些坏事，不会被发现，或者是短期内不会被发现，

或者是短期内不会被发现，在微博时代，中国人几千年说的，"善有善报，恶有恶报"，过去是善等不到善报，恶也没有恶报，但是现在善报和恶报都极大地缩短了时间。所以，利用信息不对称做坏事的时代，已经过去了。

　　周志兴：时间到了。最后有一点希望，新媒体、旧媒体都是媒体，媒体的从业人员都要有担当，都要在目前的形势下，担当起自己的责任，有微观的，有宏观的。但是我想，在座的每个企业家，希望都能作为媒体强有力的支持者。当然这个支持，包括投广告，包括接受媒体人的采访，包括和媒体人经常沟通，这是我最后的总结语。今天就到这里，谢谢大家！

第八章

回顾与展望

改革正与危机赛跑 问路市场化改革
国企的未来教育的市场化改革
教育改革再进行 势在必行的经济转型
企业家信仰与使命

思想互动空间C：传统企业盛衰启示录

柯达、诺基亚的故事都有相同的含义：互联网时代传统大型企业面临着前所未有的挑战。旧时代的恐龙如何存活于新时代？旧时代恐龙的衰亡记又能给我们什么样启示？

就这些问题，在2013年亚布力中国企业家论坛年会上，均瑶集团有限公司总裁王均豪、苏州广大投资集团有限公司董事长朱昌宁、中国自动化集团有限公司董事局主席宣瑞国、共识传媒出品人喻杉、湖北恒顺矿业有限公司董事长严炜在"思想互动空间C：传统企业盛衰启示录"中展开了讨论。博斯公司全球高级合伙人，大中华区董事长谢祖墀主持了该场论坛的讨论。

图8-1　谢祖墀

谢祖墀：如何持续发展，这是每一个经营者和企业家都必须面对的问题。我们做了一个比较，从历史上来看，20年前的全球财富500强名单与10年前的名单之间有很大的变化。我们发现，20年前是财富500强，今天还是财富500强的企业不超过25%，实际数字为21%。举几个很现实的例子：曾经风靡一时的美国柯达公司，现在面临破产；曾经的手机巨头诺基亚，现如今步入生死困境；曾经首屈一指的华安电脑，现如今又身在何方呢？面对种种不确定因素，企业发展盛衰起伏不可避免。而近几年来，科技的发展、互联网的崛起给我们很多传统企业带来了不小的冲击，一些企业为此也进行了相关的转型。这对我们的启示有哪些？我们这些所谓的传统企业该如何面对这一现状？

在企业内部实行高精端的人才和技术

王均豪：企业要保持可持续发展，保持创新是一个核心问题。以我自己为例，我们是一个多元化投资、专业化经营的集团，在发展的过程中，也面临了如何从传统服务业向现代服务业转型的问题。有人说，银行业、金融业是现代服务业，但是我一路走过来，给自己找了一个定位，就叫"高素质的人才，高质量的服务，中高端的定位，高技术的运用，产生高效益的回报"，

图8-2　王均豪

这就是企业创新，这就是现代服务业。我们也始终围绕这"五高"，把集团下面各个板块进行了转型。怎样随时保持转型和创新，这是企业必须思考的问题。企业就像一个人，必须思考他的生老病死。所谓生，就是出生时的基因，因此股东创业者的选择非常重要，大家的理念、目标要一致。我们能够发展二十几年，一个很重要的原因是我们三兄弟的团结。我们有家训，我父亲说，"不管做什么事，都要先摸摸胸口这块巴掌大的地，问问是否对得起自己的良心。"所谓老，指思想老，或者感觉自己很牛，飘飘然，感觉自己可以把控一切，到处乱投资。所谓病，指企业不用国际化、现代化的管理制度来管理和检查自身，以致自己生病了都不知道。所以我觉得，企业跟人一样，还是要回归到自然的状态下，而将人的生老病死与企业相结合，我相信可以找到很多的共同点。

朱昌宁：我们主要经营地产和酒店餐饮。当人类从洞穴里出来以后就开始造房子，这是很传统的产业，这里先不谈论，要讨论的是餐饮。吃是人类最基本的需求，因此餐饮一定是一个非常传统的产业。那么怎么理解传统产业呢？我觉得一个

基本的定义是，恐怕它不是一个到底人们消费不消费哪类市场的问题，而是在于消费方式发生了变化，我们这些产业是否要跟着人们消费方式的变化而进行相应的变化。

从1998年到现在，餐饮业其实一直在往前走，每年的增长都在百分之十几到二十左右，数字非常惊人。那么传统的餐饮企业是不是就没有人跌下去呢？也死了很多。实际上现在的餐饮业在不断发生着变化。首先是人们的消费需求在不断地发生变化，对食材本身有了一定的要求；经营方式也发生了很多变化，如网络营销、网络订餐、连锁经营等。另外，技术层面也发生了一些变化，一般的连锁餐饮都有了中心厨房，这就解决了物流的问题。昨天有人问我，是否可以在食品上安装一个芯片，以保证食品安全，我觉得这个可以突破一下。在运作上，餐饮业也追求在资本市场上的拓展，这显然已经突破了老婆买菜、老公炒菜的传统餐饮界限。

图8-3　朱昌宁

图8-4　宣瑞国

制作的方式不一样了，运作的模式也不一样了，这些能不能称之为传统产业新的复苏，或者传统产业的一个现代化改造？如果将这种复苏或改造坚持到底，我相信传统产业会一直兴盛下去，因为人总离不开吃，关键是怎么吃，怎么吃得更安全，更有营养，更休闲。这里，人们只是在更高的起点上对传统产业提出了现代化改造的要求，所以传统与非传统，传统与现代之间，其实没有绝对的界限，只是如何使它的经营方式走向现代化。因此我非常赞成均豪所讲的，在企业内部实行高精端的人才和技术，即使是服务于吃饭，用这些人、这些理念、这些新的模式，我们认为它也是走向了现代。

宣瑞国： 我们的企业严格意义上讲，不算是传统产业，而应该说是服务于传统产业的工业企业。过去30年，中国企业的发展也是起起伏伏，这其中有很多经验和教训，但无外乎都是在技术、市场、企业经营等外部要素发生变化的环境下，我们的企业没有在战略上及时跟进，在内部经营上没有及时创新，在管理上还未达到如竞争对手一样的精细化管理。谢总提到的柯达和诺基亚也是如此，柯达的失败主要是基于战略，而诺基亚则是典型的综合竞争实力落后于对手，从而在竞争当中渐行渐远。

过去三十多年，当我国还是短缺型经济的时候，我们所服务的工业领域有着非常强烈的特点：第一，上项目、搞投资的时候，不考虑产能过剩的问题；第二，主要的考虑集中在产业链的中低端，而没有考虑到全产业链，或者产业链中高利润、高技术的环节；第三，战略上，主要考虑本土市场，而不考虑国际化的问题。但经过30年的变化，我们在为传统产业服务当中实现了发展，实现了现代化，整个传统行业的业态也彻底发生了变化，上面提到的三点也有所改变。比如上新项目的时候，再不会盲目考虑产能，而是考虑到在未来一段时间内会不会从短缺到过剩，考虑能否掌握整个产业链中最高利润、最高技术的部分。因为我们要摆脱纯加工、低效益、低技术水平的产业形态，就必须抓住技术核心。而当绝大部分企业可以做到一二百亿的时候，中国这片水域已经不能养活自己，必须走出海外。这三方面是中国传统企业发展以及制定战略的一个非常重要的方向和依据。

在整个经营过程中，创新会贯穿始终

喻杉： 从历史长河来讲，所有的东西都有一个发展过程，要尊重自然的规律，尊重历史发展的规律，尊重经济发展的规律。企业从兴盛走向衰亡，这肯定是必然的，当然也有企业百年常青，但这是跟自然斗、跟经济发展规律斗。在我看来，只要创造过，无论这个企业能不能一代一代传下去，它都对经济发展作出了贡献。这就从另一个角度说明，我们要尊重失败者，因为遇到困难的企业被更好的企业取代，这也是一件很正常的事，我们要尊重这种规律。

谢祖墀： 非常感性的理解。矿业肯定是一个传统的行业，在这个传统行业里经营企业，不知道严总的感受是什么？

严炜： 我觉得不一定要有传统企业和非传统企业之分，企业经营上可能有传统思想，但是不见得有传统企业，因为传统企业也可能有现代化的基因。这里，跟大家分享三点感受：第一，做企业要坚守自己的思想，无论是做哪一行。中国民营企业的发展就是在冲击边缘，起起伏伏，在这个过程中，思想的底线要坚守，这在一定程度上可以保证企业的可持续发展。第二，企业就是一个生命体，要适应周边的环境，要对自身进行调整和变化，同时要吸纳更多的资源和营养，也给外界释放更多能量。第三，做企业要守本分。

谢祖墀： 对我来讲，其实并没有传统企业与非传统企业之分，我想每个企业家每天在思考的问题有三：第一，面临的市场是什么，它有什么样的变化？第二，市场的变化带来了一些什么新的挑战或威胁？第三，内在的核心竞争力在什么地方？刚才大家提到了创新，这肯定是核心能力的一种源头。但是应该怎么去创新？

朱昌宁： 当企业过了战略这一关，在整个经营过程中，创新会贯穿始终。在我看来，创新体现在三个层次：一是现实的经营，二是中期的发展，三是远期的未来。绝大部分的中国企业，由于规模、资本等问题，绝大部分的创新都服务于眼前，也就是如何用新的产品、新的盈利模式获得未来的发展。结合我们的企业来谈一下，目前来讲，高铁、城市轨道交通，包括有轨电车的发展给我们带来了很大的市场机会，反过来也给我们带来了冲击。因为在过去，我们提供的是单一系统，而现在我们需要提供整个系统的解决方案，这就要求我们不仅提供的产品要更全，而且综合的整合能力要更强。我们现在的感觉是，服务于眼前的创新做得已经很好，但服务于中远期目标的创新还需要努力。

谢祖墀： 在我国，大型航空公司都是国有企业，但作为民营企业，王总的均瑶集团在这个领域做得也很好。从创新的角度来看，与国有航空公司相比你们有什么不同？

王均豪： 战略上，我们走差异化道路，落到实处，就是在一些点上进行创新。比如统一机型、保持机队的年轻化、为顾客提供最先进的硬件服务；再比如，空客座位一般都是188座，但为了让顾客坐得更宽敞，我们将座位数减少到了158；另外，我们的椅子带有头套，比人高一点，这让顾客睡得更舒服。创新无所不在，但创新的核心是什么？就是一个企业的文化与基因，它依靠的不是某一个人，而是整个团队、每个部门、每个一线人员。同时，企业的理念也应该创新。这一方面要求团队成为学习型组织，另一方面也要求企业主保持精神富裕，不断提升自己的精神境界。企业的战略是什么？我的理解是"吃在嘴里，看在碗里，想在锅里"。如果要进一步思考，那就考虑菜园子种什么，这样才能有创新意识，也才能实现企业的百年常青。对于百年老店的打造、企业的传承，中国现在要有一批探索者，因为如果百年企业不存在的话，中国经济的可持续发展也会出问题。但中国有个误区，认为家族企业不好，我很大胆地说，家族企业好。为什么呢？领航人是企业的心脏，心脏能随便换吗？为什么有些企业做不好？就是因为企业没有主人。但是家族企业不能家族化管理，而要进行国际化管理，要把家族文化和价值观跟企业价值观相统一。在这方面，我希望做一个探索者，不管成功还是失败。

踏踏实实做好自己的事

谢祖墀：刚才王总提到了学习型团队，这是很关键的一点。那么想请问在座的几位，在你领导的这个传统企业里，学习型企业该如何做到？

严炜：在我们矿产业，污染比较严重，一般矿山开采之后，对水、植被和土质都会有很大的影响，而加拿大维多利亚岛上的花园给我很大的启发。这个花园位于一座矿山上，100年前的开采者觉得采矿给大自然带来了严重的破坏，于是怀着赎罪的心理移植了很多花到矿山上，后来花越种越多，越种越好，进而成了一个花园，现在归国家所有。所以，如何实现有效开发与环保的互动是值得我们思考与学习的问题。

朱昌宁：我想谈一下我们集团的另一块业务——地产。在地产领域，目前建筑业出现的一个创新，或者一项改革正在对一个非常古老的传统行业进行颠覆。日本有一家企业叫金刚组，成立于6世纪，至今已有1500多年的历史，最初的工作只是修整寺庙，由此可见建筑业的历史悠久。而让整个建筑业面临颠覆的危险则来自远大最近做出来的事，他们现在要造一栋世界上最高的楼，800米，可以容纳十几万人在里面工作、生活，巨大无比。多长时间造完呢？8个月。这对传统的建筑业而言，简直是天方夜谭。他们现在的发展速度非常快，今年可能会造1000万平方米，相当于万科在全国一年的开发量。如此一来，像我

图8-5　严炜

图8-6 喻杉

们这样的地产开发商一定会找它，因为农民工的工资越来越高，而且还不好找，再加上速度的问题、品质的问题。他们的误差是2毫米，而现在我们建筑企业的误差能保持在2厘米就非常不错了，它已经完全工厂化生产了。那么，传统行业该怎样面对这种创新，怎样去寻求自己的生存道路？这是摆在我们面前的问题，虽然我不能直接回答，但是可以进一步去思考。

喻杉：媒体行业跟各位企业家做的事情不太一样，它在中国是一个特殊的、受管制的行业。有些报纸的读者可能只有十几、二十人，但它有特殊的存在性，所以我无法说哪些该消亡。在媒体行业，如果还有一点规律可循，那就是年轻人对未来精神需求的渴望，以及他们所希望的生活方式。所以，媒体要时刻关注年轻人在想什么、在干什么。

互动环节

提问1：对传统企业而言，企业战略、市场创新的影响大，还是国家的宏观政策和法律的影响大？

王均豪：这个问题问得很尖锐，从过去20年做企业的经验来讲，我深感做企业要守住本分，要有期待。就像冯仑讲的，做好自己的事情。过去30年，在中国所有企业的兴衰当中，我个人非常敬仰两位老先生，鲁冠球和宗庆后，他们成功诠释了一个非常直接的答案：兢兢业业，踏踏实实做好自己的事，做技术的把技术做到极致，做服务的把服务做到极致。这样，任何一个政府、任何一个政策都会需要你的产品、你的服务。

提问2：刚才王总谈到家族企业可以实现非家族化管理，那么投资与管理相分开，您怎么做？

王均豪：我觉得投资跟管理，应该说不矛盾。如果这个企业让你不太放心，你就要多管一点，打一个比方，放心的企业，只看年度经营预算就可以了，不放心的企业就看季度，再不放心就看月度。所以说，什么是最好的管理？就是在合适的时间、合适的地点，做合适的事情，它是动态的。所以，我觉得投资和管理可以分开，也可以放在一起，但是应该是多元化的投资、专业化的经营。

提问3：想请问宣总，在将来，我们从事自动化设备和系统的企业应该注意哪些问题？

宣瑞国：在自动化产业，核心技术相当一部分掌握在国外公司手里，所以我给同行的建议是：第一，在技术上，要精耕细作，要有自主知识产权的产品，掌握核心技术，掌握产业链的最高端；第二，要积极拓展自己在行业内的市场地位和市场份额，因为在不久的将来，自动化会迎来一轮很大范围内的行业整合。

提问4：现在国内有很多企业利用金融危机的机会开展跨国并购，从而获得核心技术。对此，不知道宣总怎么看？

宣瑞国：作为一个国内的自动化企业，一方面我们会通过未来的产业整合扩大应用以及企业规模，另一方面会与国外企业合作或者收购，后者将会给我们带来两个战略诉求：一是技术的引进和升级；二是通过引进国外的品牌和它现有的公司形态，获得品牌、客户基础，以及未来的潜在服务和更新改造的市场的机会。

谢祖墀：其实企业并没有所谓的传统和非传统之分，关键是要认真思考究竟该如何将我们的企业做到基业常青，这是每一位企业家的使命和责任。

思想互动空间H：您准备如何过冬？

不仅是中小企业，还包括像三一重工、美的等大企业，不仅是中国企业，还有包括摩托罗拉等国际巨头都准备或已经裁员。裁员只是举措之一，企业在危机时刻需要各种综合举措才能过好这个冬天。您准备如何过冬？

面对这个问题，在2013年亚布力中国企业家论坛年会上，IBM大中华区董事长、首席执行总裁钱大群、武汉当代科技产业集团董事长艾路明、中国自动化集团有限公司董事局主席宣瑞国、远大科技集团董事长兼总裁张跃、中国国际金融有限公司投资银行业务委员会副主席黄朝晖在"思想互动空间H：您准备如何过冬？"中阐明了自己的观点。《中国企业家》杂志社社长何振红主持了该场讨论。

何振红：从经济形势上讲，您认为企业处于怎样的阶段？是冬天吗？如果是，那这个冬天和以往的冬天有什么不同？我们度过这个冬天遇到的坎儿是什么？如果你判断这是个春天，春天里也有死掉的植物，春天最大的风险是什么？第一轮我们讨论观点，第二轮讨论措施。

企业都有冬天

张跃：我认为，企业在创办之初就会想到外部的各种不良因素，以及各种情况的变化，所以就应该有应付的措施或者是心理准备，如果做好了这些，企业其实没有冬天。就像人一样，为了保持健康，我们要做的是预防疾病，而不是等生病了再医治。

何振红：在张总这里，企业没有冬天，一直在防病就不会生病。那么，作为跨国公司，IBM的情况怎样？钱总您认为中国企业是否正处于冬天？

钱大群：对企业来说，外界因素的变化永远存在。从全球的经济形势来看，无论是欧洲还是美国，今年的情况比去年或者前年都要好一些，在往正面的方向走。当然，大环境可能还有一些未定的因素，但现在就将其定位为冬天可能有些保守。而正如张总说的，现在的环境不见得是冬天，但对于企业而言，要无时无刻准备着冬天的来临，要在变化的格局中想到重新布局，否则再好的环境，企业也有可能受伤甚至被吃。这在另一个角度也说明，在变化的环境中，如果我们能提前做好准备，做好布局，大环境下的冬天可能会是我们的春

图8-7 何振红

天。所以，回答这个问题更重要的是问我们自己有没有做好准备。关于国内企业，不可讳言的是，在这几年会有很大的变化，但如何跟每个产业的发展配合起来，避免是冬天，甚至创造春天，值得各位企业家思考。

何振红：四季轮回是一种自然规律，企业也肯定会遇到冬天，这里的关键是，我们如何在轮回中缩短冬天、创造春天或者是收获秋天。

朱昌宁：春夏秋冬的轮回是一件很正常的事，经济发展的潮涨潮落也很正常，想颠覆它是不可能的事情。所以，对企业来说，一路高歌，从来没有遇到过坎坷，这也不正常，它需要喘息。这个喘息的时间有时候可能不叫冬天，而只是夏天里的一个午觉，这是自然调节的过程，很正常。但我们最怕的是什么呢？人为地把这个季节搅乱。举个简单的例子，餐饮业的八项规定。年末，企业请全体员工吃年夜饭很正常，表明今年结束了，大家一年也辛苦了，明年接着好好干。两千多年来，我估计中国都是这样，像刘邦说的，我们要起事了，总得有一个饭局吧。这个饭局其实也很简单，就几块肉、一点酒。但八项规定出来以后，餐饮业退单的人很多，我们松鹤楼就退掉了3000桌。为什么？讲政治。我想八项规定的初衷可能也不是这样，但一搅合，本来过年的那种气氛就没有了，餐饮业发展的季节规律被搞乱了，企业根据规律做出的准备和计划也变得无效了。这种情况下，我们怎么适应？再健康的人也会吃不消。所以，我们不应该谈如何过冬的问题，而应该谈怎么按照季节规律正常的轮回过下去。任何企业都会碰到沟沟坎坎，但它也有自己的修复能力，可一搅和就难说了。

艾路明：企业都有冬天，只是不同的行业有不同的时期，有的行业现在是冬天，但也有的行业正处于发展期，所以对于冬天的判断，我们应该根据不同行业的现状来看。但人生病与否不是防与不防的问题，有一些是客观必然，就得生病，然后自己慢慢治疗。人生病是件正常的事情，不生病才不正常，而且经常得小病对防止大病有好处。总的来

图8-8 艾路明

说，我同意老朱的观点，春夏秋冬是一个自然轮回的规律，确实不要搅，一搅比较难受。

何振红：在季节的自然更替上，大体上达成了一致，但是艾总提了一个挑战性的问题，跟张总不太一样，他认为人吃五谷杂粮岂能不生病，生病是一种常态，而且生小病才能不遇到大的灾难。一会儿等他们讲完以后，我们再请张总来解读一下自己如何能不生病。

宣瑞国：我们的行业服务于铁路和石油化工行业，可以这么讲，过去五六年我们经历了春天、夏天、秋天，但从2011年以后，我们开始进入冬天，整个固定资产投资比原来下降了一半，从原来的8000亿变成3000多亿，所有项目都急踩刹车。但随着十八大的召开，整个行业重新调整，我们自己感觉，春天就在眼前。当然我们也不能希望立刻回到夏天，这个春天的时间会比较长，而且有相当长一段时间的温度还会比较低。

何振红：其实宣总说的也是一只手在那里挥，给企业带来了一些影响。他说2013年会是一个比较长的、持续温度不太高的春天。其实这种春天下，没准我们可以生活得很好。

黄朝晖：我基本上认同宣总的看法，觉得短期有一个小阳春，中期还是比较艰难，因为一些基本的问题没有解决，长期还是充满乐观。为什么说短期会反弹呢？第一，去年，我们的经济跌到最低点，4月份发改委加快项目审批，9月份达到了高潮，去年全年新增的固定增产投资有3万多亿，这是粗算的一个数字，仅地铁项目就有27个，而且一个城市只批一条地铁。但是大家知道，一个城市绝对不可能只有一条地铁，可见春天来了。第二，中国经济还有一个特点，投资的结果会迫使整个金融放松。1月份，整个社会融资总额是2.54万亿，其中1万亿是贷款，其他都是信托，这个数字已经超过了历史上的最高值，

图8-9　黄朝晖

这种情况下，M1、M2应该会跳跃性上升。中国还没有脱离这么一个状况：一旦刺激，后边马上会拉起一个很高的波峰。第三，新兴城市化。第四，中国这种经济扩张性冲动是由体制性因素造成。虽然我们搞了那么多年改革，进行了转型，但实际上国有企业还处于一个非常强大的地位。国有企业是一个典型的所有权跟经营权分离的组织，它考虑的短期利益远远多于长期利益，所以一旦中央放松了，它就会拼命将扩张冲动放大。而我之所以认为我们中期会比较艰难，主要原因是中国经济面临的各项基本问题和挑战并没有结束，靠数量刺激起来的东西解决不了根本性的问题。具体有三：其一，产能过剩的问题不但解决不了，而且会一直恶化。其二，通胀可能会持续。其三，政府承受的债务能力有限。国际公认的标准是，中国债务占GDP的比例超过60%就会有风险。过去10年，我们已经从24%增加到了现在的近54%，这是2010年的数字。如果这种局面不变，我们达到60%的警戒线非常容易。那时，冬天也就真的来了。

有远见的实力型企业没有冬天

何振红： 黄总的发言让我想到了这样一个问题，这个短期小阳春是否是我们需要的健康的春天？依靠刺激手段达到的春天，在未来有可能会加剧冬天的寒冷。现在我们来听听张总给我们讲一讲如何才能不生病，企业怎么可以没有冬天。

张跃： 从哲学层面来说，我认为企业有三种类型：一是苦干型的。这类企业属于微利企业，没有什么门槛，谁都可以做。比如说炼钢铁、化工原料、开采石油，经营这些企业有什么窍门？没有什么窍门，就是勤勤恳恳，永远持续地干下去。二是机会型的。在中国，这种企业比较多。但是有一些企业经过一段时间后发现，机会太难捕捉，于是就变成了苦干型企业。也有一些企业变成了我要说的第三种企业，那就是实力型的。后者无论在决策、经营管

图8-10 张跃

理，还是技术创新方面，它都有自己的实力。它总是具备一项或者多项别人不具备的特长，并且持续培养这种特长，在一代一代的交班中将其作为企业文化传承下去。如果一个企业能存活四五十年，那它一定是实力型企业。

这三类企业在面对冬天的时候，会有不一样的表现：苦干型企业跟社会需求的关系特别密切，也就是说跟季节特别密切，所以冬天往往很难熬，有的甚至消亡；机会型企业则会随着经济的潮起潮落而波动，但是真正实力型的企业能应对一切，即使面对冬天，它也能稳健发展。为什么会做到这一点？这里面的因素有很多，包括平常说的"不能把所有的鸡蛋放在一个篮子里"。当然，我这里并不是说企业要混业经营，而是说要在一个行业里有各种功能性的变化供社会选择，这样某些产业短暂的起伏对我们就没有什么影响。我现在的产业是围绕着建筑进行的，从快速建房子到中央空调设备，到中央空调末端系统以及空气品质系统。事实上，建筑会不会有周期？当然会有。当人口负增长的时候，建筑即使不是负增长，也会变得非常微小，所以其他的产业是对建筑退步的弥补。所有这些，实力型产业在设计的时候都要考虑到。当实力型企业的规模扩大到一定程度后，它都会收敛或者节制，因为无穷大的时候，未来选择的机会就越小。船小好调头，就是这个道理。

从本质上来说，企业又可以分为两种：一是有远见的企业，二是目光短浅的企业。有远见的企业有三个突出的特征：其一，长期培养自己的产业模型；其二，考虑到消费者长期的信用，也就是说注重消费者的长期评价；其三，有长期的人才规划。如果做到了这几点，企业就不会有冬天的问题。有远见的企业一定是有实力的企业。比如我们公司在过去25年从来没生产过跟别人类似的产品，相反我们做的某些产品有人跟着做，但最后还是追不上我们。因为我们始终在改进，始终在创新。如1988年我们创业的时候做的是无压锅炉，1992年我们做非电空调，后来又发明使用工业尾气发电的空调，近几年我们在做提高空气品质的系统、空气检测产品，接下来我们又开始工厂化建筑的探索。总之，我们在做完全与他人不同的东西。

何振红：张瑞敏认为有两类企业：一类是开辟高速公路的，一类是在高速公路上跑车的。跟着跑的人有可能快过开路人，但这没有关系，开路人又去开辟新的东西了。张总的远大应该就是这类企业。

艾路明：我的观点跟张总的还是不太一样。只要社会正常发展，就一定会有跑高速公路的企业，而且更多的企业会是这一类。而开辟高速公路的企业，或者张总所说的实力型企业毕竟是少数。对这些非实力型企业而言，任何一方面出问题，无论是外部环境还是内部管理，企业就得过冬。当然，作为企业家，我们都希望成为实力型企业，但绝大多数企业没办法在短时间内做到，它只能一步一步做。所以，我的看法是，无论现在是什么类型的企业，只要坚持做下去，我们都可能成为领域内实力型的企业或者发展很好的企业。

何振红：其实，艾总在一定程度上同意了张总的观点，那就是坚守。大家都知道IBM经历了几次转型，现在又处于一个新的转型中。我们来听听钱总怎么说。

钱大群：我有三个观点跟大家分享：第一，每个企业都有春夏秋冬，但是每一个行业不一样，我们要知道这个行业正处于哪个季节，而要想在这个行业有更大的成功，那就要想着如何超越这个季节。大家都在讨论2013年是不是冬天，但很多数据显示，到2025年，中国的十几个产业会成为全世界的领跑者，这里包括传统产业，也包括新兴产业。第二，怎么发展？无论是新兴产业还是传统产业，都应该从人才、科技、管理等方面提升自己的竞争力，从而顺利过冬或者缩短冬天。第三，IBM每两年针对全世界多家企业的一把手做面对面的访谈和调研，我们发现，在过去10年有一些企业经久不衰，即便经历金融危机。为什么这些企业仍然做得很好？它们的一把手做的是什么？第一，关心人才的培养，在今天微博、微信来临的时代，他们的心思更多的花在如何透过微博、微信去主动了解他的员工怎么想，从而创造出新的激励价值。第二，重视客户，经常考虑如何利用更高的科技使自己在广大的客户中找到最重要的客户，讲而发展出个性化服务，从而抓住客户。第三，跨行业地对创新做协同性思考。

运用创新的手段来过冬

何振红：朱总在前面的发言中提到了违反季节规律的搅动，从而让企业面临一些问题。面对这一状况，朱总有些什么样的想法？

朱昌宁：人为的、违背经济发展规律的搅动肯定是不行的，但各种人为因素或者我们操作不当带来的漫长冬天有时候也已成了经济发展规律的一个组成部分，世界层面的经济发展格局也是如此。而也正由于这种操作不当，人们的认识在不断提高，社会发展规律本身也在随之发生变化。所以，一方面我们要反对这种盲目的乱动，同时我们也要客观面对这种作为经济发展规律组成部分的各种各样的漫长严冬。那么如何渡过严冬呢？无非是加强身体锻炼，加强做好御寒过冬的各种各样的措施。一般性的措施是，穿着棉袄躲在房子取暖。我觉得，还有非常重要的一点

图8-11　朱昌宁

是要有改革和创新的手段。像我前面说的，政府和国企退掉了很多订单，但我们餐饮业在春节的收入比以往反而多了20%。为什么？因为之前餐都被政府和国企预定了，老百姓预定不到，现在政府退单了，老百姓就能容易地订到了。当然，我们还有很多创新手段，比如运用网络手段，考虑如何将餐饮和房产结合起来，还有食品安全等等。

何振红：宣总的企业也受上面政策的影响比较大，你们有什么样的措施来过这个冬天？

宣瑞国：过去10～15年中，中国所有的企业都享受到了国家高速发展的红利，为此，企业家在考虑产能建设的时候从不考虑过剩问题。因为他们总有一个美好的愿望，那就是在扩大市场份额的过程中，通过投入先进的技术淘汰落后的产能。可是中国的事实恰恰相反。大量落后的产能通过这种低价的政策保留了下来，而中国国内经济的这种畸形状态恰恰延缓或者支持了这种保留。比如石油化工，尽管我们有很多的雾霾，过去十几年中从O2提升到O4，甚至很多炼油厂做O5的改造，如中石油、中石化。很多炼厂提升70号汽油的主力，这可能是雾霾产生的一定原因，从这来看，石油公司还有一定的冤枉。从与我们相关的铁路行业来看，2012年铁路行业开始落潮，这对我们来说确实是很大的挑战。因为我们的人员、产品都是根据之前的发展态势项目设计的。那个时候行业处于高度竞争的状态，人才竞争都非常强。现在冬天突然来临，我们的问题也马上来临，究竟要不要跟着这个冬天急刹车？要不要裁员？要不要把原来的项目停下来？这些都是挑战，虽然这个挑战是短期的，但是对于我们来讲毕竟是现实的。但总体来讲，铁路建设的需求仍然存在，所以我们保持了所有的团队、所有的研发项目，甚至加大了研发的投入，甚至继续采用战略性并购来扩大我们在这个行业内的份额。这个决策对不对，现在还没有完全看出来，但就我自己感觉来讲，2013年会向好的方向发展。

何振红：刚才你为石油公司叫屈，我想说的是，O2也好，O5也好，中国在什么时候推进、怎么推进技术进步，这很大程度上取决于这些大公司。所以必须得说，大公司必须承担社会责任，如推进行业标准的制定以及行业的进步，不能为他们叫屈。

宣瑞国：中石化现在基本全部是O4的汽油。

艾路明：如果将这个领域放开，让民营企业参与其中，你看会出现一个什么格局。

宣瑞国：那是下一个问题，地球和火星的问题。

图8-12　宣瑞国

张跃：作为老板，尽管我们喜欢挑战，但也不能有太多的挑战。商业行为或者市场经济行为里，竞争是法宝，竞争使得我们所有的社会资源使用得更有效率，这是毫无疑问的，但过度竞争带来的结果是相反的。在中国，太多的领域由于过度竞争而出现了种种问题，因为过度竞争必然导致恶性竞争。如果不解决过度竞争的问题，经济肯定会完蛋。英国的市场经济够不够彻底？可它还有牛肉掺假。

艾路明：这与过度竞争有关系吗？它们的竞争并没有过度，只是管理结构出现了问题。

张跃：每一个冬天或者周期性金融危机都是过度竞争。

黄朝晖：我想回应一下朱总刚才说的几个问题。关于扰乱市场秩序，我们也有切肤之痛，IPO说停就可以停下来。其实，对企业来说，可预测性非常重要，可如果宏观调控成为不规则的干扰，那未来就变得不可预测，经济也肯定会出大问题。所以，如何减少，甚至完全断绝这种不规则的干扰，是我们经济改革需要解决的问题之一。比如刚才朱总提到的八项规定，为什么有八项规定？因为腐败太严重了，如果腐败解决了，钱都是正常挣来的，那人们爱怎么吃就怎么吃，也就不需要八项规定了。所以，还是要把背后的问题解决。如何解决？很多人说要减少政府管制，这其实是浅层次的，实际上还有更多更深层次的问题，比如国有企业该怎么管？是不是要运用道德观念？新加坡的国有企业能做出世界水平，跟民营企业一样有活力，中国为什么做不到呢？

图8-13　钱大群

在宏观经济方面，为什么中国的刺激政策见效这么快呢？这有一定的原因。无论是地方政府，还是国有企业、民营企业都在博弈，因为大家都知道如果不利用政策放松的时机赶紧融资，稍晚一点可能就轮不到自己了。人人都是快马加鞭，大赶快上，这就导致了过热。过热之后通货膨胀出现，于是又开始紧缩，控制货币投放。所以，我担心这个阳春不能持续很久。如果持续的时间不长，那么企业真要想想过冬的问题了。这方面，我同意艾总的说法，开路的企业毕竟是少数，更多的是跟着跑的企业，因此过冬对它们来说就是个严峻的问题。那么该如何解决这个问题呢？我认为有几点：第一，现金为王；第二，把主业做强。至于资金积累的具体做法，我希望大家注意一下证监会最新出台的一个放松H股的监管办法。

何振红：最后各位嘉宾用一句话总结一下自己的观点。

朱昌宁：把没有必要的赶快扔掉，把钱用各种方式捞到自己的口袋里面，三个字，下手快。

钱大群：企业不管是在过冬天还是在迎接春天、迎接收获，都要用科技的手段来应对，不要忽略它。

张跃：每个企业都要树立成为实力型企业的理想，不搞恶性竞争，这样就不会有冬天。

艾路明：耐心做企业，坚持下去。

宣瑞国：科技是企业的核心竞争力，现金是企业的血液，抓住这两点就好了。

黄朝晖：中国的希望在改革，把改革真正做好，我们就有光明的未来。

特别支持：IBM

午夜漫谈：我看现在中国

2013年亚布力年会首设"青年论坛"，以"我看现在中国"为主题，挖掘青年人对当下中国核心命题的真实观感，了解他们的困惑、心得和方向。希望年会上的"青年论坛"真正成为青年人的独角戏，成为青年人思维激荡的无拘束天堂。"我看现在中国"是夏季会上"两代人的对话"的后续。

此次青年论坛主持为PEER毅恒挚友主席陈奕伦先生。哈佛中国论坛联合主席裴育笙先生、岚山社会基金创始人肖晗先生、长甲地产执行董事赵宏阳先生、北美留学生毛赛同学、北京酷云互动科技联合创始人高鹏程先生、亚商集团执行董事陈勉一先生、罗兰贝格咨询公司王瀚先生等参与了此次年轻人及两代人之间的对话。

图8-14

理想与目标

陈奕伦：我们的讨论从每个人的经历和个人选择来进入话题。我们每个人可能从事过不同行业，会做初步的选择，大家为什么会做这样的选择？未来有怎样的理想和目标？请大家先做自我介绍，从我开始，我叫陈奕伦，是这场漫谈的主持人。

高鹏程：大家好，我叫高鹏程，是陈奕伦的小学同学，高中在英国就读，大学在美国宾夕法尼亚大学。大三期间，在2008年看到亚马逊已于2007年推出游戏，感觉这是巨大的机会，因此想回国创业。当时我从费城坐火车到波士顿，跟陈奕伦聊了很长时间，第二周就在当地买机票回国，请教了成功的企业家，就是坐在我对面的陈东升先生。我从2008年创业至今，经历了很多，最艰苦时也面对发不出员工工资，最困难时期，在70多平方米的房间挤了30多名员工，我和我的合伙人不得不决定把公司的10名员工打发到一个离公司最近的网吧里上班。这种时光经过了一年左右。从2008年到现在，我们的公司也在不断试错和转型，寻找新的方向。前不久，我们刚确定了新的业务方向，也刚完成新一轮千万级美元的融资。

图8-15 陈奕伦

图8-16 高鹏程

肖晗：大家好，我叫肖晗。之前在英国读书，后来在非洲做过一年志愿者，回国后我认为要用一种新的方式做公益，由此设立了一个岚山社会基金，主要是投资一些有社会效益的企业，我的理念是把公益和商业做一些结合。因为在我的想法里，公益和商业发展到一定阶段后必然会走向一个共同的结果，可能公益组织会更加有效率地去做公益，商业可能会更强调它的社会属性和社会责任，所以现在我做这个基金想把这两个东西用一个比较显化的方式结合在一起，目前管理大概不到3个亿的资产，已经投出大概2个多亿。

毛赛：大家好，我叫毛赛，是陈奕伦和高鹏程的学弟，现在在美国哥伦比亚大学读研究生。这是我第一次作为发言者参加亚布力年会。

赵宏阳：我叫赵宏阳，中国人民大学2009级本科毕业，现在在长甲集团做商业地产的工作。

陈勉一：我叫陈勉一，来自亚商集团，首先非常感谢主办方给我们这样一个机会，而且我也非常佩服主办方的用心，因为他们知道半夜12点是我们80后体力最旺盛的时候，所以非常感谢。

我是在美国念的高中和大学，大学主修外交政策和分析，当时我们大学的校长是美国中央情报局和国务院退下来的外交高官，这个话题我们在课堂上也进行过很多次的讨论，所以再次感谢主办方让我重温大学温馨的校园生活。

王瀚：大家好，我叫王瀚，毕业于英国伦敦大学，主修经济与统计，近年回国，目前在罗兰贝格工作。

陈奕伦：哪些人在大学所学专业和现在做的事情不是一回事？

高鹏程：我学的历史。

陈奕伦：为什么学历史跑到IT界来了？

高鹏程：我从小比较喜欢看书，喜欢钻研历史上的问题。在英国读高中期间一直学理工科的内容，在宾夕法尼亚大学大一时学的还是工程系，但大二时选择了文理学院的历史系。在这期间，看到2008年亚马逊发布一款游戏，我是忠实的阅读者，所以我认为像当时的那种革命性的场景在中国应孕育着巨大的市场机会，脑袋一热就决定回国把亚马逊的这种模式带到中国市场。

毛赛：我本行是经济，现在学管理工程，偏数学，我的选择是被动和主动相结合。原本是想申请经济学博士，但是申请不是很顺利，前五六名的学校都没有要我，所以当时面临一个选择到科大读工程学硕士，或在大概10名左右的学校读工程学博士。后来我认为5年时间很长，就去哥大读了硕士。我毕业时也有创业的想法，但当时没去实行。古人说"笨鸟先飞"，先飞也有道理，但我的概念是"笨鸟后飞"，现在与我们对话的人有创始人、总裁、主席、董事，我却是一名学生，如果有各位哥们给我打前战，聪明鸟在前面飞，我笨鸟先好好学习学习，等学好了再跟着聪明鸟去找吃的，说不定也能非常好。

陈奕伦： 两位说了自己不一样的路。其余几位朋友，你在选择所学专业之前就已知道自己要做什么，还是在学完之后就顺理成章去选择这件事了。当然，大家比较感兴趣的还是企业接班的话题，你们对于接班是怎样的看法？

裴育笙： 我现在还不太知道想做什么，从小有很多兴趣。大学时因为比较喜欢政治，就学习政治，但我不会念完而去当官。

高鹏程： 毕业的前几年在不断试验各种各样的生活方式，大概小有成就后会慢慢意识到自己擅长和最喜欢什么，那时可能会确定一个目标，现在说那么多想做的事情为时尚早。

我当时报考大学专业的时候有这样一个想法，选一个专业性不强的专业，这样我有足够的时间。在中国这样一个环境中毕业之后就业选择做的是IT行业，当时我学的社会学专业，进入学校时这个专业什么都想学，倒不是能轻松的一个专业，反正就这样学过来。

关于接班问题，我父亲一直教导我，什么行业说到底都是综合行业，也概括为做人做事的能力，跟你的实际业务关系相比，能力更为重要一些，所以我在大学选择专业时并没把它当作以后做什么、学什么的路径。

肖晗： 大学时，我更多的还是抱着一种享受生活的态度去学习，一方面可能是因为学校在洛杉矶，人文、自然环境较好；另一方面，与我们那所学校的导师和其理念有很大关系，他认为，美国所谓大学本科教育，本科生如果目的性很强，知道自己将来要什么做什么，这样得到的效果也许反而不会很好，大学更应该是一个年轻人了解自己、了解世界的一个过程，大学就应该兴趣广泛什么都学，因为一个20岁的年轻人整个心理过程来讲都不是很成熟，在这样的情况才了解自己，知道自己擅长做什么、不擅长做什么，在那时再进行人生定位会比较有把握。

欧洲的年轻人大学毕业后，甚至不参加工作，20～30岁周游世界，结识更多人，经历更多事，通过这个过程了解自己要什么，在30岁转折点再做人生决定将更有把握。

王瀚： 我上大学前比较迷茫，所以先在中国基层工作，在那里学到的东西跟学校不同，有时接触的人事物较粗糙，但会学到很多对人事物的态度和做法。之后去罗兰贝格学习，这时我找到了工作方向。中国第一代企业家慢慢都面临接班问题，接班时需要更专业更具有战略的人才，这些在咨询公司能够得到很好的学习，经过这一年的工作，我在大学会发现有什么东西我更需要，就更专注它。在大学实习期，第一年还是选择到咨询公司（麦肯锡），我发现学到的东西更多、方向更明确，接下来选择到欧洲旅行增加阅历。大学毕业后，直

图8-17 王瀚

接找到了工作方向，在咨询公司深造二三年，累积经验，不仅对工作有好处，今后传承或接班也更顺畅，更专业。

我的意义

陈奕伦：刚才探讨了大家为何走上现在的路，那大家认为现在做的事对自己或社会有意义吗？有怎样的意义？

高鹏程：这是一个很好的问题，我当初回国创业也是抱着公益的兴趣去做，当时我设想在中国打造出产品后，通过企业捐赠方式把终端铺到中国农村，当时是纯公益的想法。后来公司运营半年后迅速转换了一个跑道，成为中国广大手机用户提供的付费阅读产品。

我对当初的跑道转换也做过反思，现在，我依然认为我创业更多是在改变世界，或成为中国用户的一种生活方式。我父亲在经商，母亲是一名普通主妇，我在成长过程中衣食无忧，所以，对我来说，选择什么职业或走什么道路，更多不是追求物质回报，而是在这个过程中探索未知，与身边的同事、朋友共同成长。

我最初是以公益为出发点，在美国不错的大学修学，回国创业，后来又做了完全不同的事情。我认为作为企业家或创业者，不论你获得的利润是否回馈社会，在做企业过程中你已经创造了就业，同时打造了客户、用户、合作伙伴共赢的模式，这本身就是在改变身边的小环境，不管这个小环境能影响多少人，这就是你为

中国的社会进步或商业社会的演进，作出的点点滴滴的贡献。

肖晗：正是因为父辈那代人的努力，才使我们这代人活得比较从容、不用担心明天是否会挨饿。所以，现在可能很多人考虑的是我们国家需要什么、社会需要什么、世界需要什么。我从非洲做志愿者回来后，我想可能要跳出大家都愿意做的这些事，因为做传统公益，不就又是把它当成一个做事业的状态了么？传统公益大多是成功者给予弱势群体的帮助，相当于资源的二次分配，但这是否放之四海而皆准？是否是能够让所有人都能参与其中的一种模式？因此，我的想法是用商业的很大一部分围绕弱势群体需求，为他们提供一些服务，这可能对社会有意义，但是我不知道最后能否真正做成，有可能我会变成"前浪"被拍在沙滩上，但我认为这样的尝试也蛮有意义。

毛赛：我现在做的事对我个人意义更大，我现在读书是充实自己的过程，也是证明自己的过程。我觉得现在的人都有压力，也许我们做事的意图是好的，但很难找到一个契合点，所以我现在去读书充实自己，除却证明自己外，也是为今后能为社会更好地作贡献。

赵宏阳：任何带有正面的想法和使命感所做出的努力和辛勤的劳动都是有意义的。我现在在房地产行业，房地产对社会和人们的意义非常直观。我更认同毛赛所讲的对个人的意义，因为社会是由个体人组成。在工作中我也深有体会，通过与人的交流、博弈和沟通，最后达成一件事，这个过程对我们每个人的自我完善有非常重要的作用，在这些过程中我们成长起来了。我们现在做的事情对个人和社会都非常有意义。

陈勉一：我目前在做私募股权和风险投资，我个人认为挺有意思的。我们这一代人非常幸运，为什么幸运？我们20岁、30岁着手上一代所创办的公司业务时，正好能够见证和体验整个中国经济结构的转型和升级。我目前做的风险投资可以用非常独特的角度切入，让我能够在第一线感受和参与，甚至去帮助整个经济结构的转型和升级。我们做的投资是挖掘新兴产业，帮助有潜力的企业，除却解决基本财务问题外，还帮他们发现问题，进行人才结构、企业战略的构架，通过共同努力将企业的潜力真正挖掘出来，让这些公司成为中国经济新一代产业的主力军，帮助实现整个中国经济转型的远大目标。目前做这件事情的挑战很大，但很有意义，而且能够提升自我。

王瀚：我所在的咨询行业是非常有意思的行业，它涉及不同领域的各种问题，每天都会遇到新事物。所以，为客户解决问题的过程，也是对自己挑战的过程，而且跟一些繁忙的人在一起会学习很多，除了解决问题的方法，还有一些工作方法。这些对我来说是学习累积的过程。

拿我们集团来说，它拥有的不只是财富，还有很多员工和客户，作为企业领导者来说更多是要负责任。我目前的学习，也是为今后接班上一代的企业做铺垫，我们集团的目标是做百年老店，希望以后我也能为这个目标来尽下自己的力量。

我是世界人

陈奕伦：刚才的两轮问题都冷落了裴育笙，他的父母是美国人和中国人，他又在香港出生长大，你认为自己是哪里人？

裴育笙：我在中国香港出生长大，拿的是美国护照，可是我觉得自己也算是中国人，我大学期间的两个暑假是在中国内地渡过，毕业以后也想来中国工作，我是美国人，也是中国人。

陈奕伦：你毕业后想回到中国工作，是否想过到底要做些什么？

裴育笙：主要原因还是想学习。我在大学学到很多，生活、看法、背景，毕业之后来中国也能更多地了解中国，不知道未来会做什么样的工作，香港是一个很小的城市，我就是想从香港这个小城市走出去，看到中国的更多地区。

陈奕伦：毛赛，裴育笙都要来中国，你为什么还在美国？

毛赛：我们都是中国人，但全球化是避免不了的事实。我们既然接受了世界的教育，那我们应该是世界人，今后不论是接班还是做企业，都应该是世界化的，眼光也应放远一点。特别是现在科技、交通运输这么发达，区域化的地理界线越来越小，我从美国来到亚布力大概20个小时，到南极也才20个小时，我应该是世界的。

陈奕伦：那你还会回来吗？

毛赛：回来。

陈奕伦：关于毛赛说的世界人的观点，大家赞同吗？有什么看法吗？

肖晗：我高中在国外读的，我认为毛赛说得很有道理，在信息时代，你在哪里工作、学习、生活，已经不是最重要的事情，更重要的是你关注的是哪里，这是区分未来人生方向的重要分水岭。世界人的视野更宽广。

我眼中的中国

陈奕伦：大家都是留学生，你们出国前后对中国的印象是否有不同？

图8-18　陈勉一

王瀚：我高中毕业后才出国，有很多行为习惯与国外不同，心理上有落差，文化上也有很多不同，这就是我从国外回来选择先去外企工作进行缓冲的原因。

陈勉一：出国前没想那么多，但到美国后，包括在课堂里，当时给我的冲击程度套用比较流行的词叫"毁三观"——我从小生活的环境、心目中很多的形象等，在国际上原来是被很多人这样认为的。当时我本能的反应是很愤怒，感觉他们在诬蔑我心中很神圣的东西，所以当时跟国外同学在精神和肢体上有很多互动。后来想想，其实在西方待的10年是我最宝贵的财富。在美国，至少教会我要能够容得下不同意见，即使别人的意见让你愤怒，也要容忍别人存在，回国以后发现，的确在很多行为上有我看不惯的地方，事物都有存在的理由，而且任何事情要改变也需要一个过程，我们不能非黑即白不允许一样东西存在，虽然能够看到国内有很多丑恶的情况存在，但是我会有一个更好的包容心态，甚至比较平和的心态去了解背后的原因，如果要真正去了解该如何去解决，我觉得这是对我最大的帮助。

留学的收获

陈奕伦：我觉得刚才勉一说得非常好，接下来回答除了前面提的对中国印象的改变以外，我觉得也可以再提一下，你出国这段时间对个人的最大收获是什么、学到了什么？

赵宏阳：跟前面两位不同的是有一些发达国家和一些欠发达国家，我在澳大利亚、澳门、泰国都读过书，我有一个感触，在泰国，我觉得他们的生活并不是特别好，但是他们的人民满意程度和幸福指数很高，可能这是一个社会达到一个平衡的象征，我觉得任何一个社会都应有这样的平衡点，包括中国，我觉得这一点中国比较欠缺。

虽然大家都很满意，都很幸福，但是效率不一样，效率跟资源、跟体制都有关系，这一块我们能看到的东西更多一些。中国现在很多方面，包括刚才很多前辈讨论制度上的改革，经济上的发展模式、方向，这个更直观一点、更能借鉴一点。我当时回国创业模仿了美国一个公司的概念做了一个小生意，我觉得这块的收获对自己来说是比较直接的。

毛赛：最大收获有两点：观点和眼界。我出国之前，国际高中招了一个社科院的博士给我们讲政治，他讲完政治以后给我们上柏拉图的理想国、君主论，当时觉得他不是教我们读书，而是独裁。我们就投票把老师给炒了。当时觉得做了一件很正确的事情，然后也出国了。记得大一上中国历史课很震撼，第一课从中国起源开始，讲夏代可能是不存在的，因为甲骨文在商代才出现，所以夏代都是传说，原来从不同观点学到的知识完全是不一样的。

学第二课，说周朝的东西一半也是不存在的，因为从公元前841年开始用日历，所以说之前的事情都没有时间记载，都不知道是怎么回事。这两件事对我的触动非常大。会学会从不同的角度去进行独立思考，会增加自己的眼界，这是我学到最重要的东西。

肖晗：我在国外读了一本英国人写的世界史，从另外一个文化看自己本族的文化可以学到很多东西，我觉得从国外回来之后，之前更了解自己的国家了。为什么这么说？因为很多时候你没有对比，不知道你的国家国民有这么多特性，你会发现跟全世界人比中国人真的是非常勤奋，上进心非常强，我在非洲、欧洲、美洲都待过，华人是里面最勤奋的族群，你会油然觉得你会中文，属于这个最勤劳和很聪明的族群有一种自豪感。

当然肯定会像前面几位说的，跟发达国家比起来，中国人的一些礼貌、待人处事还处在比较初级阶段，这也可以理解，的确我们用很短的时间去追赶别人很多年的发展历史，但是看到很多国家的人之后你会有一个汇总，会有一个普适的价值，之后就不会再比较狭隘地看自己的民族，或者是看某些原来看不惯的民族，会觉得放在特定的环境里面都会有各自的原因。刚才之前各位都提到世界公民的角色，跟国外对比，很多时候在国外生活，当地人对华人不是那么尊重，这又让我有了一些对民族主义的情节受伤害，所以有更大的压力和动力让自己的国家变得更好。只要真正拥有一个很强大的祖国，在国外才会活得很有尊严。

高鹏程：其实之前说的和总结的都很全面，首先我非常认同之前几位的观点，出国之后像我们这一代人的最大贡献和提升就是一个人的视野，一个人的视野由三个方面组成：看过的书、交过的朋友和走过的路，一段出国的经历在这三点上给这个人的视野带来一定的提升。

另外在出国的过程中更强地激发我们的使命感，在留学过程中不断和不同观点、不断和有区别于自己的价值观的事务去产生这种碰撞，可以更清晰地认清自己的未来和使命。

裴育笙：我和我朋友的看法很接近，认为出国只有两条路可以走，一是做医生，二是做律师，然而我到大学去看到很多不同人、不同的背景。第一，以前会觉得自己很聪明，去一个很好的学校后觉得世界上有很多很聪明的人，不觉得自己有什么特别了，第二，我们这样的年龄有很多机会，也有很多的路可以走，我们应该抓住这样的机会帮助自己，也是帮助国家。

我出去的时候看到有这么多的路、有这么多的机会，就觉得我们这些年轻人很幸运，一是我们是在这个年代长大的，二是我们不用想每天吃什么东西，上大学的时候不需要马上赚钱，不需要付我们的学费，这样我们出国回来最大的改变就是有很多机会、有很多路可以走。

我的终极理想

陈奕伦：作为主持人再提最后一个问题，你们现在想想10年之后会在做什么，你人生最终的理想、最终的目标是想做点什么？

赵宏阳：也不用说10年之后，我觉得我现在已经有一个想法了，我可能未必10年之后跟我父亲一样还是在房地产行业，或者是金融行业去做一些具体的事情，但是我希望我能够把我所拥有的资源运用起来，对整个社会、对整个国家，乃至于对整个人类的进一步发展做一些自己的促进作用。我很欣赏欧洲十七、

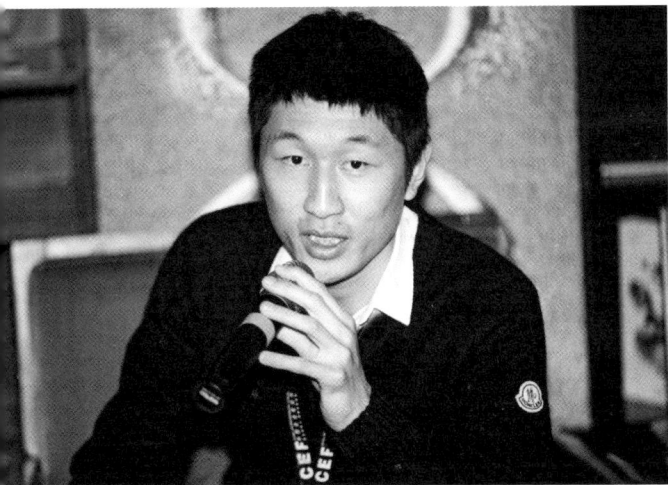

图8-19　赵宏阳

十八世纪，包括文艺复兴之后的阶段，大量的资本家运用自己的资源、资本，支持，或说供养了很多艺术家、科学家，我相信也就是这样的资源的有效循环和运转，带来了西方社会人类历史上的一次高潮。我想我们现在可能谈的已经不是怎么奋斗、怎么吃饱的问题，我相信动力也不如前一代人，我们只是希望在已有的平台上朝着这个方向做一点事情。这只是个人不成熟的看法。

毛赛：我现在没有想好具体做什么，但是我还是非常有雄心壮志，既然读了这么长时间的书，条件这么好，家里又支持，不管做什么都要做好，目前要脚踏实地好好学习，然后努力工作。

陈勉一：为什么说10年以后，我觉得作为我们第二代将来会有很大的问题，因为我们站在一个比较高的巨人的肩膀上，这是一双刃剑，站得更高，看得更远，这样很好，同时也会让我们形成好高骛远的心态，在这种心态下反而会忽视自己目前需要踏踏实实的工作。我觉得未来10年怎么样真的不要花太多心思去想，现在对我们来说最重要还是踏实，一步一个脚印，踏踏实实做好，10年以后可以回过头来看我们每一步走的脚印，如果再想其他会陷入这个误区吧。

裴育笙：我第一个希望就是，10年之后我的中文会比现在好好几倍，第二个我从小就喜欢旅游，现在已经到过52个国家，我从小的想法是到30岁需要到100个国家，所以我希望31岁的时候已经去过100多个国家，从中可以了解世界。

王瀚：我蛮同意勉一的观点，想法都会随社会的主流发生变化，10年之后、20年之后真的蛮难，我自己的初步想法是在10年之后把自己培养成一个合格的职业经理人，因为我觉得年轻人最需要的是耐心、沉稳，就像勉一说的，脚步要一步一步步走，把基础打扎实，我希望用20年、30年的时间帮助到自己的家族企业，为社会尽一份力。

高鹏程：因为我现在所创业的方向是移动互联网，这个行业的发展日新月异，每二三年产业都会发生一个巨大的变化，现在很难让我想10年之后在事业上会做什么东西或者是有什么成果，在未来的二三年之后我专业的方向会改变人们在客厅看电视的方式。未来会做什么样，还是要看接下来2～3年的事业能够发展到什么样的状态，因为接下来的时间是对我提供可能性的基础。

我想在座各位都不要追求10年之后、30年之后会怎么样，而是要看自己成长了多少，每天和每个月在自己成长的同时也可以带动你周边的人，无论你的员工，还是你的合作伙伴。

借机介绍一下我们的产品。中国家庭共有的场景就是看电视，随着智能终端的普及，看电视的同时手中会有第二屏设备。2012年9月30日，《中国好声音》播放当晚，新浪微博出现了数千万评论，80%的评论来自手机客户端和wap网页，第二屏是不可逆的趋势，同时产生的用户行为绝大部分发生在电视节目的广告时间。为此，我们把三种信息推送到终端上：一是同步节目，二是商品信息，包括硬广告、主持人或嘉宾的服装，我们的产品可以在接近200个电视台播放画面时自动识别商品信息和人物信息。

第三种是互动的信息，比如用户在看足球比赛，大家可以互动是否进球。我们正在和国内的主流电视机厂商洽谈合作，把我们的产品解决方案植入电视机，比如三星和TCL今年新上市的电视。用户在看电视的时候能够看到我们推送的信息，如果用户对当前商品信息感兴趣，就可以选择推送，通过摇控器可以完成产品下单。我们的产品可以达到的效果是，无论用户是用电视、手机，还是智能联网的电视机，都可以满足在电视场景下的购物需求。

这个产品至少现在还看不到竞争对手，希望在未来1-2年之内通过更多运作和合作，引导用户新型的生活方式，这是我对自己公司未来的预期。

肖晗： 投资一些比较好的，有民生效应和社会效应的比如我自己喜欢的是电动汽车，如果10年之后中国有自己的电动超跑会比较有成功感，对我自己来说，能做一点改变世界的事情就会觉得很满足。

陈奕伦： 其实本来作为一个主持人，第一条守则就是一定不能抢话说，但是既然大家已经都讲完了，我就讲讲，10年以后我觉得像这种职业上的未来可能会有很多种可能性，但是我觉得最确定的一点，无论10年以后、20年以后、30年以后，我相信我都会一直关注公益，我现在做的农村教育方面的东西，我觉得假如想做一点有意义的事的话，改变中国教育是一个最根本的切入点，所以我会一直在这个领域内努力，直到有一天不需要我们的努力为止。

我去年夏天从大学毕业之后，现在在贵州做基层工作，各位观众有什么问题现在也可以提问来问我们。

互动环节

喻杉： 陈奕伦，据我所知你是哈佛商学院毕业的，现在做一个村委会的助理，在一般人眼里肯定会觉得落差太大，从你自己个人的体验来讲，你觉得这个对你个人、对社会有意义吗?

陈奕伦: 确实有落差,因为平常接触到的事情和我原来在学校学到的东西是完全不一样的,但也没有那么剧烈,因为我跟那个地方很熟悉,从2007年暑假开始,我都到那个乡支教。

我觉得对于个人来讲意义是很大的,因为这个经历可以让我进一步了解一个更真实的中国,基层的人是怎么样运作、怎么样生活的,对社会来讲可能直接的意义不是特别巨大,其实当初做这个决定的时候是希望我做这样一件事情,可以让更多我们这个年龄的年轻人去关注这个社会,而不是把目光放在更高的地方,要多看一些身边平常不太注意的、一些比较基础的东西。

父母的影响

李亦非: 在你们的成长过程中,是妈妈对你的影响大,还是爸爸对你的影响大?

裴育笙: 我觉得是不一样的影响,说心里话,我跟妈妈说的比较多,但是我自己学的东西、自己工作的方式是爸爸对我影响比较多,从小跟爸爸念书,爸爸给我讲他的经验,所以要说谁的影响比较大,应该两个是不一样的。

高鹏程: 我的回答可能是政治上正确的,我父亲对于我的帮助,或者是引导是方向的,我母亲是偏生活上的,或者是方向上遇到一些问题,我母亲来帮我进行一些疏导工作。

肖晗: 我觉得还挺典型的,父亲给我一些粗线条的方向影响、大局观方面的影响,母亲给我一些细节方面的关注和影响。所以不能说哪个大,但的确是每种都不可或缺。

毛赛: 在我出国之前是妈妈影响大,我上午上学比较早,睡得也比较早,爸爸带我比较少,有事情跟妈妈说。出国以后小事跟妈妈说,比如交女朋友之类的,大事还是跟爸爸说,主要是出国之后对我的照顾和关注都很多。

赵宏阳: 我们家还是一个比较传统的中国家庭,成型之后多数还是受父亲影响多一点,但由于毕竟跟母亲生活多一点,因为女性一般是抚养子女的角色,所以性格会受母亲的影响多一点。

陈勉一: 我的情况和大家差不多,我小时候父亲也会影响我,给我灌输一些理念,可能是因为我太小,我父亲给我灌输的理念太先进了,拉着我下围棋,分析一些局势、战术,当时就感觉非常非常高深,但是现在回想起来父亲还是很有深意的，不管父亲还是母亲，哪个人对我影响并不重要，最重要的是他们对我毫无保留的付出和期盼，这是我非常感激的地方。

王瀚：对我来说是父亲的影响比较大，在我高中的时候父亲去世了，大学之后都是我自己选择，自己思考，那时候变得更独立，因为想问题的时候我有后盾，所以会想得更理智、更长远一些，毕业之后的方向都是一个人在思考，无论父亲在之前，还是之后，相对于母亲来说，父亲对我的影响都是比较大的。

看待失败

嘉宾：你们是一群幸运儿，因为家境比较好，在创业的时候也别人从容，做事情也比别人从容得多，但是我想问一个问题，你们有没有想到过失败，或者是多比别人做一些什么样的准备。

毛赛：我失败了以后不会没有房子、没饭吃，最重要的是我们去闯，自己闯一次是拿自己的未来做赌注，我们反而可以从头再来，这反而是我们最大的优势。

赵宏阳：如果没经历过失败，我们就很难想象失败这件事。我曾创业失败了两次，第三次也没成功，但我觉得我还有机会，因为我还年轻。创业时一定会想到失败的风险，其实失败是受教育的过程，其中最关键的是面对失败的心态——你是否把失败当成一个过程，是否在失败之后比以前更加努力。

高鹏程：我认为失败对人生是挺有意义的，每次学到东西最多的是失败的时候，但是你要知道为什么失败，对失败是完全没办法控制，还是没有控制，还是证明你压根在这个领域就不行，对失败的分析很重要。另外我们都很年轻，要珍惜失败，理论上都没问题，但是度过这段时间你会发现自己成熟很多，所以说失败对我们来说还是挺重要的。

肖晗：我觉得创业过程中最重要的还是失败的，最开始的这两年是不断在恐惧中度过的，从2008年到现在也出现两个时间点，出现了工资发不出来的情况和业务的重大转折点，这两次可以说是一只脚踏在悬崖上的，创业过程还是追求过程，而不是结果。最近两年身边的朋友都说，你创业这两年有点嘻嘻哈哈，我觉得调整好心态才能收获创业最多的东西。

裴育笙：大家都说失败的时候不要放在心里，但是放在心里这样的失败才能变成更好的激励。

陈奕伦：我觉得我跟毛赛相反，是特别怕失败，我觉得是一个特别大的包

袄，虽然没有创业的经历，我原
来在大学办论坛，每次都是提前
两个星期做噩梦，梦见自己出各
种各样的差错，也确实经常会遇
到很多问题，我觉得很重要的一
点是要学会承担责任、承担你的
失败，你失败以后不要老想着是
别人的错，可能有些确实是别人的
错，但是你要认清楚，你自己可能
确实犯了错，哪些是你的错，这样
才能吸取教训将来不犯错误，这一
点我还在学习过程中。

图8-20 裴育笙

是否有政治抱负

陈东升：你们学习从容、创业也从容，而且现在都知道中国的改革如果要搞
政治，你们是最好的从政者，不需要贪污，因为你们没有生活的压力，应该都为了
理想和追求，你们是否有政治大抱负，或者是否想过如果有机会，或者是因时代呼
唤，真正地为国家和人民服务？如果有这样的条件，你们是否会站出来？

高鹏程：我记得两年前在中国企业家论坛陈总的观点，当时的一个理论当官从政
就是爬梯子，做企业创业是搭舞台，为身边的人、员工搭一个专长，或者是实现自己价
值的平台，这个理念我非常赞同，我自己在本科大二转到历史上，我学的是外交历史，
当时考虑过也不是说从政，而是往外交方向发展，后来机缘巧合走上创业的不归路，希
望通过创业来实现自我价值、创造社会价值。

毛赛：我觉得如果有这个机会、这个平台也不错，可以考虑，因为不管怎么
样你要给这个社会作贡献，如果这个平台稍微大一点是没有问题的。只是另外一个
问题，如果在别的环境中你的工作专长可能不会适合那种氛围，谁又能知道呢，30
年之后的中国还不知道是什么样的，我觉得最重要是把自己的力量奉献出来。

赵宏阳：我很多学国际关系的同学观念是去从政，不下15个，现在没有一个
在外交部工作，我觉得可能是一个曲线救国的道路吧。在中国修身齐家治国平天
下，这个顺序是很难改变的，有了能力一定是兼顾更多的责任和义务，但是确实这

个社会发展太快，包括我们也在想，未来可能会有不同的政治形态出现，这个东西不要去假设，但是我想有一点，未来不论你在哪一个位置，都是可以承担为人民服务这样一个责任的，如果是祖国需要的话，一定是挺身而出的。

陈勉一：东升董事长不愧是火红年代走过来的企业家。这个问题目前可能离我们比较遥远，但是在美国的时候，我可以举一个比较实在的例子，我在高中一个很好的美国朋友，可以说是最好的美国朋友之一，他家境也很富裕，衣食无忧，而且他读书成绩也非常好，他大学读到大三的时候已经是前程似锦，如果这样走下去是分分钟的事情，是美国富N代了。但他走了不一样的道路，加入美国空降师，去了伊拉克，当时很不理想，因为在美国当兵的都是条件非常不好的人，在美国当兵念大学学费可以由部队承担，在美国当兵是非常功利性的，他这样的背景怎么会去当兵，而且冲到最前线。后来他跟我说，一方面是为了心中的理想，一方面是他从美国人的角度就很不理解，"9·11"为什么阿拉伯世界会有人欢呼雀跃，他就会觉得自己一直生活在一个很封闭的世界，更想了解外面的人是怎么想、怎么看待，他想通过这样一段历程来更好地历练自己，所以我觉得像这种精神的确是非常可贵的。但是对我个人来说，这个参考意义不是很大，因为我那个哥们家里有好几个小孩，他走上这条道路对他父母来说万一有三长两短也没有问题，我是独生子女做这种事情至少还需要为父母多考虑。

陈奕伦：我是觉得每一个男孩子在每一个时间点上至少都是怀揣梦想的，政治这个东西无论在哪儿都是对你个人信念一个重大的考验，我是觉得需其有大智大勇的人才能真正去驾驭它，但假如祖国和人民需要我也会挺身而出。

毛振华：我来说一下自己第二代的创业问题，第二代的创业意义在哪里，是自己继承，还是走另外一条道路。另外你们这代人的生存环境跟我们相比应该更困难一些，从我们这个环境走到另外一个环境，为什么大家不去做学问，不去读更多的书当老师，我觉得可能会更好，因为中国更缺这些人才，而且自己会有成就，在不同的领域获得成就，做生意总会有一个阴影，会超过你的父辈吗？

在台湾，我看到一个书店，创业者已经80多岁，儿子50岁，之前在美国担任工程师，后来回来接父亲的班。我认为接班是一件很委屈的事情，也许父亲还会不信任，怀疑儿子能否守住家业。有人说，儿子接班没有选择，如果女儿接班还可以换女婿。但顺利接班也是非常不容易的事，这就是为什么我不看好新一代年轻人从商。为什么没有人走做学问这条道路？我认为我们的下一代如果想通过创业超过我们，这很不容易。

王均豪：我跟毛总正好相反，如果说他们愿意接班，从社会角度就应该要给予很大的鼓舞，本来接班第一代传给第二代的成功率只有30%，他们勇于承担就是社会的肯定，接近30%就是成功，也不一定非要做得怎么样，超越父辈怎么样，真正把企业可持续发展下去，每年略有增长，这已经是很成功了，不一定非要超越。

但是我们社会有一句话叫"败家子"，你接过来接好了，社会上说无非你出身好，接不好就是败家子，这是你们最大的压力，我们社会应该给予宽容，我希望呼吁社会如果接班不成功责任更大在于父亲，"子不教，父之过"，只有这种氛围形成，我们二代才能传承下来，中国民营企业才能可持续发展。中国民营企业的可持续发展关乎于中国的未来，中国需要把经济做得更好，孕育出更多的企业家。

关于未来

嘉宾：我有一个小建议，可能是一个小游戏，因为在座的8位都是男孩子，很多父辈都在下面，亚布力中国企业家论坛有13年了，大家猜测一下，预测一下10年、20年的东西，像游戏一样，每人收藏一下大家对未来10年、20年的预测，好不好？

喻杉：写下你们的梦想，写下你们未来10年的预测。

毛赛：还是怕失败，我觉得经商风险小一些，唱歌跳舞成名的就十几个，做学问、做经济学家有名的就那么几个，不算顶级的，中国过亿的商人50万人是有的，对于我们来说可能风险小一些，也是胆小吧，是有这样一个心态。而且从文化上来讲中国有这种继承，从封建王朝过来是有这样一个文化在里面，父亲做什么你做什么，不一定是承父业吧，也可以是创业。

陈奕伦：我觉得这是一个伪命题，其实你们觉得我们做什么根本不重要，最重要的是我们觉得我们做什么，什么是正确的。

陈达冰：有人讲如果祖国召

图 8-21　毛赛

唤的时候，他们就会站出来。但我们面临的是两个世界：一是自己的世界，也许继承了父亲的产业，也许有自己更广阔的世界。二是社会的世界，它每时每刻都在召唤我们，我们要在这两个世界里寻找到平衡点。在继承父辈成功事业的同时，又要面对复杂的社会，这可能更需要你们沉着的应对和具有足够的知识，你们对此是否已经做好了准备？

毛赛： 我爸跟我说的观点很重要，不管是从商还是做学问，至少做一个优秀的人，不一定是做到No.1，但一定要做到第一梯队的人，只要在自己的事业里做到优秀，优秀是一种习惯，这样祖国需要你的时候你就会成为一个领导者。

赵宏阳： 我同意毛赛所说的，无论你身处哪一个位置，心里都要有对国家的使命感，不论是否真得有的祖国召唤，我们都要能扛起这份责任。

如何看待非洲

陈达冰： 我在非洲生活了22年，我认为未来5～10年非洲将是中国经济增长的引擎，也是我们民营企业未来商品输出的一个主要市场，现在出口已经下滑了，但是非洲的机会来了，非洲发现了石油，非洲是一个资源性的大陆，未来你们在创业，或者说你们子承父业的时候怎么看待非洲？谢谢！

肖晗： 我认为，中国在很早之前就已经开始在非洲进行投资布局，尤其是对非洲一些资源的开发。我在南非做志愿者的时候，也听到整个白人圈子都在传言中国要占领非洲。这当然是传言。非洲市场的确很吸引人，可以做一些不是很复杂的项目，但若想扎根非洲做企业，也并非一朝一夕能够做成。

图8-22　肖晗

陈奕伦： 我也去过开普敦，我觉得对非洲的了解也很有限，但是我觉得刚才陈先生也提到非洲广大的面积和人口，我觉得无论如何在未来都是一个非常重要的市场所在，比如保险，只要有人的地方就是市场，将来假如说全球化布局肯定非洲是不可能漏掉的。

毛赛：我对非洲的了解也不是很多，但是我有一个读法律的同学，辍学了一学期去非洲待了一星期，他跟我说那个地方机会确实很大，他说在那边就会看到华为、中兴的负责人，都是四五年前赶去非洲呆了四五年，现在都熬到华为、中兴地区的负责人，所以我觉得机会肯定在那里有，我还是非常愿意到非洲去看一看。

裴育笙：我去过非洲的四个国家，南非、北非全都不一样，以后一定会有很大的机会，但是要看什么样的国家，因为每个国家都是不一样的情况。

陈奕伦：时间不早了，今天就到这里，希望夏季峰会，或在明年的亚布力年会上，我们还会做这样的互动，谢谢！

创想发源地C：5年后的手机

王维嘉：大家下午好，今天分论坛题目是"5年后的手机"，之所以讨论这样一个题目，我想最主要的是过去两年当中，发生在TMT领域，或者科技领域的最大变化就是智能手机的快速普及。2007年iPhone面世，第一次开始出现了智能手机，是苹果公司真正把这样一个智能手机送到大众手里。如果那时候，你买了苹果的股票，现在差不多翻了20倍。今天我大概说一个数字，2011年智能手机在全中国的销售额大概是5000万部，我们中国手机的保有量大概在8亿到10亿部，去年到了1.2亿，今年应该是在2.5亿。回想起我们刚到美国的时候，有各种各样的操作系统，PC出现以后，在很短的时间内，这些杂牌操作系统都没有了，我想智能手机在今后5年，可能就像PC一样，淘汰其他的机器。智能手机有几种不同的操作系统，量最大的是安卓，因为它的生产厂家比较多，也比较便宜。第二就是苹果，微软还在做垂死挣扎，黑莓也在快速地萎缩。今年最关心的就是5年以后的手机是什么样的。从技术的角度看，更重要的是，这样一个智能手机给行业的形态带来什么样的

图8-23

变化。实际上过去几年这种变化已经在发生了，像过去在美国的运营商是非常牛的，现在运营商是求着苹果这样的公司。中国实际上也在发生变化，比如说大家现在用的微信，就已经对运营商的基础运用产生了实质性的重大威胁。再看它的社会效应，手机出现以后微博出现，过去两年当中微博极大地改变了中国的样貌。

可佩戴计算将改变我们的生活

田溯宁：5年之后手机是什么？5年之后有没有手机？手机会不会用一种新的范畴来讲呢？我最近在思考一个问题，我们回顾一下计算机：计算这个事情开始于科学家，从诺伊曼的科学计算开始，是计算机的一个阶段；到了第二个阶段就是企业计算，大量企业需要计算，尤其是主机；第三个阶段到了个人计算机的时候，也就是所谓的桌面计算。我认为随着智能手机的发展，我们到了一个社会计算阶段，从科研到企业，到桌面，到整个社会都离不开计算。这个发展说明了整个行业发展的规律，计算和存储是非常技术的词，越来越深入到社会每一个角落，深入到我们每一个人。今天我们丢一部手机对我们影响可能比信用卡还要大。5年以后，有一个新的词，叫做可佩戴计算，所有的物品都应该有计算能力。我们刚刚投资了一个公司，把传感器放到皮带上，能够监督你每天的坐姿，坐得不好的时候就提醒到你的手机上，你今天该运动一下了。我认为未来5年，我们身上的很多所谓的可佩戴的东西都应该有计算能力，我们的手表会通过监督我们的血压、脉搏、汗液来控制我们的情绪，成为我们身体健康和情绪的一个晴雨表。

所以说我觉得未来5年非常关键，所谓社会计算会成为计算发展的一个非常重要的方法。在这个过程中，我不同意王维嘉的观点，我不认为安卓像苹果一样能一统天下，在社会计算和可佩戴的计算环境中，整个计算架构会越来越向云端发展，将来我们的客户端也会越来越多样，越来越简单，越来越便宜，而后台的云端会越来越复杂，我用一句话说就是"厚云多端"。可佩戴计

图8-24　田溯宁

算的一些先行者，在硅谷，如果把各种指标记下来的话，一天生成的数据是5个T左右，一辈子基本的数据量可能是1万个T，这样的计算量云会非常的厚，端会非常的多，而端将来的软件是什么，我认为会有各种各样定制性的东西，会有各种各样的芯片。在这个过程当中，我相信也会是安卓的一个天下，在这个过程当中传感器可佩戴计算会越来越多样性，而且可佩戴计算对我们生活的改变、对我们学习的改变、对我们工作的改变才刚刚开始，所以这个时候我们的想象力和勇气非常重要。

云端社会架构很像电，深入到了生活，虽然互联网已经改变了很多，但是看到未来的架构，我觉得我们还处在一个非常激动人心的变革前期。

王维嘉：溯宁提到可穿戴计算，大家最近看到谷歌的眼镜和手表，就觉得怎么突然出现这样的东西，我在硅谷待了20多年了，实际上它的历史已经很长了，1992年我在微软的一家创始

图8-25　王维嘉

人公司工作，当时我从事的一个科研项目就是可穿戴计算，如何让每一件衬衣都可以产生一个立体声场，比如说打电话的时候，不需要还有一个电话，直接说就是了，比如说开一个电话会议，北京、纽约的人的声音就从不同的方向过来，你说话的时候对着那个方向说，产生一种虚拟的声场。当时我们老板给我们的任务就是你们不用考虑任何的经济效益，你们就想人类20年以后要用什么东西。所以这是我一生中最愉快的两三年，创业以后偏偏有压力。我想问一下冯军，作为中国最优秀的品牌，你们是怎么在创新方面考虑的，下一步如何迎接新的云端时代？

冯军： 干一行吆喝一行，刚才田大哥从云这方面来讲，把手机未来描述得非常清晰。从手机功能上来讲，我说几个点：

第一，5年后，手机的投影功能会变得非常的普及，可能会对电视机形成一定的互补和冲击。第二，无线充电，互联网通过IPV6之后，用手机可以遥控的东西就太多了。最新的数据统计，去年第四季度，全球手机排行榜现在是三星排名第一，苹果排在第二，华为、中兴和联想已经到了全世界的前五名，这三个中国品牌都进来了。我想大胆的预测，5年后联想有可能成为B2C数一数二的，甚至拿到第一，而华为有可能是B2B的第一名。

王维嘉： 你的意思它会超过苹果和三星？

冯军： 我认为完全有可能，因为这是一个全新的时代，只要中国品牌能走两条路，第一，精品路线，不管是联想，还是华为，都是这方面的榜样。几年前要说三星能追上苹果谁信啊，三星第一走精品路线，第二走国际化路线，如果中国企业也能抓住这两点，下一个"三星"会大量地出现。而且中国人的创新能力让人自豪，唯一缺乏的就是抱团的精神，我认为像亚布力就是一种抱团的组织，我也加入到抱团的行业里面，现在搞国际化联盟，专门帮中国品牌走出去。所以我觉得要相对聚焦，不能大家都多元化，不能什么都做。以前我也做

图8-26　冯军

手机，我现在用联想的手机，我发现做手机并不是我的优势，还不如去支持国内更好的、更优秀的。

我觉得韩国人的崛起，其实是4000万人的抱团起了作用，咱们不要排斥苹果和三星，人家做得好就要虚心向人家学习，该用就用，不要有任何的压力，但是在同等条件下，三星现在卖4000多，联想现在卖2000多，性能都一样，我们为什么就不能支持一下联想呢？当然了，可能有人说三星品牌的广告费从各方面来讲比联想大，所以大家用三星有一种荣誉感，我认为没错，每个人都有自己选择的自由，但是我觉得在同等条件下尽量支持自己的兄弟，所以希望大家将来换手机的时候优先考虑一下联想、华为、小米等，谢谢大家。

王维嘉：未来智能手机对电信行业的生态会造成非常大的影响，吴鹰过去既做终端又做网络设备，和运营商有非常深的关系，对运营商电信这个行业的理解，可能是我们在座最深的，请吴鹰讲一下，对电信行业会有什么重大的影响？

吴鹰：其实对手机5年以后什么样，我认为5年以后没有手机了。手机，什么叫手机，手机是手持终端，是这么翻译过来的，在手里是打电话，5年以后手机打电话的功能是其中很小的一部分功能，它应该统称为移动互联网的终端。出门的时候什么都可以不带，但是不能不带手机。我记得大概是在10年前的时候，美国国家实验室把人体解剖，一个人切成1540片放在网上，以前医学界没有这些数据信

图8-27 吴鹰

息，这么珍贵的资料居然能够公开，当时我们中国人用了两个星期才把这些信息都下载下来，今天差不多是12分钟左右。

我个人认为，移动互联网跟云计算配合起来，后面的空间是中国史无前例最大的一个商机，是在世界领先的。

王维嘉：现在运营商觉得很郁闷，过去钱都是他们赚了，现在移动互联网的应

用非常多，跟他们没有什么关系，反而流量用了很多，流量费也没有收太多，你觉得今后几年运营商和应用商与终端厂商这种生态产业链的关系会有什么样的变化？

吴鹰： 这是一个特别好的问题，中国非常大的一个运营商的主要负责人在讲这件事情，讲微信，运营商来支撑这个网络，使其他公司获得很大的利益，其实去年在数字中国IT领袖峰会的闭门论坛上，当时中国联通的总经理就说，联通一年的维护费是1000亿，但是几大互联网公司，它们的市值加起来都是非常巨大的数字，一个腾讯大概就有4000多亿了，但是我觉得运营商也应该放开心态，你做的这个工作，你就要去想怎么赚钱，你在流量的运营上有很多事情可以做，移动互联网带来的数据是10倍，甚至更多，一个做IP提供的公司，它一年的量是150个P，一个P应该是1000个T，一个T是1000个G，这是非常巨大的量，中国移动整个公司全加起来，用的流量是150个P，中国移动视频的内容相对比较少，但3D电视需要的带宽比现在至少要高200兆以上，这么多事情可以做，所以对于运营商来讲，不用担心话费不要钱，5年以后百分之百是不要钱的，但是大家对流量有需求。

王维嘉： 移动互联网来了以后，到底和固定互联网是一个什么关系？是说一批新的公司崛起了，还是就是互联网的移动化？王志东作为互联网最早的创始人，你是怎样看待这个问题的？

王志东： 我先说两点，第一，前面马云那句话，应该是一个回答，就是说互联网市场有些人会被合并，运营商也好或者其他企业也好，如果在这上面被合并，甚至被淘汰，这是正常的事情。既然是革命，咱们就得迎接这个革命。第二，刚才吴鹰说的观点，5年以后没有手机，我比较认同，按照这个定义，其实现在的手机已经不是手机了，就说iPhone，或者说三星、联想、安卓，谁把这个系统还当做手机用的人是很落后，这个变革已经在启动了。

关于5年后的手机应该是什么样的，我想从三个方面来讲。

图8-28　王志东

第一，5年这个时间说长不长，说短不短，我们不能期待5年就发生一场翻天覆地的革命，但这5年肯定会有很多的变化，第一个变化肯定是在量变上，比如说速度会更快，照相功能会更强，包括它的带宽也会变化等等，从iPhone到现在这个变化还是没有结束。按照摩尔定律，18个月翻一番，5年可以翻好多番，所以这个量变是肯定的，我们在任何一个细节上面都会体会到量变。第二，过去5年以来，手机发生了什么变化呢？我觉得最大的变化，是它的集成，就是说按照吴鹰刚才所说的，走MID的概念，其实现在的手机已经把我们几乎所有的随身设备都给集成过来，包括PDA，所以我觉得集成化是手机发展的一个趋势，在未来5年里面还会持续。另外功能上的延伸，手机和平板会慢慢取代电脑。5年前，可能80%以上工作是利用电脑完成，现在可能只有30%左右工作是在电脑上，5年之后，我估计可以完全甩开电脑。

我们看到过去5年手机变化最大的肯定是iPhone，但是iPhone最核心的一个突破、拐点在哪儿呢？就是一个电容式的触摸屏硬件加上一个多点触摸的软件，这两个是它的技术拐点。那么有没有第二个、第三个突破性的技术会出现呢？我想这个会影响5年后的手机。我很佩服乔布斯，他能够在这个产业里面找到这种技术，并让这种技术变成一个量产。

5年之后，有两点我比较期待，一个是可变大小的屏幕，iPhone、iPad，不同的时候我需要不同的屏幕，这个屏幕有没有可能变成一种可变的大小，投影是一种方式，但是投影并不能解决操控上的便利，5年之后如果能有一种技术，让屏幕的大小变化变得自然，这是我期待的。第二个期待的技术，我之前申请过一个专利，就是把电子墨水整合到iPhone电脑里面来，如果说工程上能够实现，这也是一个极大的便利。iPad对小孩儿的眼睛伤害极大，如果屏幕上面把现在的LED技术和电子墨水技术结合的话，这会给平板电脑和手机一个极大的帮助。

王维嘉：我们谈起技术就特别兴奋，但是我觉得今天的手机，已经超出了技术的范围，它已经开始全面影响人的生活，作为著名的作家喻杉，你是怎么看手机对人类生活文化方面的影响呢？

喻杉：我是来听各位讲的，科技的东西我一点都不懂，我不是从科技工作者的角度来观察，而是从社会的角度。在我们生活当中，手机其实改变了我们很多人与人之间的关系，改变了国家和它最底层人民之间的关系，这是我比较关注的，因为从菲律宾总统下台那一次，我就开始觉得手机具有很强大的功能。我觉得不管科技工作者怎么想，我希望你们在想这些技术的时候，能更多地保留人性美好的东

图8-29 喻杉

西。现在的很多孩子可能更愿意在手机上跟朋友去交流，因为你们把它做得太美好了，所以小孩儿就容易以这个美好来取代生活中的美好。我不知道未来的手机会发生什么样变化，但是我觉得应该多一些人文关怀。你看现在小孩儿放学回家，如果家长给他一点自由度，他一定会玩电脑，玩iPad。

王维嘉：我太太经常跟我说互联网害了一代人，我们家女儿一回来就是上网聊天，一有时间就玩游戏。今天这个社交网络已经严重出现这样的现象，实际上这是一个非常重要的问题。

喻杉：我认为科技提供的东西过于美好，超过了现实的美好带给他们的吸引力。去年夏天我们去欧洲，在瑞士的小镇里面我觉得风光很漂亮，但是我家的孩子就在阳台上玩游戏，我说，"这样我们来这儿干吗，我们就住在家里面了。"

王志东：不能全怪技术，因为我们家也是两个小孩儿，你说的现象我感觉挺严重的，但是技术解决不了这个问题，小孩儿的理解和突破的能力远远比我们强，我们搞IT的还好，不搞IT的更无能为力，其实最关键还是看家长。比如说天天看电视，一样有问题，所以这是一个社会问题。作为家长，第一，我怎么去管理他的时间；管理他用电脑上网的时间，第二，我如何给他安排更多的兴趣，打球、郊游，让他发现除了这个以外更多美好的东西，我想这些是很重要的。

田溯宁：我最近看了一本历史方面的书，工业革命刚刚开始的时候，在伦敦曼特斯特有很多人离开家乡走到一起，这么多人在一起谁也不知道怎么相处，那个时候靠什么呢？伦敦当时每个人都喝酒，喝酒对人的身体非常有害，后来又有戏剧，又有报纸，再后来议会制度慢慢建立起来了，这就是从田园生活到了工业革命。信息为什么是一场革命呢？它在改变我们的生活方式，但是这样的生活方式靠什么建立起来，需要我们共同的努力。凯文·凯利最近有一本书叫做《技术力量》，基本的观点是这样，人类科学家发明第一个工具斧头的时候，我们可以用它来杀人，也可以用它来狩猎，善永远大于恶。我相信科技创新才刚刚开始，如果5年后的可佩戴计算、社会计算出现之后，我们的社会制度、政府、我们的家庭等所有的关系可能都需要重新定义。

王志东：我认为整个社会就是一个生态系统，当有新的物种、气候等各种因素变化之后，原有的生态平衡就会打破，但自然界有自动修复的能力，会重新达到一个新的平衡。社会也一样，我们一定要适应有互联网、有iPad、有三星、有联想的这样一个环境。

王维嘉：刘东华也是媒体人，这些年又自己创业，东华你是怎么看待手机给生活带来的美好的？

刘东华：我也是代表用户，可能我是这个社会上最顽固、最老土的用户。我原来就设想，可能将来这个世界上两个东西对自己最有用，一个就是手机，可以包办你和外部世界一切的联系，包括移动生活、移动工作、支付等等，另外我还有一个梦想，就是飞行雨衣，一念就可以飞走，也不怕堵车了。有需求就有市场，有市场就有创新，我觉得这些东西都会出现。如果说到它的负效应，前天马云说互联网是一场革命，我也觉得"互联网是一场不能回避的革命"，你如果不迎接、不适应，可能就会被淘汰。比如说手机，可能给人带来的是两种伤害，比如说微博这些东西，对成功者的摧毁是非常容易的。另外一种就是刚才大家说到的，不管是小孩儿或大人，这种新的使用习惯，实际上在伤害人类原来的很多能力，包括系统思维能力等。我觉得将来一定会有类似于手机的东西，但是我们愿不愿意成为新技术、新发明的牺牲品，因为很多孩子确实就可能成为它的牺牲品。所以我觉得随着这种新科技的演进，其实人类应该把它可能带来的伤害做出一些规范。

图8-30　刘东华

王维嘉：下面请伍昕讲一下。

伍昕：未来5年的手机，我们做一个畅想，有三个趋势：第一个趋势，肢体化；第二个趋势，模拟化；第三，认知化。

第一个趋势，肢体化。刚才大家说了，未来手机可能有这样那样的功能，我觉得我们远远没有意识到它给我们带来的变化，如果说它是一场革命，我们仅是在这个革命的最初期阶段，因为人类社会发展到今天，没有任何一个工具，像手机一样独一无二，人即手机，手机即人，它成为了我们肢体的一部分。刚才各位也谈到了它可怕，科技带来很多负面的东西，但是不管负面和正面，这个趋势和方向都是不可逆转的，不管我们喜不喜欢。

图8-31　伍昕

第二个趋势，模拟化。信息产品的革命已经走了一半多，这个浪潮从最开始的整个产业的发展到微软，我们觉得它是做数字化的，但是苹果到了一个拐点，做了模拟化，因为所有的电子设备最终的使用者都是人，这是核心的创新。触摸屏开创了模拟化的整体趋势，不管是书写、触摸、语音，越来越接近我们的身体，越来越接近我们人的需求和使用。

第三个趋势，认知化。认知化可能是一个畅想，怎么理解呢？打一个比喻，大家都看过《阿凡达》这个电影，一棵大树是整个星球的智库，它其实就是我们的人，不管我们跟旁边的人交流，还是跟其他东西交流，拿自己的辫子对接一下，就相当连接了WIFI，我们建立一棵树的时候就是跟我们云来进行对接，而这棵树越来越聪明，越来越认知，越来越人性，它里面所蕴藏的知识，已经远远超过一个人的脑子所积累的东西了。但是随着软件技术，随着AI技术，随着声模拟的技术，被用在电脑之上，我们相信云端的能力会越来越强。

王维嘉：看看在座的各位有什么问题，或者是有谁还想关于这个问题发表一些简短的评论。

提问：手机的发展可能会越来越快，环境的变化可能会越来越糟糕，我就想听听各位专家讲一下5年后，手机会给我们的环境保护带来一些什么样的促进作用。5年后的手机会给我们环境保护里面的信息公开带来哪些方面的好处呢？PM2.5背后实际上有很多不可告人的信息，我们国家还有很多很多这种信息掌握在某些部门手上，那么5年后的手机对这些信息公开会带来哪些方面的促进作用。谢谢。

冯军：我觉得这方面其实手机可能只是一个辅助，大家现在讨论地下水被污染的问题，外面怎么呼吁都没有用，包括阿拉善，或者是其他民间组织，出一个制度，举报有奖，重奖之下必有勇夫，让它内部瓦解。

王维嘉：实际上从PC互联网到手机，都是给普通的老百姓更多的权力，就是把这个权力下放到普通老百姓，像微博，我也参与了很多年的环保，其实它污染的核心问题是权利的缺失问题，如果一个被污染的地方，老百姓知道，也知道这个污染对他们的危害，肯定每天要抗议这件事儿，而手机给了这些人更多的力量。时间到了，非常感谢今天我们各位嘉宾给大家分享非常精彩的内容，也感谢所有的参会者，谢谢大家！

开放的美国投资

很荣幸受到田源先生的邀请，从纽约来到中国参加这个杰出企业家和商界领袖汇聚一堂的商业活动。我想感谢华旗的舒文小姐在最后一刻友好地接受邀请做我的翻译，这正是奥巴马期望见到的跨境经济合作。

话归正题，从登上北京来的飞机开始，过去的两天里我结识了很多新的朋友，参与了丰富的讨论活动。田源先生在美国积极推动中美两国贸易和投资双边关系，在美国业界拥有很高的声望。

今天我演讲的核心内容：第一个是美国对于外资直接投资的开放性。我会给你们一些中国在美国投资进展的数据和事实。然后基于我过去的经验，我会总结一些成功的经验给你们。

让我以这个事实开场。美国是一个商业环境开放的国家，对来自中国的投资非常地欢迎。

美国总统奥巴马在发表《开放投资声明》时说，美国是一个商业环境开放的国家，我们鼓励来自中国能够创造就业机会的投资。

2012年2月，我陪同美国副总统拜根到洛杉矶会见当时的副主席习近平，拜根表示，"奥巴马与我诚挚地欢迎和鼓励中国企业和中国实体在美国的直接投资，这会带来诸多的益处。"

美国最高权力部门所传达的信息十分明确，美国的商业环境十分开放。

2010年奥巴马政府开始策划第一个鼓励、促进和加速美国外商直接投资的白宫计划。我当时被任命为（Relax）USA的负责人，或者说我是美国这一品牌的市场营销商。

外商直接投资在美国拥有很高的优先级，我当时受命于总统奥巴马和时任美国商务部长、现任美国驻华大使骆家辉，我这周将会与他见面。为了推广促进对美国的投资，我旅行了近100万公里，中国是我访问的第一个国家，也是我访问次数最多的国家，我曾经去过北京、上海、哈尔滨、广州、厦门、成都、深圳等城市，无论你听到什么样的传言，美国政府支持和鼓励来自中国的投资。

坦诚而言，包括美国在内很多国家都实行保护政策，但是事实上现在美国正在逐渐采取相应的鼓励政策和解决办法，来保证美国对外的投资开放政策。

对于中国和美国有一点非常重要，外国直接投资可以因为直接的商业原因而导致失败。然而现在在中国与美国，双方却因此过快地对对方国家实行本国经济保护措施。

美国对于来自中国的直接投资，有着非常开放的环境。通过以下数据可以证明，2012年中国在美国的直接投资创纪录达到了65亿美元，相比2012年增长了41%。

仅在2013年初始5个星期里就有56亿美元的交易等待审查审批，这些交易涉及的领域非常广泛，包括石油、天然气、先进制造业、公共事业、房地产、消费品、电信、医疗保健、基础设施、媒体、金属及矿产等。

对于那些想在美国进行初次投资或者是扩展性投资的企业，我想借此机会提供我的一些观察结果和建议：

我的第一个观察结果是，一些雄心勃勃的投资者，对于在美国投资的认识过于简单化，他们相信美国遍地是牛奶和蜂蜜，这种看法从某种程度上来说是正确的。但无论在哪一个国家，直接投资者都需要理解和应对来自这个国家固有的挑战和风险。在找到牛奶前需要通过牧场，奶牛也许还会踢你一脚，不是吗？这些风险和挑战在今天复杂的商业、政治和文化环境中显得格外重要。某些风险很容易看见，而某些风险却极难察觉。传统的服务提供者，如律师事务所和银行家等，可以帮助你处理一些风险，但是有一些风险却不在他们的专业工作范畴之内，因此需要有针对性的专家来给出建议。

我还想谈一个中国投资者常常会问我的比较敏感的话题，那就是美国外国投资委员会，简称CFIUS。首先我想请大家举手示意，你们哪位听过CFIUS？看来你们中有不少人听说过。有一种观点是美国的商业是封闭的，而CFIUS是罪魁祸首，CFIUS在审批交易时中断了大多数交易，尤其是来自中国的交易。我在这里要用事实和数据从几个方面来澄清这个观点：

首先，CFIUS仅被授权对MIA，也就是收购与兼并的交易进行审查，所以对绿地投资，也就是说不涉及收购的全新投资从来不需要，也从未被CFIUS审查。

其次，CFIUS只会对极少数的来自外商直接投资的收购与兼并交易直接进行审查，而那些被审查的案例中来自中国的交易的更是少之又少。从2009年到2011年间，CFIUS共审查了269笔交易，68笔来自英国，27笔来自法国，27笔来自加拿大，20笔来自中国，中国交易被审查的数量仅占三年总审查数量的7%。

最后，审查并不意味着交易中止。很多经过CFIUS审查的交易仍会继续进行，有时需要达到某些条件，有时则不需要。

我在公共和私人部门拥有多年工作经验，我十分确信，如果采取更加战略性的策略，过去中国在美国投资的著名失败案例，完全有可

图8-32 伯瑞·约翰逊

能被扭转和避免，包括近期的三一重工、美国风电厂收购项目。

在保护和激励达到完美的平衡前，我鼓励中国的投资者积极到美国投资，让你们的企业成为真正的全球化企业。基于我与世界各地直接投资者的交流与接触，我想最后要讲一下外商直接投资所面临的最大阻碍。

第一，不明智或者是不合适的进入策略，无论是买入、建议、合伙还是被动投资。

第二，没有花时间熟悉相关产业集群或生态系统，也就是投资环境。即指如何运作，以及其中涉及的人与物。

第三，没有先发制人。与投资环境内的利益相关者正确建立及维护关系，这些利益相关者能够帮助或者是阻碍交易的进行。

第四，不能理解商业、政治和文化环境下所面临的风险和机遇。

第五，不能保证投资资本及时到位。

第六，低估了本国和美国的文化差异，在投资生命周期里无法提供有效的手段缩小这些差距。

第七，由于误解、传言和错误的观点产生恐惧心理，而导致自我限制。吸取过去的教训，要有勇气和坚定的信念做好充足的准备，找到合适的指引。正如我父亲对我说的，投身到游戏中来，如果你不参与你就永无取胜的可能。

所以请记住以上几点，你成功的机会将会大大增加。

我鼓励大家在深思熟虑以后，积极抓住美国所提供的丰富的直接投资机会，需要记住的是，中美双方成功的经济交易将会有利于化解两国的政治敏感问题。

正如我开头所说的那样，美国是一个商业环境开放的国家，在新的一年里，愿大家事业成功，兴旺发达。我希望成为中国人的朋友，我和我的公司愿意去解决各种具有挑战性的问题。

伯瑞·约翰逊

后　记：企业家在转型社会的角色

2013亚布力年会已经圆满结束，但它留下的思想成果还在继续发酵中，何为企业家精神以及企业家在当下社会的角色分工，已然是舆论焦点。本届年会恰逢新政治周期开始，社会各界聚焦于如何以改革破解沉闷局势，年会承继这一主题，鲜明提出"企业家精神和中国未来"的关联。每一个社会都有既定的、陈旧的模式和规范，率先意识到某些模式和规范落后了，重新组织要素，创造出新的模式和规范，就是企业家精神。当下无论在思想市场还是商品市场，都迫切需要企业家精神。

在影响未来的诸多理念中，我们强调企业家精神，不仅因为亚布力论坛的组织属性，更重要的是我们相信所谓破旧立新、改革开新局，说到底是营造一种以企业家精神为实质的国家气质。

作为本届年会的后续，亚布力论坛将开展"什么阻碍了中国的企业家精神"的研究。报告计划收集过去几年里企业家精神受损的经典案例，按产权、法律、体制潜规则、社会文化等方面分析它们的共性和个性，通过透视企业家精神与行业竞争性的关系，以及国有企业内部企业家精神分布等有趣议题，生动揭示制约中国企业家精神的核心因素。报告将成为中国企业家精神的权威研究，也将成为观察当下中国社会的一面镜子。

好的理念对转型社会至关重要，但这也只是理解事物的一面，不能预设每个人都具备好的理念，每个人都是新制度的拥护者。新制度的建设者，最可能来自旧制度下的受害者，由此可见，企业家群体可能是新制度最积极的建设者，因为只有一个预期稳定、法治良明的社会，才能保证财的安全，否则你口袋里的财富只是权势嘴边的一块蛋糕。企业家在转型社会的角色，不应该仅被理解成经济增长的主力军，事实上，他们也是宪政制度建设的主力军，美国19世纪黄金时代的历史最生动地说明了这一点。自由企业（民营企业）制度不仅是经济增长的核心制度，它也具备宪政和道德意义，只有这样，我们才能全面认识企业家群体在转型社会中的角色。

本届年会历时三天，正式参会代表520余位，超出去年100多名。100位以上著名经济学家、企业家、学者发言，发出了呼吁企业家精神的最强音。除此之外，与会嘉宾也提出了诸多有价值的真知灼见，包括国企改革、教育改革、金融改革等一系列核心改革领域。教育改革和国企改革是此次会议的重要内容，也是引起广泛关注的内容，中国经济的短期看国企改革，长期看教育改革，教育改革和国企改革都曾经有过辉煌成就，但近几年鲜有动作，希望此次针对教育和国企的讨论能引发社会对这两项改革的关注，从而重启改革。2013亚布力年会也将因为对国企改革和教育改革的强力呼吁而载入建言改革的史册。

自成立以来，亚布力中国企业家论坛始终坚持自由、平等的原则，在"帮助和关心企业与企业家的成长，促使企业家成为社会和国家的重要建设力量"这一宗旨的指导下，努力为企业家群体提供一个有效的沟通平台。而这一宗旨的贯彻与实施全有赖于众多企业家、学者，乃至政府的支持，对此，我们表示感谢。

在此，我们亦感谢论坛的创始理事们，如陈东升先生、田源先生、张维迎先生、郭广昌先生、马云先生、冯仑先生，以及历任轮值主席王梓木先生、任志强先生、郭为先生、张跃先生、田溯宁先生、王中军先生、郭广昌先生等，感谢他们对论坛十余年来一以贯之的支持。

创始人田源先生，让亚布力成为了中国企业家成熟的地标，更为论坛的国际化不辞辛苦地奔波，由其主导的四届中美商业领袖圆桌会议的成功举办无疑使论坛在国际化的道路上迈出了坚实的一步。

理事长、泰康人寿保险股份有限公司董事长兼CEO陈东升先生，指导着论坛的前进方向，更总结并确定了论坛一以贯之的风格：

出身——草根、民间、独立。始终坚持发出企业家们来自民间的、最真实的声音，没有包装，没有修饰。

形式——开放、休闲、非正式。不必西装革履，不必谨言慎行。相反，既可以唇枪舌剑，也可以雪上争锋；既可以在各分会场自由出入，甚至参与讨论，也可以与三五好友，静待一隅，在咖啡的浓香中探讨企业经营之道。

精神——平等、民主、自由。这里没有权威，没有大佬。在毫无限制的环境下，他们畅所欲言。任何人都可以对他人的观点持有异议，也可以在他人的异议下据理力争。

价值——交流、学习、思想力。分享自己的种种思考，也在交流中总结他人可资借鉴的成功之道，寻找自身企业经营的短板，进而在年复一年的交流与辩论中成长为最有思想力的企业家。

首席经济学家张维迎教授，始终秉持其学术精神，为市场经济鼓与呼，并指引着中国企业家论坛为"促使中国企业家成为社会和国家的重要建设力量"而不懈努力。

作为本年度轮值主席，万科企业股份有限公司董事会主席王石先生对论坛发展给予了全力支持，而其发起的《亚布力环保联合行动承诺》更是获得了13家组织的承诺，成为了中国企业家群体和中国公益组织群体积极响应十八大提出的"建设生态文明"的口号。

同时，我们也感谢各界朋友长期以来对亚布力论坛的关注和参与，更感谢黑龙江省政府、黑龙江省工业和信息化委员会、哈尔滨市政府、尚志市政府等各级政府部门对亚布力论坛十余年来的鼎力支持！

我们相信，在各界朋友的关注下，在更多具有企业家精神、深信市场的企业家们的参与下，亚布力中国企业家论坛将会越走越远，越走越好！